Mosaik bei
GOLDMANN

Buch

Das Leben ist nur schön, wenn man selbst schön ist: Diese von Hochglanzmagazinen, Kosmetik- und Modeindustrie verbreitete Botschaft hat dazu geführt, dass heute viele Menschen, vor allem weiblichen Geschlechts, an einem gestörten Selbstwertgefühl leiden.

Dr. Linda Papadopoulos weiß, wie sehr der Blick auf den eigenen Körper das Denken und Handeln bestimmt – doch nur wer sich selbst so akzeptiert, wie er ist, wird sich attraktiv und selbstbewusst fühlen. Sie räumt auf mit den dominierenden Schönheitsmythen und zeigt, wie man Schritt für Schritt lernt, sich selbst anzunehmen und zu lieben.

Autorin

Dr. Linda Papadopoulos ist Universitätsdozentin und Psychologin mit einer eigenen, von vielen Prominenten frequentierten Praxis in London. Sie ist regelmäßig zu Gast in populären britischen Fernsehsendungen und schreibt als Mitherausgeberin für die Frauenzeitschrift *Cosmopolitan*.

Linda Papadopoulos

Spieglein, Spieglein

Schönheitswahn ade – du bist schöner,
als du denkst!

Aus dem Englischen
von Gabriele Zelisko

Mosaik bei
GOLDMANN

Die Ratschläge in diesem Buch wurden von der Autorin und vom Verlag sorgfältig erwogen und geprüft, dennoch kann eine Garantie nicht übernommen werden. Jegliche Haftung des Autors bzw. des Verlags und seiner Beauftragten für Personen-, Sach- und Vermögensschäden ist ausgeschlossen.

Mix
Produktgruppe aus vorbildlich
bewirtschafteten Wäldern und
anderen kontrollierten Herkünften
Zert.-Nr. SGS-COC-1940
www.fsc.org
© 1996 Forest Stewardship Council

Verlagsgruppe Random House FSC-DEU-0100
Das für dieses Buch verwendete FSC-zertifizierte Papier *Munken Print*
liefert Arctic Paper Munkedals AB, Schweden.

1. Auflage
Deutsche Erstausgabe Mai 2006
© 2006 der deutschsprachigen Ausgabe
Wilhelm Goldmann Verlag, München,
in der Verlagsgruppe Random House GmbH
© 2004 der Originalausgabe by Dr. Linda Papadopoulos
Originaltitel: Mirror, Mirror
Originalverlag: Hodder and Stoughton, London
Umschlaggestaltung: Design Team München
Umschlagfoto: Zefa/D. Curtin
Redaktion: Gisela Fichtl
Satz: Uhl + Massopust, Aalen
Druck und Bindung: GGP Media GmbH, Pößneck
WR · Herstellung: Han
Printed in Germany
ISBN 10: 3-442-16752-3
ISBN 13: 978-3-442-16752-4

www.goldmann-verlag.de

Inhalt

Vorwort 9

Unser Körperbild 15
  Was bedeutet Körperbild? 20
  Der Inhalt zählt 25
  Wie Körperbild und Selbstwertgefühl
  zusammenhängen 26
  Wie Sie sich selbst sehen 30
  Vergangenheit und Gegenwart 34
  Denkfehler 37
  Bewertungen 39
  Maßstäbe 41
  Wer sagt, was schön ist? 46
  Haben Frauen und Männer
  unterschiedliche Körperbilder? 50
  Fühlt sich auch eine schöne Frau mal hässlich? ... 57
  Hausaufgaben 60

Wie unser Selbstporträt entsteht 65
  Kindheit 71
  Jahre voller Fragen: die Pubertät 75
  Volljährigkeit 80
  Sollen wir glauben, was wir sehen? 84
  In den Zwanzigern und Dreißigern 90

Inhalt

In Würde älter werden 93
Denkpause 98
Auseinanderleben und Trennung 101
Hausaufgaben 106

Essen, Essen über alles 111
Eine gesunde Diät? 115
Wie Diäten Schuldgefühle wachrufen 122
Vorwürfe beim Essen 132
Ihre Diät, seine Diät 137
Ausländisches Essen 140
Gute Diäten kosten nichts 143
Hausaufgaben 147

Shopping für Ihren Körper 153
Einkaufen mit Begleitung 157
Was Kleider versprechen 159
Und welche Größe tragen Sie? 163
Die bösen Verkäuferinnen 167
Setzen Sie die Mode für sich ein 171
Kleider als Verstecke 172
Modeverschwörung? 175
Schluss mit dem Größen-Wahn 180
Hausaufgaben 183

Ihr Körper, Ihre Beziehungen 191
Fremde 197
Freunde 203
In welcher Liga spielen Sie? 205
Nach dem Abschiedskuss 211
Das ganze Paket zählt 216

Inhalt

   Intime Beziehungen 218
   Let's Talk About Sex, Baby 222
   Hausaufgaben 228

Körperbild und Arbeitsplatz 235
   Ist Schönheit die Voraussetzung für Erfolg? 239
   Die Schönheitskonkurrenz 243
   Checklisten 253
   Risiken eingehen 257
   Das Drehbuch umschreiben 260
   Hausaufgaben 269

Machen Schönheitschirurgie und Make-up einen anderen Menschen aus uns? 275
   Schönheitsgeheimnisse 284
   Unter dem Messer 288
   Verharmlosung von Operationen 294
   Operation an der Identität? 298
   Die Zeit bleibt für keinen von uns stehen... 306
   Hausaufgaben 309

Ihr Spiegel 313
   Die Regeln 334
   Hausaufgaben 339

Schlussbemerkung 342
Quellen 344
Danksagung 346
Register 348

Widmung
Für meine bezaubernde kleine Jessie

Vorwort

»Und was qualifiziert Sie für das Thema Körperbild, wenn Sie darüber schreiben wollen«, fragte meine Lektorin, als ich ihr die Idee für dieses Buch vorstellte.

Im ersten Moment fiel mir dazu gar nichts ein – doch dann erinnerte ich mich, wie ich mit dem Themenkomplex Körperbild zum ersten Mal in Berührung gekommen war. Meine Kusine erkrankte 1984 an Vitiligo, einer fortschreitenden Hautveränderung, bei der überall am Körper weiße, pigmentfreie Flecken auftreten. Fast über Nacht wurde aus einem glücklichen, aufgeschlossenen Teenager ein introvertierter, stiller, gedrückter Mensch. Dabei traten die Veränderungen so drastisch gar nicht auf und fielen auch nicht so stark ins Auge, aber sie hatte das Gefühl, das allein mache sie als Person aus und lasse sie gegenüber anderen als minderwertig erscheinen. Doch dank der Unterstützung ihrer Familie und ihrer eigenen bewundernswerten Einstellung schaffte sie es, mit ihrem veränderten Aussehen gut umzugehen, und heute denkt sie kaum mehr darüber nach. Doch ihre Erfahrungen der ersten paar Jahre blieben mir dauerhaft in Erinnerung, und als ich nach einem Thema für meine Dissertation Ausschau hielt, wusste ich, ich wollte mich mit dem beschäftigen, was meine Kusine durchgemacht hatte.

Ich fing an zu untersuchen, wie sich das Aussehen oder

genauer noch das Bild, das wir uns von unserem Aussehen machen, auf unser Verhalten auswirkt. Und ich wollte herausfinden, ob ich etwas von der pessimistischen Haltung, verbunden mit dem negativen Körperbild, würde umkehren können, von dem viele Menschen mit Hautveränderungen geprägt sind. Ich arbeitete mit Patienten, die an Vitiligo erkrankt waren, und stellte fest, dass viele von ihnen unter Schamgefühlen, geringem Selbstwertgefühl, verminderter Lebensqualität und einem sehr negativen Körperbild litten.

Dazu entwickelte ich eine psychologische Therapie, die ihnen bei ihren Problemen helfen sollte, und erprobte sie anhand verschiedener Versuchsreihen. Die Ergebnisse waren erstaunlich. Wenn man die Art veränderte, wie Menschen ihre Krankheit und ihren Körper wahrnahmen, konnte man ihre Situation einschneidend verbessern. Es zeichneten sich bei den Betroffenen nicht nur positive Veränderungen in Bezug auf Körperbild, Lebensqualität und Selbstwertgefühl ab, sondern sie gingen auf einmal auch Aktivitäten nach und zeigten Verhaltensweisen, die ganz neu für sie waren. Ein 65-jähriger Mann, der die Flecken auf seinen Armen und Beinen so sehr gehasst hatte, dass er keine kurzen Ärmel mehr trug, seit er neun Jahre alt war, konnte auf einmal anziehen, wonach ihm gerade der Sinn stand. Noch immer schreibt er mir, meist im Spätherbst, dass es draußen zwar kühler wird, er aber immer noch in Shorts und T-Shirt herumläuft, weil er die Unbefangenheit genießt, »tragen zu können, wozu ich gerade Lust habe«. Eine 29-jährige Tänzerin, die sich aufgrund der negativen Einstellung ihrem Körper gegenüber auf keine intimen Beziehungen einließ, konnte dies schließlich durch Therapie überwinden. Letztes

Jahr war ich zu ihrer Hochzeit eingeladen, und als ich dort eintraf, stellte ich voller Freude fest, dass sie stolz ihren Bauch präsentierte, in dem neues Leben heranwuchs.

Meine Arbeit über die Vitiligo-Patienten wurde veröffentlicht und fand in psychologischen Fachkreisen großes Interesse. In meiner privaten Praxis übertrug ich meine Erfahrungen mit den Vitiligo-Patienten auf andere Patientengruppen. Wie sich herausstellte, eigneten sich meine Erkenntnisse auch für Menschen mit schlimmen körperlichen Entstellungen oder Personen, die ihren Körper einfach nicht mochten. In den vergangenen acht Jahren habe ich die Methoden, die ich in der Eingangsstudie entwickelt hatte, bei Hunderten von Menschen angewandt – nicht zuletzt auch bei mir selbst, wenn mein Körperbild wieder einmal am Boden war.

Damit komme ich zum zweiten Argument, warum ich mich qualifiziert fühle, dieses Buch zu schreiben. Als junge Frau, die in einer Gesellschaft lebt, in der Schönheit über allem anderen steht, hadere auch ich gelegentlich mit Verunsicherungen in Bezug auf meinen Körper. Nur weil ich nicht übergewichtig bin, heißt das nicht, ich wäre immun gegen Ängste hinsichtlich meines Aussehens. Viele Menschen glauben, eine bestimmte Köpergröße sei die Grundvoraussetzung, um sich gut zu fühlen, doch in Wirklichkeit treten Zufriedenheit oder Unzufriedenheit mit dem eigenen Körper bei Menschen mit allen nur denkbaren Figuren und Körpergrößen auf. Also werden auch Sie, selbst wenn Ihre Figur oder Körpergröße stimmen, nicht automatisch vor Verunsicherungen wegen Ihres Körpers sicher sein. Wie unzählige andere Frauen habe auch ich schon eine Menge Geld für Produkte ausgegeben, die eine Wirkung versprachen, die ich meiner Meinung nach (oder nach Meinung der Schönheitsindustrie) nötig hatte. Auch das ist ein Grund, warum ich dieses Buch geschrieben habe.

Unser Körperbild ist entscheidend dafür, wie wir uns selbst sehen und bewerten, aber nur selten wird darüber gesprochen. Wenn wir uns wegen unseres Äußeren nicht gut fühlen, leitet man uns an, nach externen Lösungen zu suchen, statt den Blick nach innen zu richten auf unsere Gedanken und Gefühle, die unserem Problem zugrunde liegen.

Wenn wir unser Körperbild verstehen und daran arbeiten, können wir uns von allen »Sollen« und »Müssen« befreien, die uns daran hindern, unser Potenzial voll und ganz auszuschöpfen. Unser Körperbild kann alles beeinflussen, angefangen von unserem Selbstvertrauen und Selbstwertgefühl bis hin zu der Art, wie wir uns gegenüber den Menschen um uns herum verhalten. Wenn wir uns die Zeit nehmen, es zu erforschen und in unseren Dienst zu stellen, erlangen wir die Freiheit, uns anzunehmen und das Leben mit offenen Armen zu begrüßen.

Dieses Buch zeigt Ihnen, dass Ihre Denkweisen bestimmen, welche Gefühle Sie Ihrem Körper gegenüber haben. Und wenn Sie herausfinden, woher diese Gefühle stammen, können Sie selbst steuern, wie Sie sich mit Ihrem Äußeren fühlen. In diesem Buch werden Sie nicht zu hören bekommen, Sie sollen Ihre gesamten Schminkutensilien entsorgen und sich mit Schokolade voll stopfen, weil es keine Rolle spiele, wie Sie aussehen. Nein – Sie sollen erkennen, dass Ihr Aussehen nur ein Teil dessen ist, was Sie als Person ausmacht, und dass es absurd ist, das Wesen Ihrer Person auf die Größe Ihres Pos oder auf Ihre Haarfarbe zu reduzieren.

Vorwort

Unser Körperbild ist eines der mächtigsten Gedankengebilde, auf die wir zurückgreifen können, um uns in unserer Haut wohl zu fühlen. Die einzige Möglichkeit, Ihr persönliches Körperbild zu verbessern, besteht nicht darin, Ihr Aussehen zu verändern, sondern die Art, wie Sie über Ihren Körper denken.

Ich hoffe, dieses Buch wird Ihnen gefallen, und das Lesen und die Übungen werden Ihnen helfen, Ihr Körperbild für sich wirken zu lassen.

Unser Körperbild

Ich war kaum aufgewacht, da fing auch schon der Stress an: Was soll ich anziehen? Po immer noch zu groß, trotz sechs Tage kohlehydratarmer Diät. Ich entscheide mich für ein zeltähnliches schwarzes Kleid und gehe damit hoffentlich als der eigenwillig-künstlerische Typ durch und nicht als die Frau mit zwölf Kilo Übergewicht, die immer nur an Schokolade denkt. Vor der Arbeit kurzer Stopp beim nächsten Starbucks – es gibt auch Obst, aber ich kann mich nicht erinnern, ob Äpfel Kohlehydrate enthalten oder nicht. Deshalb nehme ich lieber einen extragroßen Schokoladen-Muffin. Ich verschlinge den Muffin mit einem Affenzahn – vielleicht bemerken ihn meine Fettzellen nicht, wenn er die Speiseröhre schnell genug passiert.

Ich steige in die U-Bahn und setze mich. Dabei fällt mir auf, dass mein linker Oberschenkel über das meinem Sitz zugedachte Polster quillt und gefährlich nahe an den des stark gepiercten Punks heranreicht, der neben mir sitzt. Ich sehe mich um, ob jemand meine unmäßigen Reiterhosen bemerkt hat (bin mir sicher, dass alle, die stehen müssen, jetzt denken, ich sollte besser zur Arbeit joggen und nicht so viel Platz in der U-Bahn für mich in Anspruch nehmen – hätte ich bloß diesen dämlichen Muffin nicht gegessen!).

Endlich im Büro. Dort erörtern diese drei abgemagerten

Girlies (heißen vermutlich Trixi, Tini und Sandy) ihre Pläne für den Sommerurlaub. Eine macht einen Witz und die anderen lachen – zumindest sieht es so aus. Man erkennt das allerdings nicht an ihrem Gesichtsausdruck, denn dank Botox können sie nur noch wie gelangweilte Goldfische ins Leere glotzen, sondern an der vertikalen Bewegung ihrer Rippen, die sich einzeln unter den pastellfarbenen Tops abzeichnen.

Ich sitze an meinem Schreibtisch und denke mit Grauen an wieder einen Sommer, in dem ich mir sehnlichst wünsche, knöchellange, sackartige Badeanzüge seien in Mode. Aus meinen Gedanken reißt mich der sehr ansehnliche Kundenberater James Blazen, der irgendetwas über den Strazzo-Etat wissen will. Statt zu antworten stelle ich mir vor, wie er wohl in einem Stringtanga aussähe, und bin sofort deprimiert, schließlich würde er sich niemals für mich interessieren, weil ich nicht hübsch oder dünn genug bin. Es verletzt mich, dass er mich aufgrund von etwas so Oberflächlichem wie meinem Aussehen zurückweisen würde, also antworte ich ihm mit abweisender Miene. Er wirkt verwirrt und murmelt im Weggehen noch etwas, was ich nicht verstehe.

Zeit für die Mittagspause. Ich bin entschlossen, meine Diät einzuhalten (obwohl ich bereits mit einem Muffin, einer Mokkamilch und einer kleinen Tüte Käse-Zwiebel-Chips gesündigt habe). Im Sandwich-Laden nebenan bestelle ich Thunfischsalat ohne Brot. Der behaarte Italiener flirtet mich an (vermutlich erinnere ich ihn an seine Mutter). Bin nun deprimierter denn je.

Wieder zurück im Büro, suche ich im Internet Kliniken, die Fettabsaugungen anbieten. Ich verliere aber rasch den

Mut, als ich auf die Seite komme, wo detailliert erklärt wird, wie das Fett aus dem Po gesaugt wird und sich später wieder festsetzt, wenn man nicht streng Diät hält und Sport treibt. Also suche ich lieber Rezepte für Schokoladenkekse und warte, bis es endlich fünf Uhr ist. Ich schleppe mich nach Hause, nicht ohne unterwegs noch eine Flasche Lambrusco und ein Knabbersortiment besorgt zu haben. Den Rest des Abends verbringe ich mit dem Lambrusco vor dem Fernseher, stopfe mir dabei den Mund mit dem Knabberzeug voll und träume von mir als dünnere und hübschere Version.

Kommt Ihnen das irgendwie bekannt vor? – Das liegt vermutlich daran, dass sich die meisten von uns ähnlich eingehend Gedanken über ihren Körper machen – egal ob über das Gewicht, die Größe oder eine Naturkrause – wie über ihre Arbeit, ihre Beziehungen oder die weltbewegenden Ereignisse! Und ich muss zugeben, dass auch ich mich, obwohl ich das Thema Körperbild schon jahrelang wissenschaftlich untersuche und intensiv auf diesem Gebiet arbeite, an schlechten Tagen dabei ertappe zu meinen, dass man nur mit einem bestimmten Aussehen glücklich werden kann. Noch immer will ich mich der Überzeugung hingeben, die Antwort auf Cellulite sei in einer Kunststoffflasche zu finden und ich würde mit 60 aussehen wie 25, wenn ich nur genügend Feuchtigkeitscreme auftrage. Ich bin schon in Kaufhäusern Schlange gestanden, um neueste Hautcremes zu ergattern, habe Verträge für Fitnessclubs abgeschlossen, die ungenutzt verstrichen, und bin nach wie vor befangen, wenn ich einen Rock trage, weil ich meine Beine immer schon schrecklich fand.

Aber ich habe auch erkannt, dass an guten Tagen nichts von alledem zählt. Dann mag ich mich, wie ich bin. Und mir gefällt sogar mein Äußeres. Aber nicht, weil ich tatsächlich anders aussehe, sondern weil ich die Dinge positiver betrachte. Plötzlich sind meine Beine, mein Haar oder meine Haut nicht mehr das Zentrum des Universums. Ich kann *mich* als Person sehen und gut finden.

Diese Erkenntnis habe ich in meiner Praxis schon oft eingesetzt. Ob ich mit einem Patienten arbeite, der von schlimmen Brandnarben gezeichnet ist, oder mit einer Frau, die sich selbst hasst, weil sie so viel zugenommen hat – ich weiß, der wichtigste Schritt besteht darin, ihnen erkennen zu helfen, dass die Art, wie sie selbst über sich denken, Einfluss darauf hat, wie sie sich fühlen, und ihnen zu zeigen, dass sie nur Fortschritte erzielen werden, wenn sie sich dessen bewusst werden, dass die eigene Wahrnehmung ihres Körpers bestimmt, wie sie sich selbst empfinden und wie sie auf ihr Umfeld reagieren.

Wir leben in einer Welt, die von Schönheit und Glamour besessen ist, und ein negatives Körperbild schadet unserer Identitätsfindung und unserem Selbstwertgefühl. Wer wir sind wird untrennbar damit verknüpft, wie wir aussehen. Am Ende reduzieren wir unsere Identität, ja selbst unseren Wert als Mensch, darauf, was wir im Spiegel sehen. Das heißt, unsere Selbstwahrnehmung, also unser Körperbild, wirkt sich stark auf unsere Gedanken, Emotionen, unser Verhalten und unser gesamtes Lebensgefühl aus. Ob wir nun eine Essenseinladung ausschlagen, weil wir in letzter Zeit zugenommen haben, oder zu spät ins Kino kommen, weil die Frisur einfach nicht sitzt: Unser Körperbild bestimmt mit, wie wir uns anderen gegenüber geben und, was noch viel wichtiger ist, wie wir zu uns selbst sind.

Die Inhalte dieses Buches gehen von psychologischen Theorien und Studien mit Frauen in realen Lebenssituationen aus. Durch alle Kapitel zieht sich ein Erzählstrang. Die Episoden und Protagonisten sind Anlehnungen an Fälle, die ich im Lauf der Jahre erlebt habe, aber auch an eigene Erfahrungen und Schilderungen von Freunden und Bekannten. Vielleicht begegnen Ihnen dabei einige Ihrer eigenen Sehnsüchte und Ängste wieder. Ich hoffe, Sie können sich über die Erlebnisse amüsieren, fühlen sich davon aber auch persönlich betroffen – denn das könnte Ihnen helfen, tiefere Einsicht in Ihre eigenen Gefühle und Gedanken über Ihr Körperbild zu gewinnen.

Die ersten beiden Kapitel konzentrieren sich auf die Theorie hinter dem Begriff Körperbild und beleuchten die Ursachen, warum wir uns so sehen, wie wir uns sehen. Das erste Kapitel gibt einen Überblick über die grundlegenden Denkmuster, auf die ich im Buch eingehen werde, und beschreibt die Bausteine, die unser Körperbild und Selbstwertgefühl ausmachen. Das zweite Kapitel befasst sich genauer damit, wie sich das Körperbild im Lauf des Lebens entwickelt und insbesondere, wie unsere Erfahrungen prägen, wie wir uns selbst sehen. In den weiteren Kapiteln geht es um das Körperbild in Verbindung mit bestimmten Lebensbereichen wie Beziehungen, Sex, Arbeit, Diäten und Einkaufen. Im letzten Kapitel folgen eine Zusammenfassung aller Aspekte, die im Buch angesprochen wurden, und eine Anleitung, wie Sie die während des Lesens erarbeiteten Veränderungen fest verankern können.

Jedes Kapitel endet mit *Hausaufgaben,* einer Reihe mentaler Übungen, mit deren Hilfe Sie die Kernbotschaften des Buches in Ihren Alltag übertragen können. Sie basieren auf wissenschaftlichen Erkenntnissen aus der psychologischen Forschung und wurden so aufbereitet, dass sie auf die häufigsten Problemfelder in Zusammenhang mit dem Körperbild eingehen. Um wirklich davon zu profitieren, müssen Sie sich die Zeit nehmen und diese Übungen sehr gründlich ausführen.

Unsere Sicht der Welt ist in hohem Maß davon bestimmt, wie wir uns selbst darin sehen: Sind wir selbstbewusst und sicher, ist unsere Sichtweise positiver, als wenn wir uns in unserer Haut unwohl fühlen. Wie wir uns selbst und unseren Körper wahrnehmen ist subjektiv und hängt von vielen Faktoren ab, angefangen bei der momentanen Stimmung bis hin zu der speziellen Situation, in der wir uns gerade befinden. Denken Sie einmal darüber nach: Wenn Sie Ihren Blickwinkel verändern können, verändern sich dadurch vielleicht auch jene Dinge, die Ihnen an Ihrem Leben nicht gefallen. Wenn die Schönheit im Auge des Betrachters liegt, dann können Sie, in der Rolle des Betrachters, selbst bestimmen, wie Sie sich sehen und wertschätzen. Also lehnen Sie sich zurück und genießen Sie die Reise zu einer gesünderen, stärkeren, positiveren Sicht Ihrer selbst...

Was bedeutet Körperbild?

Bittet man Frauen, ihr Aussehen zu beschreiben oder ihr Äußeres zu beurteilen, folgt meist eine Auflistung negativer Bewertungen: »zu dick«, »zu dünn«, »zu viele Pickel«, »zu klein«. Diese sind nicht immer zutreffend, manchmal sogar völlig aus der Luft gegriffen, in jedem Fall aber erlauben sie einen Einblick, wie diese Frauen sich selbst sehen. Stellen Sie sich zum Beispiel vor, Sie wachen eines Morgens auf und entdecken einen riesigen Pickel auf Ihrer Nase. Sie spüren ihn ununterbrochen, er fühlt sich wie ein zweites Wesen an, ein schreckliches kleines Monster, das sich an Ihr Gesicht geheftet hat und Sie überallhin verfolgt. Sie ertränken ihn in Teebaumöl und kleistern ihn mit Abdeckcreme zu und wissen ganz genau, dass es keine fünf Minuten dauern wird, bis er wieder zum Vorschein kommt. Und die anderen? Sehen ihn nicht einmal. Unser Körperbild basiert nicht auf Fakten, es handelt sich nicht um etwas Konkretes, sondern es besteht aus einem Konglomerat von Annahmen und Gefühlen, die wir von uns selbst haben.

Psychologen definieren Körperbild als »die Gedanken, Wahrnehmungen und Gefühle einer Person in Bezug auf ihren Körper«. Das heißt, was wir im Spiegel sehen, ist nicht unsere äußere Erscheinung, wie andere sie beurteilen, sondern unsere subjektive Bewertung dessen, wie wir aussehen.

Wir entwickeln unser Körperbild, sobald wir anfangen, uns als Individuen wahrzunehmen. Dies geschieht im Alter von etwa 18 Monaten. Ab diesem Zeitpunkt erkennen sich Kinder selbst im Spiegel, und das Wort »Ich« hält Einzug in ihr Vokabular. Dieses Bewustwerden der eigenen Person bildet die Grundlage unseres Körperbildes. Das Körperbild ist ein abstraktes Konstrukt, das Psychologen als *mentale Repräsentation* bezeichnen. Mentale Repräsentation ist wichtig, weil die Welt für uns auf diese Weise begreifbar wird, und sie erstreckt sich auf alles, was wir sehen und erleben –

angefangen damit, was ein Hund ist, bis dahin, was Liebe bedeutet. Unsere Art und Weise, mit der Welt zu interagieren, basiert auf diesem Wissen.

Wie wir uns selbst sehen und wie andere uns sehen, kann immens unterschiedlich sein. Unser Bild von uns selbst wird nicht nur davon bestimmt, was wir im Spiegel sehen, schließlich besteht unsere Wahrnehmung nicht nur aus dem, was wir mit dem Auge sehen. Was Sie beim Blick in den Spiegel betrachten, hängt von unzähligen Faktoren ab, wie Ihrer momentanen Stimmung, aber zum Beispiel auch davon, was Ihre Mutter als Kind zu Ihnen gesagt hat. Wenn Sie, bevor Sie in den Spiegel schauen, zum Beispiel a) gerade daran gedacht haben, dass Ihre Mutter einmal zu Ihnen gesagt hat, Sie hätten wunderhübsche braune Augen, b) an einer Gruppe von Männern vorbeigegangen sind (vorzugsweise nicht an einer Baustelle), die Ihnen bewundernde Blicke zugeworfen haben, oder c) eine andere Frau Sie gefragt hat, zu welchem Friseur Sie gehen, sehen Sie eine andere Version von sich als wenn Sie a) gerade daran denken müssen, dass Ihre Mutter einmal sagte, »Deine Haare lässt du aber nicht so, Schatz, oder? Das macht deine Augen noch kleiner, als sie ohnehin schon sind«, b) die Arbeiter an einer Baustelle Sie beim Vorbeigehen völlig ignoriert haben oder c) Sie von einer älteren Frau mit violett getönten Haaren Tipps bekommen haben, was man gegen Spliss tun kann.

Einfach nur so in den Spiegel schauen gibt es nicht: Bemerkungen anderer, Krankheit, Behinderung, Erziehung, familiäres Umfeld, all das hat Einfluss darauf, welches Bild vor uns entsteht, wenn wir einen Blick in den Spiegel werfen.

Zudem herrschen in unterschiedlichen Kulturen oft sehr

gegensätzliche Vorstellungen darüber, welche Körperformen als schön gelten. Denken Sie nur an große Gesäße in Lateinamerika oder kleine Füße in China. Im China des 18. Jahrhunderts hätten wir vielleicht gefragt: »Sehen meine Füße darin groß aus?« Im Europa des 21. Jahrhunderts heißt es: »Habe ich darin einen großen Po?«. In ärmeren Kulturen gilt Schlanksein als Zeichen von Armut, schlechter Ernährung oder Krankheit, Fülligkeit hingegen als Symbol für Wohlstand und Gesundheit. In wirtschaftlich besser gestellten Kulturen setzen wir Schlankheit mit Gesundheit und Wohlstand gleich und Übergewicht mit Faulheit und ungesunden Verhaltensweisen.

Sehr unterschiedlich bewerten einzelne Kulturen auch die Hautfarbe: In bestimmten Gebieten Asiens gilt ein heller Teint so viel, dass die Frauen ihre Haut mit Hydrochinon bleichen, einer vermutlich gesundheitsschädlichen chemischen Substanz. In der westlichen Hemisphäre schmoren Frauen unter gefährlichen UV-Strahlen, um die tiefe Bräunung der Haut zu erzielen, die in unserem Kulturkreis als schön gilt.

In einigen Kulturen, insbesondere jenen, in denen die Frauen in wirtschaftlicher Hinsicht das Sagen haben, werden die strengeren Schönheitsnormen auf die Männer angelegt. Beim Stamm der Wodaabe in Nigeria nehmen die Männer an Schönheitswettbewerben teil, bei denen die Jury aus Frauen besteht, und verbringen Stunden mit Make-up und Kleidung, um auf die Weiblichkeit möglichst attraktiv zu wirken.

Eine Kultur bestimmt in erheblichem Maße, nach welchen Werten wir unser Leben ausrichten, so grotesk sie auch sein mögen. Wenn Sie das nächste Mal ein Heft von *Natio-*

nal Geographic in die Hand nehmen und voller Befremden die Bilder von Stammesangehörigen studieren, die ihre Unterlippe weiten oder den Hals mit Ringen strecken, überlegen Sie einmal, wie wir mit unserer Gesichtsbemalung, den Stilett-Absätzen, Fettabsaugungen und Brustimplantaten im Gegenzug auf diese Menschen wirken müssen! Und noch wichtiger, fragen Sie sich doch einmal, warum uns solche Praktiken so selbstverständlich erscheinen.

Aber nicht nur die Kultur spielt eine bedeutende Rolle, auch Erfahrungen wie sexistische oder rassistische Übergriffe können unser Körperbild beeinflussen. Da in unserer gegenwärtigen Gesellschaft bestimmte rassenspezifische Merkmale höher bewertet werden als andere, werden Ihre kulturelle Identität und deren Auswirkungen auf Ihr Leben unweigerlich Ihr Körperbild mitbestimmen. Dies gewinnt umso mehr an Bedeutung, als so viele von uns in Kulturen und Gemeinwesen leben, in die wir ursprünglich nicht hineingeboren wurden. Wenn Sie ein afrikanisch-europäisches Kind sind, das in einer überwiegend weißen Umgebung aufgewachsen ist, in der alle Freunde, Nachbarn und Puppen anders aussehen als Sie selbst, wird das Ihr Körperideal und folglich Ihr Körperbild prägen. Wenn Sie in einem Büro arbeiten, in dem Ihren Brüsten ebenso viel Aufmerksamkeit entgegengebracht wird wie Ihren Aktennotizen, können Sie gar nicht anders, als ein Körperbild zu entwickeln, das darauf basiert, wie Ihre Brüste aussehen! Sie sehen also, unser Körperbild ist nicht angeboren, wie die Farbe unserer Augen oder Haut, sondern etwas, das wir uns durch Interaktion mit unserer Umgebung und mit anderen Menschen aneignen. Bewusst oder unbewusst nehmen wir mehrmals täglich darauf Bezug. Ob wir eine Illustrierte durchblättern und bei Jennifer Lopez' Hinterteil hängen bleiben oder uns stundenlang vor dem Ganzkörperspiegel quälen, der uns einfach ein falsches Bild wiedergeben *muss* – unser Körperbild ist der Hintergrund, vor dem sich alle unsere Gedanken, Gefühle und Verhaltensweisen abspielen.

Der Inhalt zählt

Unser Selbstwertgefühl ist eng verbunden mit unserem Körperbild. Wenn Sie sich als Person nicht mögen, werden Sie sehr wahrscheinlich auch Ihren Körper ablehnen, und – wen wundert es – wenn Sie Ihren Körper verachten, sind Sie vermutlich auch nicht besonders begeistert von sich als Person. Wie das Körperbild wird auch das Selbstwertgefühl dadurch bestimmt, wie eine Person sich selbst beurteilt. Anders als das Körperbild bezieht sich das Selbstwertgefühl aber nicht nur auf die äußere Erscheinung, sondern ist breiter gefasst und schließt Intelligenz, Kontrolle über den Körper und Emotionen mit ein – im Grunde also alles, was Einfluss darauf nimmt, ob wir das Gefühl haben, den Anforderungen zu entsprechen oder nicht.

Selbstwertgefühl ist nicht statisch und nicht eindimensional. Wir teilen es in verschiedene Kategorien ein und gewinnen dadurch eine positivere Einstellung zu bestimmten Lebensbereichen. Ein Beispiel: »Es macht nichts, dass ich zu unattraktiv und zu übergewichtig bin, um eine Beziehung zu haben, dafür bin ich die beste Buchhalterin, die dieses Büro jemals gesehen hat!« Erkennen Sie das Problem? Mit dieser

Einstellung betonen und verstärken wir die Bereiche unseres Lebens, in denen sich unser Selbstwertgefühl ohnehin schon im Keller befindet. Um es zu steigern, müssen wir es aber ganzheitlich behandeln und dürfen nicht einzelne Aspekte links liegen lassen. Sicher fühlen wir uns zu bestimmten Zeiten in bestimmten Bereichen unseres Lebens und in bestimmten Situationen einmal mehr und einmal weniger sicher, doch das Selbstwertgefühl als Ganzes ist viel anfälliger für Veränderungen als die einzelnen Unterbereiche. Auch wenn Sie davon überzeugt sind, dass Sie mit Ihren buchhalterischen Fähigkeiten alle anderen weit übertreffen, werden Sie nie ein ausgeprägtes Selbstwertgefühl erlangen, wenn Sie nicht an Ihrem Selbstverständnis als Ganzes arbeiten.

In vielerlei Hinsicht hat Selbstwertgefühl etwas damit zu tun, ob man an sich selbst glaubt – an die eigenen Fähigkeiten und daran, dass man es wert ist, glücklich zu sein. Dazu gehört auch, was man zu verdienen glaubt. Das ist ein wichtiger Ansatz, da viele von uns glauben, die eigenen Bedürfnisse zu befriedigen müsse hintanstehen hinter der Befriedigung der Bedürfnisse anderer. Des Pudels Kern liegt darin, dass sich an Ihrem Selbstwertgefühl nichts ändert, solange Sie nicht glauben, es wert zu sein, dass sich jemand Zeit für Sie nimmt, sich Ihretwegen Mühe gibt oder ein Risiko eingeht.

Wie Körperbild und Selbstwertgefühl zusammenhängen

Wie bringt das Zusammenspiel von Körperbild und Selbstwertgefühl Sie zu der Überzeugung, dass wegen der vier

Pfund, die Sie über die Weihnachtstage zugenommen haben, das Leben nicht mehr lebenswert ist und die einzige tiefere Beziehung, die Sie jemals haben werden, nur mit etwas möglich ist, das aus Schokolade besteht?

Das Selbstwertgefühl wird, genau wie das Körperbild, dadurch geprägt, dass wir immer nur sehen, was wir erwarten. Wenn wir zum Beispiel beim Betreten einer Boutique erwarten, dass die Verkäuferin uns unfreundlich behandeln wird, weil wir uns für diesen Laden nicht gut genug aufgemacht fühlen, werden wir ausschließlich auf Verhaltensweisen achten, die wir als unfreundlich empfinden, oder jedes nicht ganz eindeutige Verhalten als unfreundlich interpretieren, weil uns unsere Erwartungshaltung das vorgibt.

Unser Selbstwertgefühl wirkt sich auf unser allgemeines Lebensgefühl aus und darauf, wie wir selbst uns sehen. Ist Ihr Selbstwertgefühl bereits im Keller und Ihr Körperbild dauerhaft negativ, muss das Selbstwertgefühl dagegen ankämpfen, dass sich diese negative Einstellung nicht noch weiter verschlimmert. Auch umgekehrt funktioniert es: Menschen mit hohem Selbstwertgefühl haben positivere Erwartungen an ihre Interaktionen mit anderen und folglich auch ein positiveres Selbstwertgefühl und Körperbild.

Einfach ausgedrückt, ein negatives Körperbild kann Ihr Selbstwertgefühl schwächen. Einige Psychologen sind der Meinung, unser Selbstwertgefühl stehe bis zu einem Drittel in direkter Relation zu unserem Körperbild. Das heißt, der Wert, den wir uns selbst beimessen, ist davon abhängig, wie wir unser Aussehen einschätzen. Ist das eine negativ, wird es sehr wahrscheinlich das andere ebenfalls sein. Desgleichen ist ein gesundes Körperbild meist gleichbedeutend mit einem hohen Selbstwertgefühl. Das Körperbild dreht sich darum, wie wir selbst uns sehen, das Selbstwertgefühl, wie wir uns als Person fühlen, ausgehend von Beurteilungen, die wir mit Hilfe von mehreren Faktoren treffen, von denen einer das Körperbild ist. Geht es mit dem einen aufwärts, zieht das andere automatisch mit.

Bis hierher sollte deutlich geworden sein, dass Ihre Denkmuster wesentlichen Anteil an Ihrem Körperbild haben. Menschen mit negativem Körperbild verbringen tendenziell so viel Zeit damit und verwenden so viel Aufmerksamkeit darauf, ihren Körper zu hassen, dass sie diesen schließlich von ihrer Identität abspalten. Das mag an den Haaren herbeigezogen scheinen, aber bei genauerem Nachdenken ergibt es durchaus Sinn: Wenn Sie sich aufgrund Ihres Aussehens zutiefst ablehnen, ist es einfacher, diese Selbstverachtung auf einen bestimmten Körperteil zu richten, anstatt die Person als Ganzes zu hassen. Diese Art von *Depersonalisierung* findet sich oft bei Befangenheit aufgrund des Körpergewichts. Die Betroffenen identifizieren sich dann nur mit ihrem Gesicht und nicht mit ihrem ganzen Körper. Dahinter steckt wohl die Denkweise: »Ich hasse meinen Körper, aber mit meinem Gesicht kann ich leben.« Leider jedoch verstärkt sich durch die Ablehnung des eigenen Körpers die negative Einstellung zu sich selbst. Irgendwann dient die Befangenheit darüber, dass man kein Idealgewicht hat oder nicht dem herrschenden Schönheitsideal entspricht, nur noch zum Überspielen der Selbstverachtung, die man in Wirklichkeit empfindet.

Unser Verhalten wird dadurch bestimmt, wie wir das, was uns widerfährt und was wir fühlen, einordnen. Wenn wir

Körperbild und Selbstwertgefühl

uns wegen unseres Körpers oder unserer ganzen Erscheinung unsicher fühlen, vergleichen wir uns oft mit anderen, um uns zu beruhigen und zu vergewissern. Wir sind unter Umständen bereit, haarsträubende Diäten und schmerzhafte Operationen auf uns zu nehmen, um die Aufmerksamkeit und Zuneigung anderer zu gewinnen. Ein Beispiel dafür sind Menschen, die ihre Einsamkeit darauf zurückführen, dass sie »fett« sind, und daraus schließen, der Weg zu einem Partner oder zur Liebe führe über das Abnehmen. Eine Person, die ihre Nase hasst, meint vielleicht, diese sei schuld an allen ihren Problemen, und nimmt folglich an, der Schlüssel zu einem neuen Leben sei eine neue Nase. Solche Verbindungen und Annahmen stellen wir ständig her, wenn wir uns auf einen Körperteil fixieren und ihn zum Sündenbock für jedes Problem machen, das uns begegnet. Oder wenn wir glauben, alles würde automatisch gut und wir hätten alles in unserem Leben im Griff, wenn wir nur selbst Gewicht / Haut / Brustgröße bestimmen könnten. Zahlreiche Psychologen sind der Ansicht, Essstörungen entstehen, wenn Menschen beim Versuch, attraktiver zu werden und/oder alles selbst zu kontrollieren, zu weit gehen.

Menschen mit einem guten Selbstwertgefühl, Achtung vor sich selbst und genügend Selbstsicherheit, um für die eigenen Belange und Überzeugungen einzutreten, haben eine Art »Autonomie« erreicht – oder wörtlich übersetzt, »sie leben nach ihren eigenen Regeln«. Mangelnde Autonomie, also ein Leben nach den Erwartungen und Wünschen anderer, ist nicht nur ein typisches Merkmal für Störungen des Körperbildes und Essverhaltens, sondern auch der übersteigerten Beschäftigung mit Essen und unserem Körper, der sich viele von uns hingeben. Zunehmend erkennen Psychologen, wie wichtig ein gesundes Körperbild ist, um Autonomie zu erlangen. Inzwischen lässt sich stichhaltig nachweisen, dass Reichtum, Macht und Ruhm für Glück nicht so entscheidend sind wie lange angenommen. Nach heutigen Erkenntnissen brauchen wir Durchsetzungsvermögen, um glücklich zu sein, außerdem das Gefühl, unsere Geschicke selbst lenken zu können, Kompetenz und vor allem ein starkes Selbstwertgefühl.

Inzwischen dürfte deutlich geworden sein, dass die Art, wie wir etwas sehen, ausschlaggebend dafür ist, wie wir es empfinden. Ein Blick in den Spiegel kann Ihnen also nicht nur mitteilen, wie Sie aussehen, sondern auch, wie Sie sich fühlen.

Wie Sie sich selbst sehen

Gut, das geht..., jetzt tief einatmen und an etwas Schönes denken, richtig? Ich habe es bis hierher in die Damenumkleide geschafft, um mich herum drei Ganzkörperspiegel und sechs Deckenstrahler. Wie kann man nur auf die völlig kranke und gestörte, ja sadistische Idee kommen, in einer Umkleidekabine Deckenstrahler anzubringen? Wenn die schon jede Unregelmäßigkeit in meinem Gesicht herausmodellieren, will ich nicht wissen, wie erst mein Hintern aussieht! Ich meine, wollen die Klamotten verkaufen oder erreichen, dass man auf der Stelle abhaut und sich an einen Fettabsauger von industriellen Ausmaßen anschließen lässt! Und warum ist dieser dämliche Vorhang, der als Tür dienen soll, so schmal? Schon wieder schaut mich diese nervtötende, elfengleiche Verkäuferin an, die aussieht, als wäre sie gerade zwölf geworden! Ich weiß, sie kann es nicht erwarten, zum dritten Mal, seit ich hier bin, zu mir zu kommen und mich zu fragen: »Sind Sie auch wirklich sicher, dass Sie es nicht eine Nummer größer brauchen?«

Richtig. Ich ziehe das durch. Ich meine, wenn ich mich selbst nicht in einem Bikini sehen kann, dann kann es auch niemand sonst. Ich konzentriere mich auf mein Gesicht, während ich die Jeans ausziehe... Oh mein Gott, die Poren auf meiner Nase sind RIESIG! (Merken: Aprikosen-Peeling nachkaufen!) Also gut, Jeans aus, Bikinioberteil an, Blick auf die Zehen... Nicht schlecht, obwohl auf dem zweiten Zehennagel am rechten Fuß noch Reste des pinkfarbenen Nagellacks von letztem Monat kleben. (Merken: Nagellackentferner nachkaufen!) Blick wandert höher zu den Knöcheln, gut gepolstert, aber noch ganz schön in Form – wirken jetzt allerdings viel behaarter als heute Morgen unter der Dusche. (Merken: Enthaarungswachs kaufen!) Richtig! Die Knie – ich fühle allmählich meine Kräfte schwinden, die Cellulite hat schon die Knie erreicht! Meine Beine sehen aus wie zwei gewaltige, rohe Döner. (Merken: Alles kaufen, was es an Cellulite-Cremes gibt, und Termin beim Hausarzt vereinbaren wegen Rezept für Antidepressiva!) Nun gut, schlimmer kann es eigentlich nicht mehr kommen – jetzt sehe ich mir den Po an... Oh mein Gott! Der war letzten Sommer ganz bestimmt nicht so groß – die Backen quellen aus dem Höschen wie der Schweizer Käse auf dem Brokkolisoufflé meiner Mutter. Wie kann etwas in so kurzer Zeit nur so groß werden? O.k. Keine Panik! Ich habe vorsichtshalber den passenden Pareo mitgebracht, weil ich schon so etwas ahnte. Gut, Pareo funktioniert nicht, der erweckt nur den Eindruck, ich wolle etwas verstecken, so als hätte ich mein Soufflé in eine dicke Schicht Blätterteig gewickelt. An diesem Punkt ist meine Lebenslust nun endgültig geschwunden, von der auf Einkaufen ganz zu schweigen, aber ein masochistischer Zug an mir drängt mich, noch das Bikinioberteil zu probieren. Ich lege es um und öffne die Augen. Während ich versuche, meinen wabbeligen Bauch einzuziehen, wird mir schmerzhaft deutlich, dass er unweigerlich hervorstehen wird, und zwar gewaltig, falls ich vorhaben sollte, am Strand zu atmen. Ich hebe die Arme, damit meine Brüste praller aussehen, als sie sind, muss aber feststellen, dass dort, wo ich einmal so etwas wie einen Trizeps hatte, jetzt ein spannungsloses Stück Fleisch sitzt.

Ich werfe mir wieder meine Kleider über und verlasse in depressivem Zustand die Umkleidekabine. Den bösen Bikini reiche ich der zwölfjährigen Elfe. Beim Hinausgehen höre ich sie noch sagen: »Wir erwarten nächste Woche eine Lieferung von Einteilern in größeren Größen. Kommen Sie doch einfach wieder vorbei!« (Merke: Tief einatmen, nicht auf Elfe losgehen!)

Würde man Sie auffordern, sich selbst zu zeichnen, würden einzelne Merkmale sehr stark von der Realität abweichen – vielleicht wären die Hüften etwas breiter oder Sie hätten mehr Pickel oder Falten. Je mehr Ihr Porträt der Wirklichkeit entspräche (wobei all jene, die nicht über das Talent eines van Gogh verfügen, mit größerer Nachsicht behandelt werden), umso besser. Was Sie sehen, wenn Sie einen Blick in den Spiegel werfen, ist nicht nur eine Reflexion Ihres Äußeren, sondern eine Kombination aus Ihrer körperlichen Identität, Ihren Gedanken und Ihren Gefühlen. An einem guten Tag sieht zerzaustes Haar sexy aus, an einem schlechten ungepflegt. Der Punkt ist, dass Sie, wenn Sie sich so »sehen« und »annehmen« wollen, wie Sie wirklich sind, nicht nur lernen müssen, sich realistisch zu betrachten, sondern auch, etwaige negative Gefühle, die mit anderen Lebensbereichen zu tun haben, von Ihrem Aussehen zu trennen. Auf diese Weise lernen Sie, das zu mögen, was Sie sehen, und sich dabei gut zu fühlen. Und wichtiger noch ist, Sie werden lernen zu hinterfragen, warum Sie bestimmte Aspekte Ihres Äußeren nicht mögen, und zu beurteilen, in welchem Maß diese Ablehnung damit zu tun hat, wie Sie über bestimmte Dinge denken, und weniger damit, was der Spiegel wiedergibt.

Je positiver Ihre Einstellung Ihnen selbst gegenüber ist, umso größer ist die Wahrscheinlichkeit, dass Sie selbstsicherer auftreten und positiver auf die Menschen in Ihrem Umfeld reagieren. Es ist wie eine sich selbst bewahrheitende Prophezeiung: Sie erwarten, dass die Menschen positiv auf Sie reagieren, also kommt es auch so. Ein positiveres Körperbild durchdringt die meisten Bereiche unseres Lebens, es lässt auf ein gesundes Selbstvertrauen und emotionale Stabilität schließen, was wiederum das Selbstwertgefühl stärkt. Alles, vom Strandausflug bis zum Vorstellungsgespräch, wird leichter – nur deshalb, weil wir uns mögen, wie wir sind.

Vergangenheit und Gegenwart

Wenn Ihnen Ihr Aussehen nicht gefällt, ist das vermutlich nicht über Nacht geschehen, sondern hat sich, schon in der Kindheit beginnend, über einen längeren Zeitraum entwickelt. Prinzessinnen im Märchen sind eben immer schön, Popidole immer knackig und gertenschlank – schon als Kind wurde Ihnen die Botschaft vermittelt, Ihr Leben könne nur gut werden, wenn Sie ein bestimmtes Aussehen mitbringen. Im Lauf unseres Lebens wirken zwar viele Einflüsse zusammen, die schließlich das Bild zeichnen, das wir von uns selbst haben, doch zwei der mächtigsten Faktoren, die mitentscheiden, wie wir Informationen über unser Aussehen verarbeiten, sind unsere Erfahrungen aus der Vergangenheit und unsere Auslegung dessen, was sich aktuell um uns herum abspielt. Beginnen wir mit der Vergangenheit. Die Art, wie wir Informationen über unser Aussehen verarbeiten, kann von Erkenntnissen beeinflusst werden, die bereits in unserem Gedächtnis abgelegt sind, was sich wiederum darauf auswirken kann, wie wir neu eingehende Informationen zuordnen und auffassen. Folglich beginnt unsere Wahrnehmung mit einer Idee, die wir bereits im Kopf haben. Jegliche Art von Selbstbeurteilung kann nur innerhalb des Gefüges eines schon festgelegten Selbstbildes stattfinden. Es ist, als würde man jemanden, von dem man schon eine Menge gehört hat, zum ersten Mal persönlich treffen.

Haben Sie gehört, dass diese Person ziemlich anstrengend ist, zu viel redet und keinen Wert auf ordentliche Körperpflege legt, machen Sie sich auf Basis dieser Informationen ein Bild. Treffen Sie die Person zum ersten Mal wirklich, ist es sehr schwierig, sich eine Meinung über sie jenseits dieser vorgeformten Vorstellung zu bilden. Ja, Sie gehen davon aus, die Person nicht zu mögen, oder Sie erwarten sogar, von der Person abgelehnt zu werden, also kommen Sie ihr mit Ihrer Ablehnung zuvor. Genauso verhält es sich mit dem Körperbild: Wir bestätigen dauernd ein negatives Körperbild, weil wir uns nur schwer von unserer bisherigen Wahrnehmung freimachen können. Auch wenn das, was wir im Spiegel sehen, gar nicht so schlecht ist, haben wir eine negative, vorgefasste Vorstellung von dem, was wir betrachten. Deshalb kann es uns unter keinen Umständen gefallen.

Doch selbst wenn Erfahrungen aus der Vergangenheit uns veranlassen, unseren Körper negativ zu sehen, sind wir nicht dazu verdammt, ein Leben lang unser Aussehen zu hassen. Wichtiger als die Auslegung vergangener Erfahrungen ist die Auslegung gegenwärtiger Erlebnisse. Je nachdem, wie Sie sich entscheiden, Dinge im Hier und Jetzt einzuordnen, werden Sie entweder Ihr negatives Körperbild verstärken und sich noch schlechter fühlen, oder anfangen, sich gegen die negativen Denkweisen zu wehren, die bewirken, dass Sie sich schlecht fühlen, und ein besseres Körperbild erlangen.

Es ist schon erstaunlich, wie eine einzige kleine Bemerkung Sie in den siebten Himmel befördern oder zu Boden strecken kann. Jeder Experte in kognitiver Verhaltenstherapie wird bestätigen, dass die Wahrnehmung eines Vorgangs in unserem Leben bestimmt, wie wir uns dabei fühlen und darauf reagieren – wir beurteilen eine Situation zuerst und zeigen dann die entsprechenden Gefühlsregungen. Stellen Sie sich zum Beispiel vor, Sie gehen mit Ihrem Freund essen und wollen es zum Nachtisch noch mal so richtig krachen lassen: Sie bestellen einen riesigen Eisbecher. Ihr Freund beugt sich zu Ihnen vor und sagt: »Isst du das wirklich alles allein?« Sie können dies auf zweierlei Art interpretieren:

a) Dieses Eis ist so gigantisch gut, dass ich auch was davon haben möchte, also lass mich bitte mal probieren und überlass mir vielleicht das kleine Stückchen Schokolade in deinem Mundwinkel, du Süße!
b) Du dickes Ekel, ich dachte, du bist auf Diät und nun hast du dir einen so riesigen Eishaufen auftürmen lassen, dass ich dein Dreifachkinn dahinter kaum mehr sehe, ganz zu schweigen von deinen schweinischen Tischsitten, dir hängt ja die Schokolade aus dem Mund – du widerst mich einfach an!

Ist der Unterschied klar? Sie hören, was Sie erwarten, und wenn Sie nicht aufpassen, hat Ihre Reaktion darauf, was Sie zu hören *glaubten*, keinerlei Bezug zur Realität.

Um in der Gegenwart eine realistischere Betrachtungsweise entwickeln zu können, die nicht von negativen Überzeugungen und Erwartungen der Vergangenheit getrübt ist, muss man lernen, negative Denkweisen zu erkennen. Sobald Sie in der Lage sind, irrationale oder negative Denkmuster zu identifizieren, werden Sie auch zu einer klaren Sichtweise all Ihrer Lebenserfahrungen kommen, insbesondere jener, die mit dem Körperbild zu tun haben. Versuchen wir doch einfach, ob Sie nicht einigen der häufigsten Denkfehler auf die Schliche kommen, die den meisten von uns – zumindest irgendwann einmal – unterlaufen.

Denkfehler

Alles oder nichts. In Extremen denken: Entweder »Ich habe Größe 36« oder »Ich bin ein gewaltiger Fettkloß, für den erst eine neue Kleidergröße eingeführt werden muss.«

Sie sehen die Welt nur in Schwarz oder Weiß. Wir alle wissen aber, dass die Dinge nur Sinn bekommen, wenn wir Grauabstufungen akzeptieren! Sonst wird uns nie gut genug erscheinen, was wir tun oder sagen oder wie wir aussehen.

Negatives verstärken. Ausschließlich negative Äußerlichkeiten beachten, so dass Ihr Aussehen zum ausschlaggebenden Faktor Ihrer Person wird: »Es zählt nicht, dass meine Haut besser aussieht, ich mich viel fitter fühle und im Lotto gewonnen habe, ich finde mich immer noch schrecklich, weil meine Knöchel so dürr sind.«

Durch das Herausheben des Negativen konzentrieren Sie sich immer nur auf die Körpereigenschaften, die Ihnen nicht gefallen, und lassen alles, was Ihnen ein positives Gefühl vermitteln könnte, links liegen.

Alles persönlich nehmen. Sich für Dinge verantwortlich fühlen oder sich über Vorfälle aufregen, die nichts mit Ihnen zu tun haben, und versuchen, alles auf sich zu beziehen. »Er hat sich im Bus nicht neben mich gesetzt, weil meine Haut so schlimm aussieht.«

Wenn Sie alles persönlich nehmen, übergehen Sie andere – oft wichtige – Dinge, die sich um Sie herum ereignen und Ihnen helfen könnten, das Erlebte richtig einzuordnen und vernünftig darauf zu reagieren.

Vorschnelle Folgerungen ziehen. Auf etwas schließen, was jeglicher Grundlage entbehrt: »Auf den ersten Blick sieht es vielleicht so aus, als würden sie über einen Witz lachen, aber in Wirklichkeit lachen sie mich in diesem Minirock aus.«

Mit allergrößter Wahrscheinlichkeit besitzen Sie keine hellseherischen Fähigkeiten. Vorschnelle Folgerungen werfen Sie nur unnötig aus der Bahn und führen dazu, dass Ihr Verhalten tatsächlich die negativen Reaktionen auslöst, die Sie erwarten.

Alles als Katastrophe betrachten. Sich immer nur den schlimmstmöglichen Fall ausmalen und übertriebene Vorstellungen entwickeln, was alles passieren könnte: »Seit letztem Sommer habe ich so zugenommen, dass ich meine Kleider zwei Nummern größer brauche. Da werden die Gurte im Flieger nicht mehr reichen und ich brauche eine Verlängerung. Vielleicht müssen sie wegen mir sogar Leute umsetzen, damit sich das Gewicht in der Maschine besser verteilt. Wie peinlich! Alle werden mich anstarren und auslachen. Nicht mit mir! Ich fliege nicht.«

Damit nehmen Sie in Kauf, auf ein schönes Erlebnis zu verzichten und übersteigerte Ängste wegen Dingen zu haben, die in Ihrem Leben eigentlich nebensächlich sein sollten.

Negatives verallgemeinern. Die Folgen eines unangenehmen Erlebnisses übertreiben, so dass dieses auf andere Bereiche Ihres Lebens ausstrahlt, die damit vielleicht gar nichts zu tun haben. »Mein letzter Freund sagte, dass er keine Blondinen mag, was vermutlich heißt, die meisten Männer mögen keine Blondinen, was wiederum heißt, ich werde nie mehr wieder eine Beziehung haben.«

Sie lassen zu, dass negative oder unbegründete Gedanken aus einem bestimmten Lebensbereich auf andere Bereiche übergreifen, und räumen ihnen damit einen größeren Wirkungsbereich ein.

Unser Denken (bewusstes oder unbewusstes) ist also der Auslöser für unser Fühlen und schlussendlich unser Handeln. Negative oder unbegründete Gedanken veranlassen uns zu einem Verhalten, das sehr wahrscheinlich negative Reaktionen unseres Umfelds bewirkt und zur Folge hat, dass wir uns schlecht fühlen. Die einzige Möglichkeit, dieses Denk-Fühl-Muster aufzubrechen, besteht darin, Denkfehler zu erkennen und sie durch konstruktive, vernünftige Alternativen zu ersetzen. Wenn Sie sich das nächste Mal in einer nach unten führenden negativen Denkspirale ertappen, halten Sie inne und überlegen Sie, welche realistische Grundlage es dafür gibt. Und ziehen Sie sinnvollere, positive Alternativen in Erwägung.

Bewertungen

Unser Körperbild wird oft davon geprägt, wie wir uns selbst beurteilen. Das kann zustimmend sein: »Ich mag meine Haare gern«, »Meine Beine sehen in diesem Rock toll aus« oder ablehnend: »Ich habe zu viele Sommersprossen«, »Meine Nase ist zu groß«. Das rührt unmittelbar an unser Empfinden von Kompetenz und Selbstwert. Wenn Sie sich schrecklich fühlen, finden Sie auch, dass Sie schrecklich aussehen. Wenn Sie sich als Mensch minderwertig fühlen, tun Sie es vermutlich auch körperlich. Wie oft kommt es vor, dass wir an unserem Aussehen zweifeln oder daran herummäkeln, wenn wir uns unwohl oder unsicher fühlen? Doch dauernd.

Egal, welches Körperbild Sie sich in Ihrem Kopf zurechtgelegt haben, aller Wahrscheinlichkeit nach hat ein Faktor wie ein Vorschlaghammer auf Ihre Selbstbeurteilung eingewirkt: die Bewertung durch andere. Sie kennen das Gefühl, wenn Sie sich etwas Neues zum Anziehen gekauft haben und sich nicht sicher sind, ob Sie das auch wirklich tragen können? Sie denken, Ihre Beine sind dafür zu kurz oder der Busen zu klein? Doch dann ringen Sie sich durch und überzeugen sich selbst davon, dass es geht. Sie holen tief Luft und machen den ersten Schritt vor die Tür, Sie fühlen sich selbstbewusst und attraktiv. Es geht Ihnen hervorragend – erstens, weil Sie toll aussehen, und zweitens, weil Sie Ihre Angst überwunden haben. Aber es braucht nur einen einzigen abschätzigen Blick oder eine bissige Bemerkung und Sie wollen nur noch nach Hause rennen und das Teil verbrennen. Warum? Weil wir alle dazu neigen, uns so zu sehen, wie wir annehmen, dass andere uns sehen.

Schlimmer noch, als wir uns im eigenen Spiegel betrachten, betrachten wir uns in dem Spiegel, den uns *jemand anderes* vorhält. Das Urteil anderer Personen wird genauso wichtig, wenn nicht sogar wichtiger als unser eigenes. Doch Annahmen, wie andere uns sehen, sind oft völlig unzutreffend. Untersuchungen belegen, dass Menschen, die befragt werden, wie sie glauben, von Freunden gesehen zu werden, die Übereinstimmung der einzelnen Beurteilungen tendenziell überschätzen: Sie nehmen an, alle würden sich gleich äußern – doch darin irren sie sich. Die meisten Menschen können zwar die grundsätzliche Beurteilung einschätzen, nicht aber die Abweichungen zwischen den einzelnen Sichtweisen. Im Grunde ist unser Bild davon, wie andere uns sehen, lediglich eine Projektion unseres eigenen Körperbildes auf die anderen. Mit anderen Worten, wir glauben, die Leute um uns herum sehen uns genauso wie wir uns selbst.

Maßstäbe

Nach der Bikini-Einkaufstour und der dadurch ausgelösten Depression (die einen massiven Schokoloden-Rückfall mit sich brachte) versuchte ich verzweifelt, auf andere Gedanken zu kommen, bis ein Rundschreiben auf meinem Schreibtisch landete, auf dem in großer schwarzer Schrift stand: »Es ist wieder so weit: Der Termin für unseren Firmen-Frühlingsball steht fest!« Die Erlösung. Ich nahm das DIN-A4-Blatt in die Hand und überlegte, ob ich hingehen würde oder nicht. Der Nachteil war, dass alle dort sein und alles daransetzen würden, blendend auszusehen. Der Vorteil war, es würde umsonst Wein geben (weshalb wir sowieso nach zwei bis drei Stunden wie Baywatch-Schönheiten aussehen würden). Dennoch brachte mich die Vorstellung zum Hyperventilieren. Meine Gedanken drehten sich nur noch darum, was ich anziehen sollte und wie ich aussehen würde – vor allem im Vergleich zu den anderen Frauen, die sich bei diesen Veranstaltungen herumtrieben. Sogar die Technikerin, die den Kopierer wartet, bekannt als Martha (früher Marcus), sah letztes Jahr besser aus als ich.

Unser Körperbild

Sechs Telefonate mit meinen Freundinnen und drei Gläser Wein später beschloss ich hinzugehen. Ich treffe mich mit meiner Freundin Trudy am Eingang des schäbigen 4-Sterne-Hotels und versuche, den mit Helium gefüllten Ballons auszuweichen, die aber von sich aus die Flucht ergreifen, als wir den Ballsaal betreten. Ich sehe mich um, erspähe ein riesiges Mädchen in einem pinkfarbenen Glitzerkleid und bete (ja, ich sende tatsächlich ein Stoßgebet zum Himmel), dass ich nicht so dick wirke wie sie. Ich greife nach Trudys Arm – sie kreischt vor Schmerz auf – ich lasse sie los, entschuldige mich schnell und beschwöre sie, mir die Wahrheit zu sagen: Bin ich dicker als das pinkfarbene Glitzergirl oder nicht? Trudy macht gerade einen Abendkurs in Psychologie. Anstatt etwas zu sagen wie: »Natürlich nicht, du bist nicht halb so dick wie die, du sexy Biest«, wie es sich für eine echte Freundin gehört, kommt sie daher mit: »Du benimmst dich einfach lächerlich, und ich werde mich auf dieses Thema nicht mit dir einlassen.« An diesem Punkt bin ich geneigt, a) Trudy einen Tritt zu verpassen oder b) sie daran zu erinnern, dass sie noch keine promovierte Psychologin ist. Doch in diesem Moment sehe ich, wie das pinkfarbene Glitzergirl mit James Blaze zum Tanzen geht (bestaussehender Mann in der Firma, in den ich seit Monaten verknallt bin). Ich kann nicht glauben, dass sie tatsächlich da oben auf der Bühne steht, vor Selbstbewusstsein strotzend mit dem Hintern wackelt, sich mit den pummeligen kurzen Ärmchen durchs Haar fährt und die Lippen zu »Come on Eileen« bewegt, während James sich sorgfältig das Haar glatt streicht und um sie herum seine Version des Moonwalk aufführt. In diesem Augenblick (ich bin noch nicht tief genug in ein Parallel-Universum eingetaucht)

Maßstäbe

beugt Trudy sich zu mir und sagt: »Sieht sie heute nicht sexy aus? Wo sie wohl dieses Kleid herhat?« Ich nicke, zwinge mich zu einem Lächeln und mache mich auf den Weg in Richtung Bar. Der Alkohol wird die Dinge hoffentlich ins rechte Licht rücken.

Während ich billigen Wein aus einem billigen Glas nippe, höre ich ein vergnügtes zartes Stimmchen hinter mir: »Sitzt hier jemand?« Ich drehe mich um und sehe das große pinkfarbene Glitzergirl. Schweiß läuft ihr über die Stirn und die Pausbäckchen glühen rot. Ich murmle nein, also setzt sie sich neben mich, kippt auf die Schnelle zwei Gläser Wein und macht sich genussvoll an das dritte. »Hallo, ich bin Suzy! Warum so ein langes Gesicht?«, fragt sie mich. »Diese Veranstaltungen sind doch immer nett!«

»Ja, findest du wirklich?«, antworte ich.

»Zumindest wenn Kerle wie James da sind. Sagen wir es mal so – er weckt den Tiger in mir!«

Ich verkneife mir einen dummen Witz, entschuldige mich und gehe zur Damentoilette, wo ich vor einem über und über mit Wasserflecken besprühten Spiegel stehe und mich frage, wie ich wohl bei dem pinkfarbenen Glitzergirl abschneide...

Wir alle haben das schon gemacht – einen Raum betreten und uns erst einmal umgesehen, wie wir im Vergleich mit anderen abschneiden. Wie wir uns in einer öffentlichen Situation fühlen (egal, ob wir uns aus freien Stücken oder aufgrund einer Verpflichtung dort befinden), beeinflusst unser Selbstwertgefühl. Wir legen unseren Selbstwert fest, indem wir uns mit anderen Personen vergleichen, die etwas mit uns gemeinsam haben. Eine Mutter vergleicht sich zum Beispiel mit anderen Müttern, die vor der Schule warten, ein 16-jähriges Mädchen vergleicht sich mit anderen Mädchen in der Schule, und eine Sprinterin vergleicht sich mit den Sportlerinnen in ihrer Leichtathletikmannschaft.

Das ist vielleicht auch der Grund, warum gemeinsame Umkleideräume für viele Frauen eine immense Bedrohung darstellen. Da ist nicht nur die Angst vor dem Urteil anderer Frauen – die Furcht erregende Vorstellung etwa, sie könnten mit Verachtung den kleinen Busen taxieren. Schlimmer ist die Misshandlung des Selbstwertgefühls durch den Vergleich des eigenen Busens mit dem anderer Frauen, der unweigerlich das Resultat erbringt – das liegt in der Natur eines unzutreffenden Körperbildes –, dass der eigene am »schlimmsten« aussieht. Unser Selbstwertgefühl entspricht nicht einer ganzheitlichen, objektiven Bewertung, die wir eigenständig vornehmen, sondern entsteht durch den Vergleich innerhalb der Gesellschaft. Viele unserer Beurteilungen basieren einzig und allein auf Vergleichen.

Maßstäbe existieren, weil wir darauf konditioniert sind, uns in bestimmte Lebenslügen einzukaufen, die in der Gesellschaft kursieren. Diese beeinflussen unsere Erwartungen und die Art, wie wir unser Leben führen. Das trifft ganz besonders darauf zu, welche Beziehung Frauen zu ihrem Körper herstellen und zu anderen Frauen. So sollen wir zum Beispiel glauben:

Erste Lüge: Man kann objektiv und universell schön sein, und wenn man schön ist, hat man ein wunderbares Leben und alles Gute kommt automatisch auf einen zu.

Zweite Lüge: Alle Frauen wollen mehr als alles andere auf der Welt schön sein – also sollten sie es auch. Schönheit ist das wichtigste Attribut, das sie anstreben können.

Dritte Lüge: Männer wollen nur schöne Frauen. Sie kämpfen für sie, sie töten für sie, und sie tun, was in ihrer Macht steht, um sie zu besitzen.

Nichts davon ist wahr. Es gibt keine »objektive« Schönheit. Was schön ist, wird, wie wir wissen, von Politik und Gesellschaft bestimmt. Feministische Autorinnen behaupten, wenn der Wert von Frauen anhand körperlicher Merkmale festgelegt wird, werden sie dadurch gezwungen, auf unnatürliche Art untereinander um Ressourcen zu konkurrieren, die Männer besitzen, wie Macht und Geld. Und es ist dieser Konkurrenzkampf, der die Normen in den Mittelpunkt unseres Umgangs miteinander stellt: Jede Frau in unserer Nähe wird zur Rivalin im Kampf um die Ressourcen, hinter denen wir her sind, bis unsere Beziehungen nicht mehr von Schwesterlichkeit und Freundschaft geprägt sind, sondern von Konkurrenzkampf. Von dem Schriftsteller John Berger stammt das bekannte Zitat: »Männer sehen Frauen an. Frauen sehen, dass sie angesehen werden. Das bestimmt nicht nur die Beziehung zwischen Männern und Frauen, sondern auch die Beziehung von Frauen zu sich selbst.« Es bestimmt, wie es uns mit uns selbst geht *und* wie es uns mit anderen geht.

Wer sagt, was schön ist?

Doch wer entscheidet, dass große Nasen attraktiv oder unattraktiv sind und ob es besser ist, klein und zierlich zu sein wie Kylie Minogue oder groß wie Eva Herzigova? Solche Normen bestimmt die Gesellschaft, in der wir leben, und die Menschen, von denen wir umgeben sind. Unsere Meinung über das Körperbild entsteht auf dieselbe Art wie jedes andere Wertegefüge, das wir als wahr zu akzeptieren lernen. So sagt uns die Gesellschaft zum Beispiel, dass Partydrogen schlecht sind, Bildung gut ist und Diebstahl böse. Diese Werte übernehmen wir fast ohne Nachdenken. In gleicher Weise übernehmen wir die Maßstäbe, an denen Schönheit gemessen wird.

Ende des 19. Jahrhunderts arbeiteten Frauen auf das Ideal eines molligen Körpers und blasser Haut hin. Ein solches Äußeres galt als erstrebenswert, da es Wohlstand repräsentierte und zeigte, dass man es sich leisten konnte, gut zu essen und ein gepflegtes Leben zu führen, das sich in Innenräumen abspielte. Die Frauen gaben sich größte Mühe, sich nicht der Sonne auszusetzen, die gefürchteten Sommersprossen zu vermeiden und – das Schlimmste, was man sich nur vorstellen konnte – sonnengebräunte Haut. Heute steht Sonnenbräune für Wohlstand. Sie macht offenkundig, dass man über die nötigen finanziellen Mittel verfügt, um in fernen Ländern Urlaub zu machen. Trotz der Gesundheitsrisiken, die wir mit dem Sonnenanbeten auf uns nehmen, können wir uns kaum denken, zu den vor hundert Jahren herrschenden Idealen zurückzukehren. Oder können Sie sich vorstellen, dass alle sich unter Sonnenschirme drängeln oder dass sich in *Baywatch* nur weißes Fleisch tummelt? Ich will mit diesem Beispiel zeigen, wie vergänglich Körperideale sind.

Die Vorgaben, was den idealen Körper ausmacht, haben sich im Lauf der Geschichte ständig verändert. Zu Beginn des 20. Jahrhunderts war eine vom Korsett geformte Eieruhr-Silhouette en vogue. Wer nicht von Natur aus mit dieser »perfekten« Form ausgestattet war, wurde eingeschnürt, zugeschnallt und fast erstickt, bis er die entsprechende Figur erreicht hatte. Stellen Sie sich Brust, Taille und Hüfte in den Proportionen von Barbie vor. Denken Sie an zeitgenössische Theaterstücke oder Geschichtsbücher mit Bildern, auf denen adelige Damen sich über Frisierkommoden beugen, während ihnen Zofen das Korsett so eng schnüren, dass ihnen fast die Luft wegbleibt. Denken Sie an hochgeschnürte Dekolletés und bleistiftdünne Taillen. Nun wissen Sie, wovon die Rede ist.

In den 1920er Jahren wollten die Frauen männlich aussehen. Körperrundungen waren nicht mehr gefragt, nun sollten es schmale Hüften und flache Brüste sein. In den 50er und 60er Jahren kamen dann wieder dralle Busen und Hüften in Mode. Wer würde jemals Marilyn Monroes Kurven vergessen, notdürftig verhüllt von jenem berühmten, hauchdünnen weißen Kleid, und raffiniert in Szene gesetzt über einem Lüftungsschacht? Üppiges Haar, üppige Lippen, üppige Wimpern, ausladende Hüften und voller Busen. Der Look war feminin und sexy.

Seither werden wir mit einem Körperideal konfrontiert, das praktisch unerreichbar ist. Frauen mit Ausnahmefiguren werden uns als »normal« verkauft. Dieses Ideal ist nicht nur unrealistisch, es ist auch ungesund. Es wurde schon viel darüber diskutiert, was für einen mächtigen Einfluss Barbie ausübte. Gäbe es eine Frau mit Barbies Maßen, wäre sie nicht in der Lage, aufrecht zu stehen, und ihre Organe könnten nicht arbeiten. Doch Barbie ist oft eines der ersten Abbilder eines weiblichen Körpers, das wir unseren Töchtern in die Hand drücken. Sie kann freilich nicht für jedes Problem mit dem Körperbild verantwortlich sein, immerhin ist sie eine viel beschäftigte Dame, hat einen Ehemann, Ponys und ein Haus in Malibu und muss sich schon um dies alles kümmern.

Nein, Barbie ist nur ein kleiner Splitter im Gefüge gesellschaftlicher Normen, deren Druck wir uns ausgesetzt fühlen. Beim Aufbau und der Durchsetzung dieser Normen spielt die Werbeindustrie eine immense Rolle. Manche Psychologen behaupten, die Abbildung einer Frau in einer Zeitschriftenanzeige besitze die Macht, die Gesundheit einer anderen Frau zu ruinieren, ihr Wohlgefühl, ihren Stolz und ihre Fähigkeit, sich selbst als Frau zu akzeptieren. Andere meinen, nicht das komplette Bild einer Frau richte den Schaden an, sondern ein bestimmter Körperteil eines Models, der groß in Szene gesetzt wird – Lippen für den Verkauf von Lippenstiften, Beine für den Verkauf von Strumpfhosen, Brüste für den Verkauf von... nun ja, so gut wie allem. Im Gegensatz dazu steht die Darstellung des männlichen Körpers, der meist ganz gezeigt wird. Dies veranlasst Frauen, einzelne Partien ihres Körpers abzulehnen oder anzunehmen, anstatt sich ganzheitlich zu betrachten, und führt zu Aussagen wie: »Ich hasse meinen Po / meine Beine / meine Ohrläppchen (nicht Zutreffendes bitte streichen)«. Wir lassen uns dazu bringen, uns intensiv über eine bestimmte Körperpartie Gedanken zu machen, weil sie nicht voll und ganz der in unserer westlichen Welt gültigen Vorstellung von absoluter Perfektion entspricht.

Beim Körperbild geht es nicht nur darum, wie wir aussehen, sondern auch darum, wie wir den Charakter von Menschen allein aufgrund ihrer äußeren Erscheinung beurteilen. Dicksein ist in gewisser Weise eine soziale Schuld geworden und wirkt sich auf das Wertegefüge und die Lebensweise der betroffenen Menschen aus. Sei es nun, dass Sie verächtliche Blicke auf sich ziehen, wenn Sie Zucker zum Kaffee nehmen, oder Spezialgeschäfte aufsuchen müssen, um größere Kleider als 42 zu bekommen (auch wenn schätzungsweise 47 Prozent der britischen Frauen Größe 44 oder darüber tragen). Übergewichtigen Menschen wird permanent das Gefühl vermittelt, in unserer Gesellschaft fehl am Platz zu sein. In buchstäblichem und übertragenem Sinn gibt man ihnen zu verstehen, nicht »in das Raster zu passen«. Vielleicht liegt es daran, dass Übergewichtigkeit in einer Gesellschaft, die Selbstkontrolle fast über alles andere stellt, für einen Mangel an Willenskraft oder Selbstbeherrschung steht. Die Scham, die wir empfinden, wenn wir zur nächsthöheren Kleidergröße greifen müssen, rührt nicht von den Pfunden an sich, sondern dem Stress, der mit der Peinlichkeit und Diskriminierung verbunden ist, der wir uns aufgrund unseres Dickseins aussetzen. Viele setzen einen schlanken, straffen, »perfekten« Körper mit Selbstdisziplin und emotionaler Stärke gleich. Studien weisen nach, dass Übergewicht in unserer Gesellschaft Unterlegenheit und Minderwertigkeit symbolisiert. Und wer hat ein Interesse, solche Assoziationen zu fördern? Nun, Diätprodukte sind ein schwergewichtiger Industriezweig geworden…

Haben Frauen und Männer unterschiedliche Körperbilder?

Frau: Sieht mein Hintern darin zu groß aus?
Mann: Sieht mein Schwanz darin groß genug aus?
Frau: Ich liebe einen Mann mit Humor.
Mann: Eine Glatze ist nicht komisch.
Frau: Barbie ist ein unrealistisches Vorbild, das nicht zu erreichen ist.
Mann: Ich könnte es jederzeit mit Action Man aufnehmen.
Frau: Ich hoffe, er sieht meine Cellulite nicht, wenn wir miteinander schlafen.
Mann: Hoffentlich halte ich durch, bis wir das ganze Vorspiel erledigt haben, das sie erwartet.

Männer scheinen ihren Körper von jeher anders zu betrachten als Frauen. Wirken sie nicht immer ein klein bisschen stolz auf den Bauchansatz, der ein wenig über den Hosenbund quillt und für die meisten Frauen der blanke Horror wäre? Und dann gibt es noch die Sorte, denen man rund um die Uhr intravenös Fastfood zuführen könnte und sie blieben trotzdem spindeldürr. Doch seit einigen Jahren hat sich hier etwas geändert: Auch Männer scheinen sich mehr Gedanken über ihr Äußeres zu machen. Früher wurden Frauen genau gemustert und dann entweder angemacht oder nicht weiter beachtet. Seit sie sich der von den Medien propagierten Idealvorstellungen vom männlichen Körper bewusst sind, finden sie sich auf der anderen Seite des Zauns wieder. Ausdrücke wie »Sixpack« beziehen sich nun auf ihren Körper und nicht mehr darauf, was sie Freitagabend trinken.

Unterschiedliche Körperbilder

Man spricht in diesem Zusammenhang vom »Brad-Pitt-Syndrom«. Schuld daran seien Vorbilder aus dem Fernsehen, Popstars und sogar Action-Man-Figuren. So wie sich viele Frauen nach langen Beinen und einer Wespentaille sehnen, wünschen sich viele Männer eine schlanke, muskuläre Statur, einen Waschbrettbauch und einen gut ausgebildeten Bizeps. Nachdem die Beschaffenheit des männlichen Geschlechtsorgans ohne Unterlass in Frauenmagazinen diskutiert wird – nach dem Motto: »Ist die Größe wichtig?« –, werden die Männer allmählich befangener und fragen sich, ob sie ihre Unterhosen auch ausreichend füllen. Es hat eine Weile gedauert, bis sich das starke Geschlecht genauso viele Gedanken über das Äußere machte wie die Frauen, und sicher wird es auch noch eine Weile dauern, bis die Gesellschaft wahrhaben will, dass auch Männer unter Körperbild-Störungen leiden können.

Für Männer ist es daher deutlich schwerer zu erkennen, dass sie möglicherweise unter einer solchen Störung leiden, da diese nicht thematisiert wird. Männer und Jungen haben oft Probleme, offen darüber zu sprechen, wie es ihnen mit ihrem Körper geht. Es ist ihnen peinlich oder sie schämen sich, und es ist ihnen nicht bewusst, dass sie ihr Äußeres falsch beurteilen. Neue Begriffe wie Muskeldysmorphie wurden geprägt, um die irrationalen Minderwertigkeitsgefühle aufgrund eines nicht den Normen entsprechenden Äußeren zu beschreiben, die Männer dazu treiben, Anabolika zu nehmen. Das kann zwanghafte, suchtähnliche Formen annehmen, und da Männer größere Hemmungen haben, über ihr Befinden zu sprechen, ist es für Ärzte schwieriger, dies zu diagnostizieren.

Kann man also wie bei Barbie, die dem Vorwurf ausgesetzt ist, unrealistische Erwartungen bei Frauen zu schüren, auch Action Man anlasten, dasselbe bei Männern zu bewirken? Nun, es sieht tatsächlich so aus, als fände man bei diesen Plastikgebilden eine Menge Antworten. Im Lauf der letzten 30 Jahre sind die männlichen Puppen immer muskulöser geworden und ihre Proportionen immer realitätsferner. Viele heutige Action-Figuren sind deutlich ausgeprägtere Muskelprotze als die strammsten Bodybuilder aus Fleisch und Blut – und das ohne den Gebrauch von Anabolika (es sei denn, Action Man hat ein paar Leichen im Keller). Daher überrascht es nicht, dass die Unzufriedenheit von Männern mit ihrem Körper, im Gegensatz zu den Frauen, nicht nur daher rührt, dass sie nicht schlank genug sind – sie wollen gleichzeitig auch noch schwerer sein. Die ideale Körperform des Mannes ist das durchtrainierte »V«, mit dem man im Westen typisch männliche Attribute wie Stärke und Macht verbindet. Interessant ist, dass Männer, wenn sie sich entschließen, ihren Körper zu verändern, dies eher mit Training versuchen als mit Diäten: Sie wollen das, was sie als schlecht empfinden, korrigieren, indem sie etwas *tun*, anstatt auf etwas zu *verzichten*.

Bis vor kurzem hat auch die Wissenschaft den Körper des Mannes ignoriert – die meisten Forschungsprojekte zum Thema Körperbild konzentrierten sich auf Frauen. Ganz klischeehaft verbindet die Gesellschaft körperliche Verunsicherung mit Frauen. Bei Jungen geht man oft davon aus, Körperideale würden sie nicht kümmern. Dabei nehmen Jungen schon im Alter von etwa fünf Jahren unterschiedliche Körperformen wahr. Es ist nachweisbar, dass sie sich mit acht

Unterschiedliche Körperbilder

Jahren bereits Sorgen wegen ihres Gewichts machen und schlank sein wollen. Der Unterschied liegt nur darin, dass Mädchen ermutigt werden, über diese Sorgen zu sprechen, während Jungen weniger dazu in der Lage sind, vermutlich aus Angst, nicht als männlich genug zu gelten. Wenn Sie also Ihren Partner das nächste Mal fragen, ob er Ihren Po in diesem Kleidungsstück zu groß findet, nehmen Sie sich auch einen Moment Zeit, ihm ein Kompliment über sein Aussehen zu machen. Er zeigt diesbezüglich nach außen hin zwar keine Unsicherheit, das heißt aber nicht, dass er sie nicht doch hat.

Auch wenn Männer für Störungen des Körperbildes ebenfalls anfällig sind, haben ihnen die Frauen einiges »voraus«. Die Forschung zeigt, dass sie mit größerer Wahrscheinlichkeit unter solchen Problemen leiden, und wenn sie davon betroffen sind, dann auch schwerwiegender. Eine Erklärung dafür könnte sein, dass die Gesellschaft Frauen von klein auf vermittelt, ihr Kapital sei ihre Attraktivität und Sexualität. Das bedeutet, Frauen lernen schon früh, sich selbst als Objekte visueller Einschätzung und Entwicklung zu betrachten – wie ein Auto. Wir setzen alles daran, um wie ein Ferrari auszusehen und nicht wie ein Volkswagen. Dies kann zur Folge haben, dass Frauen sich auf Kompetenz basierende soziale Aktivitäten, bei denen es nicht wichtig ist, ob sie toll aussehen, nicht mehr zutrauen. Wie kommt es dazu? Zum Teil gibt man der auf Teenager zugeschnittenen Werbung und den Medien die Schuld. Mit Beiträgen wie »Hübsch mit Lidschatten in sechs Farben und Lipgloss« richten sie das Augenmerk auf Schönheitstipps anstatt darauf, die Persönlichkeitsentwicklung zu fördern.

Männer betrachten einen Körper völlig anders als Frauen.

Unser Körperbild

Ein Mann sieht in den Spiegel, beurteilt sein Gesamtbild und sagt: »Passt so, ich sehe gut aus.« Er würde wohl nicht sagen: »Im Großen und Ganzen sehe ich ganz passabel aus, aber meine Arme könnten etwas mehr Spannkraft vertragen, und meine Haut könnte auch etwas reiner sein.« Wenn Frauen ihren Körper betrachten, teilen sie ihn in einzelne Abschnitte und beurteilen jeden für sich. Die Macht der Werbung und des Marketing hat uns dazu gebracht, unseren Körper optisch zu sezieren. Wir beurteilen Arme, Beine, Brüste, Gesicht und so weiter jeweils losgelöst vom Rest. Es ist aber viel gesünder, wenn wir uns als Ganzes betrachten und erkennen, dass die »gewissen Stellen« zwar nicht wie in den Anzeigen aussehen, aber in das Gesamtbild passen, mit dem *wir glücklich sind.*

Offensichtlich nutzt es der Industrie und ihren Werbeagenturen, wenn wir mit unserem Aussehen unglücklich sind. Sie stehen mit ihren Cremes oder Lotions, welche die Schwerkraft aufheben oder die Uhr zurückdrehen, schon in den Startlöchern. Ein kompletter Industriezweig lebt davon, dass wir, wenn wir uns aufgrund irgendeines Körpermerkmals unsicher fühlen, alles dafür tun würden, dies zu ändern – alles versteht sich, was damit zu tun hat, mal eben kurz in der Parfümerie vorbeizuschauen – bloß nicht, sich Gedanken zu machen, woher die Verunsicherung kommt.

Besonders Frauen haben im Hinblick auf das momentan in den Schönheitsmedien herrschende Klima viel über Bord zu werfen. Wir sollen uns mit Bildern körperlicher Perfektion und ewiger Jugend messen, obwohl es 99 Prozent aller Frauen unmöglich ist, wie ein 16-jähriges brasilianisches Model aus einem der Hochglanzmagazine auszusehen, die wir so gerne durchblättern. So leben wir unweigerlich in einem Klima fortwährender Enttäuschung und Ablehnung unseres Körpers. Hier einige interessante Fakten:

- *90 Prozent aller Mädchen zwischen drei und elf Jahren besitzen eine Barbie-Puppe, also ein frühkindliches Rollenvorbild, das im richtigen Leben aus physischen und medizinischen Gründen unmöglich zu erreichen ist.*
- *Die Analyse eines populären Jugendmagazins zeigte, dass in der Mehrzahl der Ausgaben Artikel über das äußere Erscheinungsbild den prozentual größten Anteil einnahmen (Schlenker, Caron, Halteman, 1998).*
- *69 Prozent der weiblichen Schauspielerinnen im Fernsehen sind sehr schlank, nur fünf Prozent übergewichtig (Silverstein, Peterson, Perdue & Kelly, 1986).*
- *Der Durchschnittsbürger sieht täglich 400 bis 600 Anzeigen – das sind bis zum Alter von 60 Jahren 40 bis 50 Millionen Anzeigen. Einer von elf Werbespots enthält eine direkte Botschaft zum Thema Schönheit (von den indirekten ganz zu schweigen).*
- *Die Konfrontation mit idealisierten Bildern beeinträchtigt die Zufriedenheit der Menschen mit ihrem eigenen Aussehen.*
- *Frauen vergleichen sich mit den Bildern anderer Frauen auch dann, wenn es nicht von ihnen verlangt wird (Posavac, Posavac & Posavac, 1998).*

Quelle: About Face: Facts on the Media, Liz Dittrich.

Trotz all dieser Tatsachen macht man es sich aber meiner Meinung nach zu einfach, den Hochglanzmagazinen und dem Fernsehen die alleinige Schuld für den Kummer mit unserem Körperbild zuzuschreiben. Die meisten von uns wissen, was man mit Retusche, Beleuchtung und Make-up bewirken kann. Wenn wir in einem Fastfood-Restaurant einen Cheeseburger kaufen, sieht er schließlich auch nie so aus wie auf der Auswahltafel. Wir nehmen es aber bereitwillig hin, weil wir das gar nicht erwartet hatten. Doch wenn wir das Bild eines Models sehen, das von den Besten der Branche geschminkt, gestylt, fotografiert und retuschiert wurde, wollen wir glauben, das Bild sei echt und wir müssten genauso aussehen, wenn wir morgens aufstehen oder nach einem 8-Stunden-Tag das Büro verlassen!

Ja, *Sex sells*. Ja, der Druck, einem unmöglichen Ideal zu entsprechen, ist übermächtig. Ja, die Mehrzahl der Models sieht nicht aus wie die Mehrzahl der Frauen im richtigen Leben. Also müssen wir uns konsequenter weigern, zu kaufen, was uns aufgetischt wird. Wir müssen ein Gespür dafür entwickeln, dass unsere Identität nicht nur aus dem Umfang oder den Umrissen unseres Körpers besteht, wir müssen ein tiefer greifendes, ganzheitliches Gefühl dafür aufbauen, wer wir sind, damit wir nächstes Mal, wenn wir ein Magazin aufschlagen, die Bilder als das sehen, was sie sind: Bilder eben – willkürliche Ideale, die uns die Medien und Modekonzerne vorsetzen, wohl wissend, dass Verunsicherung den Verkauf fördert. Sehen Sie sich die gestylten, perfekt ausgeleuchteten, retuschierten Fotos an, ignorieren Sie die indoktrinierenden Artikel über Schönheit, lachen Sie über die Berichte von 12-Stunden-Orgasmen, schreiben Sie sich auf, welche Handtaschen und Schuhe man in dieser Saison unbedingt haben muss, und verwenden Sie die restlichen Seiten zum Auslegen des Hamsterkäfigs. Sie werden sehen, sie sind lediglich Makulatur, billige Dekoration, aber keine Anleitung, wie man ein selbst bestimmtes Leben führt oder sich selbst lieben lernt.

Fühlt sich auch eine schöne Frau mal hässlich?

Was aber ist mit den wirklich schönen Frauen? Die kennen doch gewiss keine Befangenheit ihres Körpers wegen. Keiner glaubt doch einem Supermodel, wenn es sagt: »Ich hasse meine Oberschenkel« oder »Das Licht ist alles!« Und doch kann man davon ausgehen, dass schöne Frauen noch stärker zu Verunsicherung neigen, da sie weit mehr jenen taxierenden Blicken ausgesetzt sind, von denen wir an früherer Stelle schon gesprochen haben.

Natürlich nehmen bestimmte Wesenszüge darauf Einfluss, wie eine Frau sich selbst sieht, unabhängig von ihrer Schönheit. Neurotisches Verhalten geht oft einher mit Besorgnis, Angst und emotionaler Überempfindlichkeit. Neurotische Personen neigen stärker zur Selbst-Objektivierung. Auch Perfektionismus spielt eine Rolle: Frauen, die sich selbst hohe Ziele setzen und sehr ergebnisorientiert sind, werden sich eher gesellschaftlichen Erwartungen beugen, sich weniger auf Gespräche über körperliche Verunsicherung einlassen und häufiger unter Essstörungen leiden. Selbst jene Frauen, die übernatürliche Kräfte zu besitzen scheinen, neigen genau wie wir anderen, oder sogar in noch stärkerem Maße, zu den gleichen Unsicherheiten.

In mancher Beziehung jedoch haben es schöne Frauen tatsächlich leichter. Man hat festgestellt, dass körperlich attraktive Menschen schneller Hilfe angeboten bekommen, leichter einen Job finden und größeren Einfluss auf andere ausüben als weniger attraktive. Äußerlich anziehende Menschen werden wohlwollender beurteilt, und man erkennt ihnen automatisch Eigenschaften zu wie Umgänglichkeit, guten Charakter und gesunde Psyche. Zahlreiche Forscher kamen zu der Erkenntnis, dass attraktivere Frauen sich nicht mehr so sehr auf ihre äußere Erscheinung konzentrieren. Stellen wir uns der Tatsache: Jede von uns hat irgendeine Freundin, die ohne besonderes Zutun einfach hübsch ist, die sich ein abgewetztes, altes T-Shirt »überstreift« und hinreißend aussieht, während wir in demselben T-Shirt nur ungepflegt und alt aussähen. Doch trotz allem, was wir vielleicht vermuten, schöne Frauen – und Männer – haben ebenfalls Kummer mit ihrem Körper, sie haben nur größere Hemmungen, darüber zu sprechen. Jedem Mann, der sich wünscht, muskulöser / weniger behaart / mit einem größeren Penis ausgestattet zu sein, stehen freilich zehn Frauen gegenüber, die sich wünschen, nicht so dick / nicht so dünn zu sein, längere Beine zu haben oder einen kleineren Busen.

Aber warum? Warum können wir uns nicht einfach nehmen, wie wir sind? Und warum gelingt es manchen Frauen und anderen nicht?

Einfach ausgedrückt: Es ist eine Frage des Blickwinkels. Auf den verschiedenen Etappen im Lauf unseres Lebens machen wir mit unserem Körper unterschiedliche Erfahrungen. Anfangs als Baby haben wir kein Bewusstsein dafür, in der Pubertät wird er die Achse, um die sich unser Universum dreht, und später, wenn wir Krankheiten, Schwangerschaften, Menopause und Alter durchleben, befremdet er uns zutiefst. Egal, was wir in unserem Leben tun, wohin wir gehen, auf wen wir treffen, eines ist sicher: Unser Körper ist immer dabei. Und er ist real. Stellen Sie sich ihn als Freundin vor, die alle ihre Erlebnisse mit Ihnen teilt, die 24 Stunden am Tag bei Ihnen ist. Und stellen Sie sich vor, diese Freundin müsste all die schrecklichen Qualen über sich ergehen lassen, die viele Frauen ihrem Körper auferlegen. Stellen Sie sich vor, sie versuchten, sie zu verändern, zu formen und zu »perfektionieren«, weil sie nicht ganz mit ihr zufrieden waren. Nur gut, dass unser Körper sich nicht einfach auf und davon machen kann, denn genau das würde passieren, wenn man es einmal so betrachtet.

Ein gesundes Körperbild zu entwickeln heißt, das Vorhandene *korrekt* zu sehen. Und wenn Sie Ihr eigenes Spiegelbild in aller Wahrhaftigkeit erkannt haben, bedeutet es annehmen, was Sie sehen. Und dies nicht als Hindernis zu empfinden, sondern als Schlüssel zu mehr Selbstachtung und Selbstvertrauen zu nutzen. Hätte Schneewittchens Stiefmutter nur einen Hauch von Feingefühl besessen, hätte sie den lästigen Spiegel sofort zertrümmert. Hätte sie an ihrem Körperbild gearbeitet, hätte sie ihn nie fragen müssen: »Spieglein, Spieglein an der Wand, wer ist die Schönste im ganzen Land?« Sie hätte seine Bestätigung einfach nicht nötig gehabt…

Hausaufgaben

Damit Sie in den Spiegel schauen und Gefallen finden können an dem, was Sie sehen, müssen Sie zuerst verstehen, wie sich Ihre Art, über bestimmte Dinge zu denken, darauf auswirkt, was Sie in Bezug auf diese Dinge fühlen. In diesem Kapitel haben wir gezeigt, wie unser Denken unsere Selbstwahrnehmung beeinflusst. Lernen Sie, die negativen oder irrationalen Denkweisen zu erkennen, die Sie hemmen. Dann ist es nur noch eine Frage der Zeit, bis Sie diese verändern können.

Machen wir uns also an die Arbeit. Beginnen Sie mit der ersten Aufgabe. Es macht nichts, wenn Ihnen diese anfangs etwas merkwürdig vorkommt, je mehr Sie üben, umso einfacher wird es. Nehmen Sie sich unbedingt die Zeit, über das Ergebnis jeder Aufgabe nachzudenken, immer im Auge zu behalten, wie Ihre Gedanken Ihre Gefühle beeinflussen und wie Ihre Gefühle Ihr Tun beeinflussen.

Aufgabe 1
Führen Sie in den nächsten beiden Wochen Tagebuch (benutzen Sie dazu Tabelle 2 auf Seite 62 und orientieren Sie sich an der Beispieltabelle 1 auf Seite 61) über jeden negativen oder Angst auslösenden Gedanken in Bezug auf Ihr Aussehen oder auf das, was Sie essen, und die Situation, die ihn ausgelöst hat. Füllen Sie nur die ersten drei Spalten aus.

Nehmen Sie sich am Ende jeder Woche Zeit, das Tagebuch durchzusehen und zu prüfen, ob Sie einen der auf Seite 37 ff. besprochenen Denkfehler erkennen.

Gehen Sie dann zu den beiden letzten Spalten und überlegen Sie, ob Sie nun anders über die Ereignisse denken, die Sie aufgeschrieben haben. Wenn Sie diese Aufgabe beendet haben, schreiben Sie auf, ob sich Ihre Gefühle im Zusammenhang mit den falschen Denkweisen verändert haben.

Tabelle 1 (Beispiel)

Momentane oder zu erwartende Situation	Automatisch einsetzende negative Gedanken	Gefühl / Verhalten	Alternative vernünftige Gedanken	Gefühl / Verhalten
Vertrag für neues Fitnessstudio abschließen	Alle werden mich ansehen, weil ich so dick bin, ich werde auffallen. Ich werde keinen Erfolg haben.	Ängstlich, aufgeregt. Würde am liebsten Sporttasche aus dem Fenster schleudern.	Die Leute im Fitnessstudio werden mehr auf ihren eigenen Körper achten als auf meinen. Wenn ich ins Studio gehe, tue ich etwas für mich, nicht für andere. Ich bin nur erfolglos, wenn ich aufgebe.	Positiver, nicht so ängstlich. Habe Gewaltakt mit Sporttasche verworfen.

Tabelle 2

Momentane oder zu erwartende Situation	Automatisch einsetzende negative Gedanken	Gefühl / Verhalten	Alternative vernünftige Gedanken	Gefühl / Verhalten

Ist Ihnen klar, wie es funktioniert? Wenn Sie negative Denkweisen ausfindig machen und verändern können, sehen Sie die Dinge klarer und positiver, und Sie fühlen sich wohler in Ihrer Haut. Führen Sie das Tagebuch einige Wochen lang fort. Sie werden ziemlich bald eine Veränderung in Ihrem Denken feststellen. Wenn Sie den Dreh heraus haben, gehen Sie zu Aufgabe 2 über, bei der Sie sich mit den Augen anderer zu betrachten versuchen.

Aufgabe 2

- Schreiben Sie fünf Eigenschaften auf, die Sie an Ihrem Äußeren gerne mögen. Mindestens zwei davon müssen sich oberhalb des Halses befinden und mindestens zwei unterhalb.
- Bitten Sie nun Ihren Partner oder Ihre beste Freundin,

ebenfalls fünf äußerliche Merkmale zu notieren, die sie an Ihnen schön finden.
- Unterhalten Sie sich über diese Liste. Welche Gefühle löst sie bei Ihnen aus? Was kommt Ihnen spontan in den Sinn, wenn Sie an die Liste des / der anderen denken? Stimmen Sie damit überein? Sind Sie davon überzeugt?
- Stellen Sie sich mit einer der Listen von anderen vor den Spiegel. Richten Sie das Augenmerk auf die erwähnten Körperpartien. Welche Gefühle haben Sie jetzt dabei?
- Schreiben Sie Ihre Liste neu.
- Hat sich etwas geändert? Warum? Oder warum nicht?

Diese Aufgabe soll Sie befähigen, sich selbst neu zu sehen. Durch die Konzentration auf die positiven Eigenschaften Ihres Äußeren brechen Sie allmählich aus dem negativen Kreislauf aus, in dem Sie immer nur gesehen haben, was Sie nicht an sich mögen. Und schon allein dadurch, dass andere Ihnen sagen, was sie sehen, wenn sie den Blick auf Sie richten, müssen Sie verinnerlichen, dass es auch andere Betrachtungsweisen gibt.

Wie unser Selbstporträt entsteht

Wider besseres Wissen und jeglichen in mir vorhandenen Selbsterhaltungstrieb ließ ich mich Donnerstagabend von meiner Schwester in einen Dating-Club zerren. Angeblich hätten drei ihrer Bürokolleginnen dort »den Richtigen« getroffen, und da ich auch nicht jünger würde (ich bin drei Jahre älter als Lucinda, doch sie und der Rest meiner Familie führen sich auf, als wäre ich eine alte Jungfer aus einem 40er-Jahre-Film), sollte ich es doch einmal versuchen.

Wir trafen uns an der nächstgelegenen U-Bahn-Station, wo sie auf mich wartete. Sie sah wie immer tadellos aus, und ich bemerkte, dass sie sich gerade anschickte, mich ebenso prüfend anzusehen, wie ich das von meiner Mutter gewohnt bin. Sie begrüßte mich mit einem mitleidvollen, aber doch herzlichen Lächeln und meinte, es sei doch jammerschade, dass ich keine Zeit mehr hatte, mich noch etwas zurechtzumachen. Dann zupfte sie einen Fussel von meinem Mantelrevers und (ich schwöre, dass es wahr ist) befeuchtete den Finger mit Spucke, um mir die verschmierte Mascara am rechten Auge abzuwischen! Ich unterdrückte das Verlangen, ihr eine Ohrfeige zu verpassen, und sagte, ich würde sofort gehen, wenn sie nicht aufhörte, mich zu behandeln, als wäre ich ihre fünfjährige Tochter. Sie ignorierte das und bedeutete mir aufgeregt, ihr in ein umgebautes viktorianisches Haus zu folgen.

Nach außen wirkte das stattliche Gebäude stilvoll und elegant, innen hatte man allerdings eher das Gefühl, in einem Kongress amerikanischer Cheerleader geraten zu sein, der in der Barbie-Abteilung eines großen Spielwarenladens stattfand – es war alles pinkfarben und keimfrei, so dass es mich würgte (aber seltsamerweise auf sehr damenhafte, adrette Art). Sofort wurden wir von Amelia begrüßt, die das Leben an sich total aufregend zu finden schien. Sie stürzte sich auf mich, umarmte mich und stellte sich als mein »Dating-Coach« vor. Sie trug einen blonden Bob und einen langen Pony, der knapp über ihren leuchtend blauen Augen endete. Ans linke Revers ihres mauvefarbenen Business-Kostüms war ein herzförmiger Pin geheftet, auf dem stand: »Es gibt für jeden den richtigen Partner – auch für dich.« Sie nahm mir gegenüber Platz und fing an, die vorgefertigte und auswendig gelernte Firmenphilosophie herunterzuspulen.

Ganz offensichtlich müsse ich erst einmal lernen, wollte ich »den Traum, meinen Seelenverwandten kennen zu lernen, wahr machen«, mich bestmöglich zu verkaufen – natürlich habe das nichts damit zu tun, sich zu prostituieren, ergänzte sie schnell. Sie erklärte mir, ich brauche ein Video, auf dem ich mich selbst beschreibe und das man potenziellen Kandidaten zeigen könne. Das sei nun wirklich extrem wichtig, und meine Worte müssten so ausgefeilt sein, »als ginge es darum, Mister Right zu angeln«, weil, wie Amelia es ausdrückte, »ein Mann keinen stirnrunzelnden Partymuffel will, der sich selbst nicht mag! Er will eine sexy Lady, die von sich selbst überzeugt ist! Wenn Sie in die Kamera sehen, denken Sie nicht an den Umfang Ihrer Oberschenkel, sondern an Ihr großes Herz!«, gurrte sie. Für das Protokoll:

Wie unser Selbstporträt entsteht

Nach Amelias aufmunternden Worten schwor ich mir, nie mehr ein Wort mit meiner Schwester zu wechseln, geschweige denn, mir irgendwelche Kennenlernratschläge von ihr geben zu lassen. Doch bevor ich mich verabschieden und die Flucht ergreifen konnte, hatte mich Amelia bereits in ein anderes Pastellzimmer bugsiert, in dem vor einem Polstersessel drohend eine Kamera aufgebaut war. Sie reichte mir eine Fernbedienung, gab mir ein paar Anweisungen und erklärte, ich hätte nun 30 Minuten Zeit, mein 3-Minuten-Video aufzunehmen.

Nun mag es eine Menge Menschen geben, denen es ein Leichtes ist, sich selbst zu beschreiben. Ich meine, man fängt bei der Haarfarbe an – Einzelheiten dazu liefert die Verpackung der Tönung –, schwindelt mit Größe, Gewicht und Hobbys, fertig. Aber für jemanden wie mich, das heißt, jemanden, der einen großen Bogen um jeden Spiegel macht und immer versucht, nur ja nicht die Aufmerksamkeit auf sich zu lenken, ist das eine ziemlich beängstigende Aufgabe. Als ich in meinem unbequemen Polstersessel saß, fing ich an zu überlegen, wie ich mich wirklich sehe. Verstehen Sie mich nicht falsch, ich finde mich im Großen und Ganzen akzeptabel, bin eine gute Freundin, eine gefragte Mitspielerin bei Gesellschaftsspielen, doch wenn es um mein Aussehen geht – ich hasse schon allein den Gedanken daran.

Als ich in die Kamera starrte, fielen mir Bemerkungen anderer über mich ein: »Hübsches Gesicht, aber grobknochig wie ihre Tante Cecilia.« »Hat die Nase ihres Vaters, aber mit dem richtigen Augen-Make-up fällt es gar nicht auf.« »Nicht unbedingt die Statur einer Ballerina, aber für ihre Verhältnisse ziemlich beweglich.« Mir wurde bewusst, dass jeder

Kommentar über mich, der mir in den Sinn kam, in irgendeiner Weise negativ war. Ich bemerkte, dass mein Bild von mir selbst im Lauf der Jahre so schlimm geworden war, dass ich inzwischen wirklich Angst hatte, von mir zu erzählen. Ich versuchte, an das Positive zu denken, so wie Amelia es geraten hatte. Nur leider fielen mir nur Dinge ein wie: »Mein Nagellack hat eine schöne Farbe« oder »Diesen Monat hat Lino mir die Haare wirklich gut geschnitten«.

Nachdem ich 20 Minuten deprimiert und unter Qualen in dem Sessel verbracht hatte, schaffte ich es, in die Kamera zu sehen und zu sagen: »22 Jahre alt, 1,75 groß, blond, großer Busen, schmale Taille, goldbrauner Teint, stehe auf Football, Bier und Delphine. Wenn du interessiert bist – verpiss dich, denn Männer wie du und Frauen wie ich widern mich an!«

Ich ging hinaus, gab Amelia das Band und schritt die Straße entlang geradewegs in die Schokoladenabteilung des nächsten Feinkostladens.

Was wir sehen, wenn wir in den Spiegel schauen, ist ein Porträt unserer selbst, aber kein vollständiges, sondern ein in Arbeit befindliches, das wir unser ganzes Leben lang ergänzen und bearbeiten. Während bestimmter Entwicklungsphasen geben wir uns mit diesem Porträt (oder Körperbild) sehr große Mühe, während anderer Phasen, insbesondere in der frühen Kindheit, sind wir uns unseres Aussehens überhaupt nicht bewusst. Babys haben keine Probleme mit ihrem Körperbild. Das ist erwiesen. Und man muss kein Kinderpsychologe sein, um dies zu wissen. Achten Sie, wenn Sie ein Baby sehen, einmal auf den Popo. Stellen Sie sich dann eine erwachsene Frau mit einem großen sperrigen Windelpaket vor. So etwas werden Sie nie sehen. Das ist völlig undenkbar. Das Körperbild ist für Babys kein Thema, für die Mehrzahl der erwachsenen Frauen aber sehr wohl. Wie kommt es dazu, dass wir uns zunächst in einem gesegneten Zustand befinden, in dem wir uns der Größe dieses Feindes, der unten an unserer Wirbelsäule hängt, gänzlich unbewusst sind, und dann in eine Welt geraten, in der unser Hinterteil alles dominiert?

Des Pudels Kern liegt darin, dass wir uns unserer selbst und der Reaktionen anderer auf uns schon früh bewusst sein müssen, um unsere Umgebung manipulieren zu können. Als Babys entdecken wir, dass wir mit einem Lächeln einen Erwachsenen dazu bringen können, nach unserer Pfeife zu tanzen, und so fangen wir an, Konzepte zu entwickeln, wie wir auf die Welt einwirken können. Wir nutzen diese Erkenntnis, um uns die Welt begreifbar zu machen, und wir legen uns Theorien zurecht, wie die Dinge funktionieren, so etwas wie universelle Wahrheiten oder Kernannahmen, die uns helfen, unsere Erfahrungen einzuordnen. Diese Kernannahmen bestimmen, wie wir die Realität interpretieren, wie wir unsere Welt verstehen und wo wir selbst uns dort einordnen. Sie bilden eine Art Landkarte, auf der festgelegt ist, wohin wir unsere Aufmerksamkeit lenken und was wir ausblenden. Unsere Kernannahmen werden so sehr Teil dessen, wer wir sind, dass uns ihre Existenz nicht einmal mehr bewusst ist, wir nehmen sie als selbstverständlich hin, wir überlassen es ihnen, die Richtung in unserem Leben vorzugeben, und halten nur selten inne, um kritisch darüber nachzudenken.

Wie unser Selbstporträt entsteht

Aus diesen Kernannahmen entwickeln sich sämtliche negativen oder irrationalen Gedanken über bestimmte Bereiche unseres Lebens. Kernannahmen sind größer, weiter und universeller gefasst als negative Denkweisen, welche meist spezifischer und detaillierter sind. Eine Kernannahme, die besagt, Sie müssen auf andere ansprechend und nett wirken, um akzeptiert zu werden, kann zu negativen oder irrationalen Denkweisen führen wie: »Ich muss erst einmal abnehmen, bevor ich wieder versuche, jemanden kennen zu lernen« oder »Keiner wird mich so wollen, wie ich im Moment aussehe.« Negative Gedanken können sich auf unsere Einstellung zum Essen, zu Kleidung, Schönheitsprodukten beziehen – auf alles, was mit dem äußeren Erscheinungsbild zu tun hat.

Sie stehen in Relation zu den Kernannahmen, die Sie darüber ausgebildet haben, wie Ihr Aussehen Ihr Leben beeinflusst. Das Problem ist, dass, wenn wir unzuträgliche Kernannahmen entwickeln, die negative Denkweise, die daraus entsteht, sich so stark einnistet, dass es uns nicht nur schwer fällt, diese abzustellen, sondern wir sie überhaupt nicht mehr wahrnehmen. Dies wiederum weckt Gefühle, nicht den Anforderungen zu entsprechen, und lässt uns an unserem Aussehen verzweifeln.

Wie im vorigen Kapitel aufgezeigt, entwickelt sich unser Körperbild aus Erfahrungen und der Art, wie wir uns in der Gegenwart sehen. Daher fällt es uns schwer, zwischen einem vergangenen und gegenwärtigen »Ich« zu entscheiden. Beide Bilder werden zu einer permanenten Identität verschmolzen, die das unkorrekte Bild, das wir von uns selbst haben, noch stärker verzerrt. Das trifft insbesondere auf negative

Bemerkungen zu, die wir über uns gehört haben. Überlegen Sie nur, bei wie vielen von uns ein Spitzname aus der Schulzeit noch immer negative Gefühle weckt, obwohl wir uns seitdem völlig verändert haben. Waren wir als »Sommersprosse« bekannt, ist unsere Haut das, worauf wir am meisten achten, waren wir die »Bohnenstange«, ist es das Gewicht, waren wir die »Kurze«, ist es die Körpergröße... Sie wissen, was ich meine. Haben Sie in der Vergangenheit erfahren, etwas Bestimmtes an Ihnen ist nicht gut genug, ist dies vermutlich das Erste, worauf Sie achten, wenn Sie in den Spiegel schauen.

Unsere Kernannahmen sind das Basismaterial, mit dem wir unser Selbstporträt entwerfen – die Leinwand, die Pinsel, die Farbe. Sind sie gestört, bringen sie negative Gedanken hervor und irrationale Interpretationen unserer Erfahrungen. Und wie sehr wir uns auch mühen, wir werden es niemals schaffen, ein Porträt von uns anzufertigen, das uns gerecht wird. Daher müssen wir uns als Erstes die Zeit nehmen zu erkennen, woraus sich unsere Kernannahmen entwickelt haben, und als Zweites, wie sie sich auf unsere Interpretation des Gegenwärtigen auswirken.

Kindheit

Wie die meisten Gespenster, die uns als Erwachsene umtreiben, haben auch unsere Kernannahmen ihren Ursprung in der Kindheit. Zunächst haben Kinder eine ganz andere Sicht der Welt als Erwachsene. Mit zunehmendem Alter werden ihre Kernannahmen immer komplexer. Das liegt nahe, denn

Wie unser Selbstporträt entsteht

je mehr Erfahrungen sie sammeln, umso mehr Informationen stehen ihnen zur Verfügung, auf deren Grundlage sie ihre Kernannahmen weiterentwickeln. Machen Kinder neue Erfahrungen, die mit einer bereits existierenden Kernannahme übereinstimmen, nehmen sie diese mit an Bord. Geraten sie dagegen in Situationen, die nicht zu der vorhandenen Kernannahme passen, wandeln Kinder ihre Annahme ab, so dass die neue Information Platz darin findet. Halten Sie einem Baby ein Spielzeug vor die Nase, wird es die Hand danach ausstrecken und es greifen. Dann wird es das Spielzeug genau untersuchen, erst visuell und schließlich, indem es den Gegenstand in den Mund steckt. Es wird die daraus gewonnenen Erkenntnisse nutzen, um eine bestehende Kernannahme zu ergänzen oder zu modifizieren. Dieser Prozess gilt auch für Kernannahmen, welche die Selbstwahrnehmung des Kindes betreffen.

Von der Geburt bis zum Alter von etwa zwei Jahren sammeln Babys ihr Wissen über die Welt durch ihre Sinne und durch Bewegung (im Gegensatz zum Sammeln von Wissen durch das Lesen von Enzyklopädien). Damit beginnen sie auch, ihren Körper als losgelöst von dem der Mutter, des Vaters, des Hundes zu sehen. In diesem Stadium sind sie sich ihres eigenen Körpers bereits bewusst, beurteilen oder bewerten ihn aber noch nicht. Babys beginnen in diesem Alter auch zu verstehen, dass ihre Gesten und Handlungen von den Eltern wiedergegeben werden. Wenn Sie einen Erwachsenen dabei beobachten, wie er in eine Wiege blickt und »La-la-la« oder »Dei-dei-dei« singt, hat er vermutlich nicht den Verstand verloren, sondern gibt die Laute des Kindes wieder. Wiedergabe fördert das Verständnis des Kindes für zwischenmenschliche Beziehungen, und sobald es erkennt, dass die Handlungen der Eltern seine eigenen widerspiegeln, fängt es an, ein genaueres Bild seiner selbst zu entwickeln.

Dieses frühe Erkennen, wie die Eltern uns sehen, ist grundlegend dafür, wie wir selbst uns sehen. Stellen Sie sich vor, ein Baby ist hungrig und fängt an zu weinen. Reagieren die Eltern sofort mit Besorgnis, geben sie damit den Kummer des Babys wieder; indem sie dafür sorgen, dass es sich zufrieden und sicher fühlen kann, wird dieses mit der Kernannahme heranwachsen, die Welt an sich sei ein sicherer Ort, Menschen seien von Grund auf gut, sie selbst seien liebenswert und verdienten Zuwendung und Freundlichkeit. Wird das Weinen des Babys aber dauernd übergangen, oder zeigt ein Elternteil, dass er den Kummer des Babys nicht teilt und sich nicht um wirkungsvolle Abhilfe bemüht, lernt das Baby daraus, dass die Welt kein wirklich sicherer Ort ist, dass es sich nicht darauf verlassen kann, dass sich jemand um seine Bedürfnisse kümmert, dass es nicht liebenswert ist oder Zuwendung verdient.

Babys sehen ihr Bild also von den Eltern widergespiegelt, sind aber ebenso fasziniert vom echten Spiegel, wenn sie anfangen, seine Funktionsweise zu begreifen. Dennoch scheinen sie schon im Alter von 14 Monaten davor zurückzuscheuen. Erstaunlicherweise kann sich bei Kindern im Alter von 14 bis 24 Monaten die uralte Angst vor dem Spiegel zeigen. Bis zu diesem Zeitpunkt hat die Mutter für das Kind als »Spiegel« agiert und auf jede Regung reagiert. Dann wird sich das Kind bewusst, dass es als eigene Einheit, losgelöst von der Mutter, existiert. Es erkennt, dass der Spiegel *nicht* Mami ist.

Befangenheit entsteht möglicherweise durch Schamgefühle in Bezug auf die Genitalien. In diesem Alter erforschen Kinder ihren Körper, und während ein Geschäft in das Töpfchen Lob einbringen kann, wird das Spielen mit den Geschlechtsteilen wohl kaum solche Reaktionen auslösen. Kinder erleben, dass Erfahrungen und Experimente mit den Genitalien Stirnrunzeln auslösen, zumindest in bestimmten Situationen. Dies kann ein Unbehagen mit sich selbst zur Folge haben, wenn sie nackt vor einem Spiegel stehen. Sie fangen an, einen Vorgeschmack zu bekommen, wie es ist, negative Gefühle dem eigenen Körper gegenüber zu empfinden (aber seien wir einmal ehrlich – das ist erst der Anfang).

Erlebnisse aus der Kindheit haben den Grundstein dafür gelegt, wie Sie sich heute sehen. Um herauszufinden, in welcher Weise das auf Sie zutrifft, versuchen Sie doch einmal, eine Erinnerung aus Ihrer frühen Kindheit wachzurufen, die starke Emotionen bei Ihnen auslöst. Wann haben Sie sich zum ersten Mal bewusst unwohl gefühlt oder es war Ihnen etwas peinlich? Vielleicht haben Sie Ihrer Mutter beim Schminken zugesehen und sie über ihr Aussehen klagen gehört, oder ältere Geschwister haben sich über Ihre Sommersprossen lustig gemacht, oder Sie sind in Ihrem neuen Schneewittchen-Schlafanzug aufgetaucht und haben nicht die Aufmerksamkeit oder die Komplimente Ihres Vaters geerntet, die Sie sich erhofft hatten. Jede dieser Erfahrungen kann zu Ihrem momentanen Körperbild beigetragen haben. Die Situation beim Schminken könnte signalisiert haben, Aussehen ist so wichtig, dass man sich darüber aufregen muss. Der Spott über die Sommersprossen könnte ein Grund sein, sich anders oder »minderwertig« gegenüber Geschwistern oder Gleichaltrigen zu fühlen, und die Schlafanzug-Geschichte führte Ihnen vor Augen, dass andere Sie nicht immer so positiv sehen wie Sie selbst. Ich will damit zeigen, dass Erlebnisse aus der Kindheit, so unbedeutend sie oberflächlich betrachtet auch sein mögen, häufig der Ursprung negativer Kernannahmen sind, die wir unser ganzes Leben lang mit uns herumtragen.

Jahre voller Fragen: die Pubertät

Pubertät – das ist ein Prozess größter Umwälzungen, den wir alle einmal durchlaufen und der weitaus Furcht erregender und verwirrender ist als *Der Exorzist* und die quadratischen Gleichungen zusammen. Zu Beginn dieser Phase verändert sich der Körper viel schneller als in jeder anderen Entwicklungsphase, an die wir uns bewusst erinnern. Wir sind in einer Achterbahn gefangen, die wir nicht anhalten oder verlassen können. Teenager haben keine Wahl – die Hüften werden breiter, die Brüste treten hervor, Haare sprießen, und als wäre das noch nicht beängstigend genug, setzen Pickel dem Ganzen noch die Krone auf. Die Pubertät ist eine Zeit, in der Fragen des Körperbildes bei jungen Männern und Frauen am dominantesten sind: All die körperlichen Veränderungen, die Erforschung der Gefühlswelten und die Identitätsfindung haben zur Folge, dass der erste Gedanke morgens nach dem Aufwachen und der letzte abends vor dem Einschlafen sich darum dreht, wie man aussieht.

Es ist vor allem eine Zeit, in der wir Vergleiche zwischen uns und anderen anstellen, und unser Selbstbild muss sich besonderer Herausforderung stellen, wenn wir neue Menschen kennen lernen, die uns sympathisch sind oder die wir für wichtig halten, und anfangen, uns an diesen zu messen. Da wir uns in einem anderen Tempo entwickeln als Gleichaltrige, suchen wir verzweifelt nach Indizien, was »normal« ist und ob wir den allgemeinen Kriterien entsprechen.

In diesem Lebensabschnitt sind es unsere Freunde, deren Urteil uns am wichtigsten ist. Unsere Gefühle abhängig von unserem Entwicklungstempo hängen weitgehend von ihnen ab. Es ist gut, das zweite oder dritte Mädchen in einem Freundeskreis zu sein, das die Periode bekommt oder dem die Brüste wachsen, aber das erste? Furchtbar! Oder das letzte? Noch schlimmer. Früh einsetzende Pubertät bei Jungen erntet hingegen Bewunderung und Respekt, was toll ist für diejenigen, die als erste ein Schamhaar an sich entdecken und eine tiefere Stimme bekommen, weniger gut jedoch für Klein Benjamin, der sich mit 15 noch immer wie ein Chorknabe anhört. Heranwachsenden fällt es schwer, die gesellschaftlichen Stereotypen von Weiblichkeit und Männlichkeit in Frage zu stellen, wenn sie gerade noch dabei sind zu erfahren, was es bedeutet, in der Gesellschaft Mann oder Frau zu sein. Kein Wunder also, dass sie nach jedem Strohhalm greifen, sei es Nasen-Piercing, Haare färben, sich unzählige Cremes ins Gesicht zu schmieren oder den Körper zu kontrollieren. Essstörungen wie Magersucht und Bulimie sind für manche jungen Leute in der Tat Möglichkeiten, eine gewisse Kontrolle über den sich rasch verändernden Körper auszuüben. Mit dem Einsetzen der Pubertät legt der Körper schätzungsweise 20 bis 30 Prozent an Körperfett zu. In dieser Phase haben Mädchen aber schon verinnerlicht, dass die

Gesellschaft Fett als unerwünscht betrachtet, die Gewichtszunahme kann also peinlich, deprimierend und verwirrend sein.

Genauso schnell, wie die körperlichen Veränderungen in der Pubertät vor sich gehen, passen sich die Kernannahmen, die wir über unser Aussehen und unseren Selbstwert geprägt haben, den aktuellen Entwicklungen an. So wird zum Beispiel ein 13-jähriges Mädchen, das beim Betreten der Schule wegen seiner Akne als Pizzagesicht begrüßt wird, sich selbst plötzlich anders betrachten. Eigen- und Fremdeinschätzung klaffen auseinander und, was noch wichtiger ist, die Einschätzung anderer ist negativer, was die Überlegung auslöst: »Wenn ich reinere Haut hätte, würden mich mehr Leute mögen und das Leben wäre schöner.« Das kann zu Gedanken führen wie: »Ich hasse mein Gesicht« und eine Abfolge negativer Denkweisen bis hin zum Selbsthass nach sich ziehen. Zehn Jahre später werden die Pickel sehr wahrscheinlich verschwunden sein, doch das Minderwertigkeitsgefühl bleibt bestehen. Immer wenn sie niedergeschlagen ist, Gewicht zulegt oder irgendeinen Schönheitsmakel an sich entdeckt, wird die Kernannahme, nicht den Anforderungen zu entsprechen, werden die alten Ängste wieder von ihr Besitz ergreifen. Wir meinen oft, wir bewegen uns vorwärts, wenn wir endlich eine lange benutzte Spielwiese verlassen, doch die Unsicherheit, die dort ihren Ursprung genommen hat, kann uns unser Leben lang erhalten bleiben. Viele Menschen, die früher einmal das Pizzagesicht waren oder die »dicke Nudel«, werden sich tief im Inneren weiter als das Pizzagesicht oder die dicke Nudel fühlen. Alte Kernannahmen haben ein zähes Leben.

Wie unser Selbstporträt entsteht

Aber nicht nur die Gleichaltrigen, die großzügig Spitznamen verteilen, sind dafür verantwortlich, wie wir selbst uns sehen. Wie bereits im Babyalter und in der frühen Kindheit kann das Verhalten der Familie auch in dieser Phase großen Einfluss darauf nehmen, in welche Richtung sich unsere Kernannahmen entwickeln. Sei es das Flehen der Mutter, doch endlich etwas gegen die viel zu dichten Augenbrauen zu unternehmen, die man vom Vater geerbt hat, oder die Bevorzugung, die der Vater immer der Schwester zukommen ließ, weil sie die hübschere war (auch wenn er noch so sehr versuchte, es nicht offen zu zeigen) – unsere Familie lässt uns laut und deutlich vernehmen, welche Erwartungen sie an uns und unser Aussehen stellt. Natürlich sind es nicht nur die Eltern, vieles schauen wir uns auch von den Geschwistern ab. Sind wir mit einer älteren Schwester aufgewachsen, die dauernd auf Diät war, lernen wir, dass dünn sein gut ist und dick sein schlecht, dass Essen viel mehr Macht über unser Leben entfaltet, als wir bis dahin gedacht hatten. Diese Botschaft fließt in unsere Kernannahmen ein, und wir tragen sie das ganze Leben lang mit uns herum – oder so lange, bis wir uns ihrer Wirkung bewusst werden und lernen, etwas dagegen zu unternehmen.

Wir beginnen zwar schon als kleine Kinder, unsere Kernannahmen herauszubilden, doch mit dem Eintreten in die Pubertät können die Erfahrungen, die wir machen, diese verfestigen oder in Frage stellen. Die Botschaften, die wir während der Kindheit und Pubertät von den Menschen um uns herum erhalten, entfalten oft nachhaltige Wirkung auf unser Körperbild. Wie wir bereits festgestellt haben, ist die Pubertät eine Phase, in der das Bedürfnis nach Bestätigung von Seiten Gleichaltriger größer ist denn je. Dadurch wird unsere Position in der sozialen Hackordnung bestimmt und damit auch, welche Chancen wir beim anderen Geschlecht haben. Leider erhalten wir diese Bestätigung nicht immer. Die meisten von uns können sich vermutlich erinnern, als Heranwachsende wegen irgendeines bestimmten äußeren Merkmals gehänselt worden zu sein. Doch während die einen dies sehr stark trifft, schreiten die anderen mit einem absolut gesunden Selbstbild durch das Leben. Woher kommt das?

Wissenschaftliche Studien haben stichhaltig nachgewiesen, dass Menschen mit hohem Selbstwertgefühl mit Rückschlägen hinsichtlich ihres Körperbildes viel besser umgehen können – wie auch mit den meisten anderen Dingen im Leben – als jene mit niedrigem Selbstwertgefühl. Ein gesundes Selbstwertgefühl ist der beste Abwehrmechanismus gegen die vielen »Sollte« und »Müsste«, mit denen wir groß werden. Wer sich geschätzt, anerkennenswert und geliebt fühlt, wird seltener dem Mythos auf den Leim gehen, Selbsterfüllung sei nur mit einem perfekten Aussehen möglich.

Unser Körperbild ist oft irrational, und genauso verhält es sich mit dem Blickwinkel, aus dem heraus wir bestimmte Dinge betrachten. Einen winzigen Pickel auf der Stirn nehmen wir wie durch ein Vergrößerungsglas wahr und stellen uns vor, dass andere, wenn sie uns ansehen, sich anstrengen müssen, ihren Ekel vor uns zu verbergen. In Wirklichkeit jedoch nimmt kein Mensch Notiz davon. Und wenn uns andererseits jemand wegen unserer ungewöhnlich schönen Zähne oder der tollen Figur Komplimente macht, können wir das nicht nachvollziehen. »Nein!«, protestieren wir. »Ich sehe heute wirklich schrecklich aus!« oder »Nein im Ernst, wenn du mich nackt sehen würdest, ich bin so fett! Es ist abartig!« In der Pubertät blicken wir häufig durch ein solches Vergrößerungsglas. Mädchen im Teenageralter beschließen, der ideale Körper habe schlank und straff zu sein, dabei kann man zusehen, wie sich ihr Hüftumfang vergrößert. Während sie anfangen, sich nach dem flachen Bauch eines Models zu sehnen, bildet sich just an dieser Stelle ein kleiner Wulst. »Klein« ist natürlich relativ – das Mädchen ist überzeugt, es sehe aus wie im 17. Monat schwanger. Das Körperbild hat, egal in welchem Alter, wenig mit der Wirklichkeit oder objektiven Maßen zu tun, es ist eher wie ein Saal voller Verzerrspiegel, die nichts so zeigen, wie es tatsächlich ist.

Volljährigkeit

Ah, die ersten Verabredungen! Im Grunde eine sehr schöne, romantische Angelegenheit, doch nur selten kommt man ohne Gefühle der Verwirrung und Enttäuschung davon. Um die 20 haben die meisten von uns die ersten Liebeleien schon hinter sich, doch leider gibt es neben der Aufregung des ersten Kusses auch die Möglichkeit einer Zurückweisung. Und wieder werden wir daran erinnert, wie wichtig unser Äußeres ist, damit wir Anerkennung erfahren, um Verabredungen gebeten werden, eine Beziehung eingehen können wie alle anderen auch. Doch bei der rasend schnellen körperlichen Entwicklung bleiben soziale Fertigkeiten wie Diplomatie und Taktgefühl meist weitgehend auf der Strecke. Es braucht nur einen einzigen leidvollen Rückschlag und wir bilden eine neue Kernannahme oder erwecken eine schon vorhandene wieder zum Leben. Das kann uns unser ganzes Leben als Erwachsene so gehen.

Negative Annahmen darüber, wer wir sind, besitzen das Potenzial, so mächtig zu werden und störend auf uns einzuwirken, dass wir allmählich nicht nur unser Aussehen verabscheuen, sondern auch unsere Persönlichkeit. Es ist erstaunlich, welchen Grad an Selbsthass wir entwickeln können, weil wir uns in bestimmter Hinsicht minderwertig fühlen. Sich selbst mit Beleidigungen zu bombardieren wird zur Gewohnheit, ja zu einer bequemen Maßnahme. Nach Aron Beck, dem Begründer der kognitiven Therapie, entwickelt sich interessanterweise der Hass, den wir gegen uns selbst richten, auf fast dieselbe Weise wie der Hass, den wir gegen andere richten.

Und das geschieht nach folgendem Mechanismus: Wenn uns jemand beleidigt, suchen wir zunächst bei diesem einen Fehler, mit dem wir sein Handeln erklären – das kann so etwas sein wie mangelnde Sensibilität, Taktlosigkeit oder Egoismus. Dann verallgemeinern wir diesen negativen Charakterzug und formen daraus eine Beschreibung seines Wesens: »Er ist ein gehässiger Mensch.« Nachdem wir zu diesem Urteil gekommen sind, üben wir vielleicht Vergeltung und verletzen ihn ebenfalls. Und irgendwann beschließen wir, die fruchtlose Beziehung zu beenden. Analog verhält es sich mit dem Körperbild: Wenn wir zu der Erkenntnis kommen, ein Teil unseres Äußeren ziehe Unglück auf uns, üben wir zuerst Kritik daran: »Ich hasse meinen winzigen Busen.« Dann verallgemeinern wir: »Ich bin so unattraktiv.« Das kann schließlich in Selbsthass münden und später in Selbstablehnung: »Ich hasse mich«, »Ich bin nichts wert«. Wir versuchen, unseren Körper nicht mehr zu beachten, genau wie die Person, über die wir uns aufgeregt haben. Das erklärt, warum der Blick in den Spiegel dann so schwierig wird.

Unser Leben lang Selbsthass oder Unzufriedenheit gegenüber dem eigenen Körper zu empfinden bedeutet, dass wir strenge Kriterien aufstellen, was wir in Bezug auf unser Aussehen für akzeptabel halten. Wenn wir besonders kritisch zu uns selbst sind, so glauben wir, schützen wir uns dadurch vor den negativen Reaktionen anderer – besonders potenzieller Partner. Dahinter steckt folgender Denkprozess: »Wenn ich so streng wie nur möglich zu mir selbst bin, dann bin ich gegen alle Reaktionen anderer gewappnet, und seien sie noch so negativ.« Das führt uns wieder zu dem Prinzip »Alles oder Nichts« (wie im ersten Kapitel erwähnt). Das heißt: »Da ich nicht die Figur eines Bikinimodels habe, muss ich eine zu kurz geratene, unförmige Masse sein, mit der niemand je ausgehen will.« Wir glauben, wenn wir nicht das eine Extrem sind, müssen wir eben das andere sein: »Wenn ich keine perfekte, kleine Nase habe, trage ich einen Elefantenrüssel im Gesicht.« Oder: »Wenn ich nur größer wäre, würde er mich bestimmt einmal zum Essen einladen.« Oder noch schlimmer: »Auf keinen Fall wird jemand eine Frau, die so groß ist wie ich, attraktiv finden, ich brauche es gar nicht einmal zu probieren.« Um sich selbst zu »schützen«, bauen Sie einen Schutzwall auf, der andere draußen hält, damit niemand Sie verletzen oder zurückweisen kann. Wenn ein Mann Ihnen in einer Bar zulächelt, schießen Sie ihn mit einem abweisenden Blick ab – wenn Sie *ihn* zuerst zurückweisen, hat er keine Chance, *Sie* zurückzuweisen. Will sich jemand mit Ihnen verabreden, halten Sie das für einen Witz und schmettern die Anfrage mit einer sarkastischen Bemerkung ab. Auf diese Weise wird die »Lösung«, wie man mit einer potenziellen Zurückweisung umgeht, Teil des Problems, und Sie werden nie wirklich mit jemandem in Kontakt treten.

Natürlich funktioniert es auch andersherum. Diese Art von Selbstzweifel kann ein tiefes Bedürfnis nach sich ziehen, von anderen bestätigt und akzeptiert zu werden. Sie fühlen sich ungeliebt, also werden Sie alles tun, um sich geliebt zu fühlen. Das könnte sich in Promiskuität äußern und der Suche nach Akzeptanz bei wechselnden Partnern, oder ermöglichen, dass ein ständiger Partner Sie schlecht behandeln darf, weil dieser zumindest bei Ihnen bleibt und Ihnen allein dadurch eine gewisse Bestätigung zukommen lässt.

Viele von uns haben im Freundeskreis eine starke, selbstbewusste Frau, die in jedem anderen Lebensbereich Mut an den Tag legt, sich aber von ihrem Partner unmöglich behandeln lässt, weil sie Angst hat, ihn zu verlieren, oder schlimmer noch, weil sie findet, sie habe es nicht besser verdient. Auch hier gilt: Solche Unsicherheit resultiert möglicherweise aus den Kernannahmen, die wir während unseres Heranwachsens ausbildeten, Annahmen, derer wir uns vielleicht nicht einmal bewusst sind, wie »Ich bin nicht liebenswert« oder »Ich muss ein bestimmtes Aussehen haben, damit ich in Gesellschaft anderer keine Minderwertigkeitsgefühle habe.« Diese Kernannahmen können auch im Verborgenen schlummern und ihre Wirkung erst im frühen Erwachsenenalter entfalten, wenn wir bereits eine Beziehung eingegangen sind. Oft wird uns in einer Beziehung aufgezeigt, wo unsere Grenzen liegen, was wir wert sind und wie es um unsere Selbstachtung bestellt ist.

Sollen wir glauben, was wir sehen?

Kernannahmen, die wir früh im Leben ausbilden, spielen also eine wichtige Rolle dabei, wie wir spätere Geschehnisse selektieren und interpretieren. Wir entscheiden uns, Ereignisse in den Mittelpunkt zu stellen, die das Selbstbild, das wir uns zusammengebastelt haben, widerspiegeln. Das kann zu einer Spirale negativer Denkweisen führen. Wenn Sie sich beispielsweise durchgerungen haben, ein Kleid anzuziehen, das Ihr Dekolleté betont (was Sie aber verunsichert, weil Sie nicht die enorme Oberweite Ihrer Mutter oder Schwester besitzen), interpretieren Sie das Lachen der Teenager im Bus vielleicht als direkte Reaktion darauf, dass Ihre Oberweite zu dürftig ist, anstatt eine ganze Reihe näher liegender Erklärungen zuzulassen. Ihr Selbstporträt, das »nicht üppig bedacht« oder »nicht attraktiv genug« heißt, wird weiter intensiviert.

Was die Situation noch erschwert: Diese früh entstandenen negativen Kernannahmen werden ständig durch Informationen aus der Umgebung aktiviert, die damit zusammenhängen. War zum Beispiel Essen immer ein Reizthema in Ihrer Familie, wird seine Erwähnung im Zusammenhang mit allem, was den Körper betrifft, negative Kernannahmen wiederbeleben. Dabei werden Sie sich – das ist nicht weiter verwunderlich – Ihrer Gedanken nicht sofort bewusst, durchaus aber Ihrer Gefühle, die stark aufgeladen sind.

Im Zentrum unserer Unzufriedenheit mit unserem Körper steht all das Sollen und Müssen, das in unserer Kindheit und Jugend auf uns einstürmte. Angefangen bei den Märchen bis hin zur Klopapierwerbung, dauernd bekommen wir zu hören, Schönheit bedinge Erfolg und Glück. Nur selten begegnen wir Helden, ob fiktionalen oder realen, die dem Durchschnittsbürger körperlich nicht überlegen wären. Vom Gewicht, das wir einhalten sollen, über die Körpergröße, die für uns gut wäre, bis dahin, wie glatt unsere Haut zu sein hat. Für jede Facette unseres Äußeren gibt es Vorgaben, die uns schließlich als Wunschliste zum Glücklichsein dient. Wir entwickeln eine Vorstellung davon, wie unser Körper idealerweise beschaffen sein sollte, und wenn wir die Diskrepanz zwischen diesem Ideal und unserem tatsächlichen Körper sehen, üben wir Kritik an uns selbst, fühlen uns schuldig und wertlos. Da wichtig ist, was die Gesellschaft diktiert und wie andere uns sehen, erleben wir unsere schlimmsten Tiefpunkte oft, wenn wir mit anderen Menschen zusammen sind. Dann neigen wir am stärksten dazu, negativ über unseren Körper zu denken und uns selbst in die Verzweiflung zu treiben. Ehe es Ihnen bewusst wird, entfalten die falschen Argumentationen ihre Wirkung und Sie verfallen in eines der folgenden Verhaltensmuster:

In die Defensive gehen: »Was heißt das, Sie führen meine Größe nicht? Wollen Sie damit sagen, ich bin dick?«
Diese Haltung ist aus mehreren Gründen problematisch. Erstens ist unsere Reaktion auf ein solches Ereignis, so milde sie auch sein mag, tendenziell übertrieben und in den meisten Fällen unnötig aggressiv. Das bedeutet, unsere Interak-

tionen mit anderen werden verwirrend und schwierig. Zweitens impliziert eine defensive Haltung, dass wir die Ereignisse um uns herum oft falsch interpretieren. Drittens werden uns früher oder später viele Menschen aus Angst vor Vorwürfen oder Vergeltungsmaßnahmen aus dem Weg gehen – auf den Punkt gebracht: Mit defensiven Menschen ist schwer umzugehen und es macht keinen Spaß, mit ihnen zusammen zu sein.

Ausweichen: »Ich habe Freikarten für die Premiere des neuen Films mit Tom Cruise, aber ich muss heute Abend wirklich daheim bleiben und meinen Hund baden.«
Damit gehen Sie auf Distanz zum Leben und allem, was es zu bieten hat. Auch wenn Ausweichen zunächst eine Lösung für ein Problem zu sein scheint, kann es selbst zum Problem werden, weil es uns in unseren Unsicherheiten und Minderwertigkeitsgefühlen einschließt und die falsche Annahme verstärkt, wir sollten allem, was uns möglicherweise glücklich machen könnte, aus dem Weg gehen, um damit Verletzungen zu vermeiden.

Sich verstecken: »Hallo, ich brauche ein neues Sommerkleid, wo haben Sie denn die Zelte hängen?«
Wenn wir uns hinter unseren Kleidern oder irgendetwas anderem verstecken, verbergen wir Eigenschaften von uns, die es wert sein könnten, sie stolz zur Schau zu stellen. Und wir signalisieren uns damit selbst, an uns sei einiges nicht gut genug, um es anderen zu zeigen. Das wiederum schadet unserem Selbstwertgefühl und unserem Körperbild.

Zwanghaft korrigierende Rituale pflegen: »Wenn ich darauf achte, dass mir das Haar seitlich ins Gesicht fällt, wird man meine Pickel nicht sehen. Ich muss nur daran denken, das alle paar Minuten zu überprüfen.«
So schweift unsere Aufmerksamkeit nie von den äußeren Merkmalen ab, die uns nicht gefallen, und unsere Körpersprache und Eigenarten werden von unserem Aussehen bestimmt, anstatt sich ganz natürlich zu ergeben. Außerdem bewirken wir damit das Gegenteil dessen, was wir eigentlich bezwecken – denn das, was wir eigentlich verbergen möchten, rückt damit ins Zentrum der Aufmerksamkeit.

Bestätigung suchen: »In diesem Kleid sehe ich doch schlimm aus, oder? Mein Hintern ist riesig darin... Sei ehrlich! Es ist dir peinlich, wenn du mit mir gesehen wirst, richtig? Ich bin eine Schande für dich. Nun spuck's schon aus, tu dir keinen Zwang an, sag nur, was du denkst.«
Dauernd von anderen Bestätigung einzufordern, bringt zweierlei Probleme mit sich. Erstens lernen wir dadurch nie, uns selbst zu bestätigen und so zur Pflege eines gesunden Körperbildes beizutragen. Zweitens geben andere uns nur selten die Art von Bestätigung, auf die wir aus sind (nicht weil sie unhöflich sind, sondern weil sie nicht wissen können, was in uns vorgeht). Das hat zur Folge, dass wir letzten Endes so und so unzufrieden sind.

Kernannahmen erwachsen aus einem Nährboden verschiedenster Faktoren, darunter Veranlagung, aber auch Interaktionen mit Eltern, Geschwistern und Gleichaltrigen in der frühen Lebensphase, die sich auf unsere weitere Entwicklung störend auswirken. Sie spiegeln weniger singuläre Vorfälle wider als vielmehr sich wiederholende problematische Erfahrungen, die sich im Lauf der Zeit summieren und eine vorhandene Kernannahme verfestigen. Das Problem liegt weniger darin, dass wir unserer Vergangenheit nicht entrinnen könnten, als darin, dass die meisten von uns nie lernen, wie man die richtigen Relationen herstellt. Also tragen wir negative Bemerkungen, irrationale Annahmen und verzerrte Sichtweisen mit uns herum, bis wir schließlich entdecken, dass es für uns einfach nicht funktioniert, egal, wie sehr wir uns daran gewöhnt haben, die Welt von dieser Warte aus zu betrachten.

Wenn wir ein theoretisches Modell unseres Körperbildes entwerfen sollen, wenden die meisten von uns bestimmte Bezugspunkte an. Diese sehen in etwa folgendermaßen aus:

Bezugspunkte für unsere Selbstwahrnehmung (bewusst oder unbewusst)

Idealvorstellungen, die von den Medien, von Gleichaltrigen oder der Familie vermittelt werden, zum Beispiel der Popstar aus der Retorte oder das Model des Monats.

Tatsächliche äußerliche Merkmale, Augenfarbe, Körpergröße usw.

Unser »verinnerlichter« Idealkörper, das heißt der Kompromiss zwischen dem objektiven Körper und dem idealen Körper, den uns die Gesellschaft vorgibt.

✦

Bezugspunkte für Dinge, die sich täglich ändern

Stimmung: »Oh Mann, bin ich glücklich, und ich weiß, dass ich gut aussehe« oder »Was hat der Friseur nur mit meinen Haaren angestellt. Ich sehe aus wie Attila der Hunnenkönig.«

Begegnungen: Jemand macht Ihnen ein Kompliment über die Farbe Ihres Kaschmirschals, oder Ihr Gegenüber weist Sie darauf hin, dass Sie Spinat zwischen den Zähnen haben.

Negative Gedanken: »Ich finde, dass meine Beine in diesen Jeans einfach toll aussehen« oder »Bei dem riesigen Hinterteil wird niemand ernsthaft mit mir meine Gene fortpflanzen wollen.«

Interpretationen und Schlussfolgerungen: »Die Leute gaffen mich an, weil ich echt heiß aussehe« oder »Mir ist so heiß, ich schwitze wie ein Ferkel – ob man die Flecken unter den Armen sieht?«

=

Unser Körperbild an einem bestimmten Tag

So funktioniert das. Und Sie dachten, ein Spiegel sei nichts weiter als ein Gegenstand, der von einer glatten Oberfläche Licht reflektiert! Doch was Sie erwartet, wenn Sie in den Spiegel sehen, ist nicht nur eine Reflexion Ihres Aussehens, sondern auch Ihrer Gedanken, Emotionen, Ängste und Hoffnungen – eine Reflexion, mit deren Hilfe Sie an Ihrem Porträt weiterarbeiten, in den Zwanzigern und Dreißigern Ihres Lebens und weiter bis ins hohe Alter.

In den Zwanzigern und Dreißigern

Die beiden Dekaden zwischen dem 20. und 40. Lebensjahr sind wohl die anstrengendsten, wenn man bedenkt, was man in dieser Zeit alles erreichen muss, welche Weichen man zu stellen hat und wie man sich selbst finden muss. Sie müssen Ihre Karriere vorantreiben, den Ort finden, an dem Sie leben werden und den Partner dazu, sich möglicherweise für oder gegen Kinder entscheiden, sich eine politische Meinung bilden und so weiter. Alles in allem eine ziemlich beklemmende Situation – die Pubertät war nur ein Vorgeschmack davon, was es heißt, herauszufinden, wer man ist, und die Erfahrung zu machen, dass sich die Art und Weise, wie man sich selbst sieht, gravierend darauf auswirkt, wie glücklich man im Leben wird. Sie war so eine Art Generalprobe. Nun wird es ernst.

Bis zu diesem Punkt haben Sie bereits einige Kernannahmen über sich selbst festgelegt, die auf Ihren Erfahrungen während des Heranwachsens basieren. Möglicherweise schlummern sie noch irgendwo im Verborgenen und warten darauf, durch das, was Ihnen als Erwachsener widerfährt, aktiviert zu werden. Waren Sie als Kind und Teenager vielleicht übergewichtig und sind mit der Kernannahme groß geworden, die Leute mochten Sie nicht, weil Sie nicht attraktiv oder liebenswert waren? Diese Annahme wird auch dann

In den Zwanzigern und Dreißigern

noch existieren, wenn Sie schon erwachsen sind und längst Normalgewicht haben, und sie kann durch Ihre Erlebnisse wiederbelebt werden. Fordern Sie als Frau zum Beispiel auf einer Party einen Mann zum Tanzen auf und er sagt nein, wird die Kernannahme aktiviert, Sie seien nicht attraktiv und liebenswert. Alle anderen Erklärungen für die Absage – zum Beispiel, er tanzt nicht gerne, er hat eine Freundin, er ist homosexuell und so weiter – werden Sie übergehen und sich ausschließlich auf Ihre zentrale negative Annahme konzentrieren. Kernannahmen haben sich uns so stark eingeprägt, dass sie uns quasi als Grundplan unserer Weltsicht dienen. Immer wenn sich etwas ereignet, können wir es nur innerhalb der Grenzen dieses Planes erklären.

Unsere Kernannahmen bilden sich zwar zu einem großen Teil in frühen Entwicklungsphasen aus, doch wir ergänzen sie im weiteren Verlauf unseres Lebens. Zu Beginn der Zwanziger ist ein großer Teil unserer Identität eng mit unserer Arbeit oder unserem Studium verknüpft. Je stimmiger uns der gewählte Berufsweg erscheint und je glücklicher wir damit sind, umso glücklicher werden wir auch mit unserem Selbstbild sein. Damit fällt uns auch der Umgang mit eventuellen negativen Gedanken, die wir in Bezug auf unser Körperbild in uns tragen, leichter. Das Gefühl von Selbstverwirklichung und Zufriedenheit, das wir empfinden, wenn es mit unserer Karriere oder zwischenmenschlichen Beziehungen gut vorangeht, kann unzuträglichen Kernannahmen, die sich früh in uns ausbildeten, also durchaus eine Kampfansage erteilen. Das Gegenteil jedoch trifft ebenso zu. Fehlt uns das Gefühl der Selbsterfüllung, kann dies in uns schlummernde negative Kernannahmen, derer wir uns gar nicht bewusst sind, zum Leben erwecken oder jene verstärken, derer wir uns bewusst sind.

Das frühe Erwachsenenalter ist auch die Zeit, in der das Herumalbern im Schlafzimmer ein Ende hat – die ungeschickten Versuche Pubertierender, einen BH zu öffnen, und die Experimente mit fluoreszierenden Kondomen gehören der Vergangenheit an. Gegen Ende Zwanzig oder mit Anfang Dreißig befinden wir uns entweder in einer festen Beziehung oder bemühen uns um eine solche. Und je glücklicher wir sind (egal ob als Single oder in einer Beziehung), umso besser geht es uns auch mit unserem Körper. Sind wir aber als Single auf Partnersuche, achten wir tendenziell kritischer darauf, wie unser Körper auf andere wirkt, auch in sexueller Hinsicht: Unser Körperbewusstsein ist stärker ausgeprägt, daher kann das Körperbild als Problem wieder in den Vordergrund treten.

Bei jenen, die eine feste Beziehung haben und sich für ein Kind entscheiden, tritt das Körperbild-Problem schlechthin auf den Plan. Ihr Körper ist buchstäblich außer Kontrolle geraten, verändert sich und wächst täglich, ihr Körperumfang (ein Wort, von dem sie nie gedacht hätten, dass sie es einmal auf sich anwenden würden) nimmt unvorstellbare Dimensionen an. Ihre Brüste sind enorm, aber nicht auf die glamouröse Art, die auf Seite 3 des Hochglanzmagazins abgedruckt ist, sondern eher gouvernantenhaft. Und all denen, die glaubten, sie kehrten gleich nach der Geburt wieder zum Normalzustand zurück – das ist ja wohl ein Witz, oder?! – bleiben Dehnungsstreifen, Pigmentflecken und ein wabbeliger Bauch als Mahnmale, dass der Körper nicht mehr das ist, was er einmal war. Interessant ist, dass Frauen, die vor der

Schwangerschaft schlank waren, nach einer Geburt mit ihrem Körper unzufriedener sind als fülligere Frauen, die sich während und nach der Schwangerschaft besser fühlen. Das bezieht sich aber nicht nur auf die körperlichen Veränderungen, sondern auch darauf, was es bedeutet, nun Mutter zu sein. Wie gesagt, unser Selbstbild ist mit den Annahmen verknüpft, die wir zu bestimmten Rollen oder Personentypen vertreten. Wenn Elternsein für Sie also bedeutet, endgültig erwachsen zu werden, weniger Spaß zu haben und vielleicht sexuell nicht mehr so attraktiv zu sein, wirkt sich das auch darauf aus, wie Sie sich selbst sehen und wie Sie auf Ihren Partner und die Menschen in Ihrem Umfeld reagieren. Wie bei jedem Eintritt in eine neue Lebensphase müssen Sie genau trennen zwischen gesellschaftlichen Erwartungen und dem, was sich für Sie richtig und gut anfühlt.

Nachdem Sie die Dämonen der Pubertät namens Pickel besiegt haben und mehr oder weniger erfolgreich durch das zwischenmenschliche Minenfeld des frühen Erwachsenenalters und Elternseins navigiert sind, denken Sie vielleicht, Sie hätten sich eine Pause redlich verdient. Von wegen! Freuen Sie sich auf die mittlere Lebensphase, Menopause und Midlife-Crisis...

In Würde älter werden

Nachdem ich den Großteil des Wochenendes damit verbracht hatte, die Nachrichten meiner Schwester auf dem Anrufbeantworter zu ignorieren – »Ich wollte nur wissen, was bei der Dating-Agentur war. Amelia meinte, dein Video sei nicht ganz so gelungen.« –, beschloss ich, frische Luft zu schnappen und einen Bummel durch die Fußgängerzone zu unternehmen. Dabei machte ich einen Abstecher in die Parfümerie, weil ich einen Augen-Make-up-Entferner brauchte. Sofort kam eine Frau in einer Art weißem Arztkittel auf mich zu und wedelte mit einer pinkfarbenen Cremetube vor meiner Nase. »Damit, meine Liebe«, sagte sie, »ist Schluss mit Krähenfüßen, Stirnfurchen und Lachfältchen.« Ich war nicht wirklich erleichtert, diese Wundertube kennen lernen zu dürfen, denn ich hatte nie realisiert, welchen Schaden emotionale Regungen und gewisse Vögel in meinem Gesicht angerichtet hatten. Ich ließ mir von ihr aber weiter erklären, es sei vielleicht noch ganz in Ordnung gewesen, als Zwanzig- oder Dreißigjährige mit mehrere Tage alter Mascara im Gesicht herumzulaufen, doch nun, da ich auf die Vierzig zuginge ...

»Ich bin 32!«, schleuderte ich ihr entgegen.

»Ja natürlich, meine Liebe«, fuhr sie fort, »ich will ja nur sagen, Sie sollten etwas für Ihre Haut tun, wenn Sie jung aussehen möchten.«

»Und warum sollte ich jung aussehen wollen?«, fragte ich, in erster Linie aus Langeweile.

»Nun, eine Frau muss jung und schön aussehen, um sich gut und selbstbewusst zu fühlen – und, auch das sollte man nicht unterschätzen, ihren Mann glücklich zu machen. Sehen Sie mich an. Ich bin 56, aber die meisten Leute sagen, ich sehe höchstens aus wie 35, und das ist mir viel Mühe wert.« Als ich der 56 Jahre alten Cilla, die aber wie 35 aussah, in ihrem nachgemachten Arztkittel weiter zuhörte, wie sie ihre Lebensphilosophie erläuterte und alle feministischen

Ideale mit Füßen trat, wurde mir klar, dass ich von Fläschchen, Tuben und Dosen umgeben war, die mit all den Unsicherheiten gefüllt waren, die Cilla und wir alle mit uns herumtragen. Älter werden war beängstigend – vielleicht noch beängstigender als das Fett an meinem Bauch oder die Cellulite an meinen Oberschenkeln. Es ging nicht einmal darum, dass die Falten davon kündeten, dass man sich schon eine Weile auf Erden befand, das Problem lag eher darin, dass es von hier aus nicht mehr weiterzugehen schien. Alt sein heißt: »Du hast deinen Teil abbekommen, mach nun Platz für andere.« Es bedeutet: »Du bist kein besonders erbaulicher Anblick mehr. Wenn du meine Aufmerksamkeit willst, solltest du etwas wirklich Interessantes zu sagen haben.« Es bedeutet, man zählt nicht mehr, weil man nicht mehr der richtigen Altersgruppe angehört. Und, das Allerschlimmste, älter werden ist unvermeidbar, also sollte man in Cillas Alter entweder jünger aussehen oder sich gleich in den Winterschlaf begeben. Ich hörte Cilla noch immer zu, wie sie das Loblied auf ihre pinkfarbene Tube sang. Als ich das Geschäft verließ, hatte ich genügend Kosmetika gekauft, um mein Gesicht und meinen Körper über Monate hinweg glatt zu zementieren, aber nicht nur, weil Cilla mir so große Angst eingejagt hatte, sondern auch, weil ich ihr das Gefühl geben wollte, dass sie auch noch zu anderem taugte als dazu, wie 35 auszusehen.

Männer und Frauen machen während des Älterwerdens zwar viele ähnliche Veränderungen durch – faltige Haut, schütter werdendes Haar, Nachlassen der Energie –, doch sie gehen sehr unterschiedlich damit um. Frauen werden von frühester Kindheit an angeleitet, auf ihr Äußeres zu achten und zu bedenken, dass man sie daran messen wird, wie gut es ihnen gelingt, jugendlich und attraktiv zu erscheinen. Wir bekommen »perfekte« Puppen und Märchenprinzessinnen vorgesetzt und glauben schließlich, sie seien »die Norm«. Jahrhundertelang wurde Frauen beigebracht, ihr wichtigster Beitrag in ihrem Lebensumfeld bestehe darin, gut auszusehen. Im Zuge der Gleichberechtigung haben sich Frauen vielleicht Zutritt zu Wahlkabinen und Sitzungssälen verschafft, doch die meisten geraten, wenn sie einmal ganz ehrlich sind, noch immer in Versuchung, wenn ihnen eine Verkäuferin die neueste Feuchtigkeitscreme vor die Nase hält, die es angeblich schafft, die Zeit anzuhalten, denn sie glauben, sie könnten sich damit ihr jugendliches Aussehen für immer bewahren. Wir brauchen das Gefühl, mithalten zu können. Denken Sie einmal darüber nach. Wenn wir einen älteren Mann sehen, der vor Stolz strotzend Händchen haltend mit einem Mädchen die Straße entlang schlendert, das seine Tochter oder sogar Enkelin sein könnte, ist das für die meisten von uns ganz normal. Wir können uns vorstellen, warum er sie anziehend findet. Und da Männer anders beurteilt werden als Frauen, nehmen wir an, die junge Frau fühlt sich zu ihm hingezogen, weil er ihr etwas zu bieten hat, sei es finanziell oder wegen seiner Erfahrung, auch wenn es ihm an körperlichen Reizen fehlt. Seine Qualitäten altern nicht, sie sind zeitlos. Männliche Filmstars gelten auch noch als sexy, wenn sie sich bereits in der Lebensmitte oder darüber hinaus befinden – Harrison Ford und Sean Connery werden, ungeachtet der Tatsache, dass sie schon mehr als ein halbes Jahrhundert auf dem Buckel haben, immer noch in der Riege der größten Sexsymbole geführt. Die bestverdienenden weiblichen Hollywoodstars hingegen sind in den Zwanzigern, vielleicht noch in den Dreißigern. Die Filmindustrie kann nicht hinnehmen, dass eine Frau, auch wenn sie nicht mehr ganz jung aussieht, immer noch eine talentierte Darstellerin sein kann. So gesehen ist es nicht verwunderlich, wenn die Realität des Alterungsprozesses auf eine Frau, die ihr ganzes Leben lang nach Jugendlichkeit und Schönheit bewertet wurde, geradezu niederschmetternd wirkt.

Wer von uns kennt nicht die Frau um die 40, die sich immer noch wie ein Teenager kleidet. Man findet sie regelmäßig in Clubs und Bars, das Haar zu stark gebleicht, dicker schwarzer Eyeliner und schimmerndes Lipgloss in Frostfarben. Und sie tanzt noch genauso wild wie damals, als sie jung war. So zeigt sich die weibliche Form der Midlife-Crisis. Weil Frauen beigebracht wird, ihre Macht, ihr Beitrag seien Sexappeal und Jugend, klammern sich manche verzweifelt an ihre jüngeren Tage, statt sich mit der Vorstellung anzufreunden, »in Würde zu altern«. Die Kernannahme dieser Frauen wurde zusätzlich davon bestärkt, dass Männer sehr wohl darauf reagierten, wenn sie sich besonders um ihre äußere Erscheinung kümmerten, mehr Aufmerksamkeit auf Haar, Make-up und Kleidung verwandten. Doch weil die Kernannahme, Jugend und Schönheit seien ihre einzigen Vorzüge, nie in Frage gestellt wurde, erkennt sie nun, viele Jahre später, keine anderen Qualitäten an sich, die eine Wertschätzung verdienen würden oder wichtig genug wären, sie einzusetzen, um mit anderen in Kontakt zu treten. Ihr Porträt, so sieht sie selbst es, war am besten, als sie 17 war, also wird sie immer 17 bleiben. Sie verlegt sich auf bereits erprobte Mittel, um die Zuneigung anderer zu gewinnen und sich selbst zu mögen.

Studien zeigen, dass sich die meisten Frauen durchaus dessen bewusst sind, wenn sie sich zu jugendlich kleiden und nach einem passenden Mittelweg suchen zwischen diesem Phänomen und der Resignation vor dem Alter oder zunehmender »Nachlässigkeit«. Sie erkennen auch, dass die Übergänge fließend sind. Doch es ist schwer zu akzeptieren, dass Schönheit ein flüchtiges Gut ist. Man fühlt sich wunderbar, solange sie vorhanden ist – sie zieht die Aufmerksamkeit auf sich und schiebt das Selbstbewusstsein kräftig an –, doch irgendwann schwindet sie. Die älteren Frauen, die am meisten Ausstrahlung besitzen, sind jene, die genau wissen, dass sie Millionen anderer Qualitäten zu bieten haben. Sie haben gelernt, mit Männern auf einer Ebene umzugehen, die von anzüglichem Grinsen oder anerkennenden Kommentaren in der Disco weit entfernt ist. Wirkliches Akzeptieren des Älterwerdens beinhaltet auch die Begegnung mit Männern auf Augenhöhe.

Denkpause

Die Ausbildung eines ungesunden Körperbildes ist häufig sehr eng mit einer physiologischen Veränderung unseres Körpers verbunden. Neben Falten und dem Verlust von Kraft und Schönheit kommt auf die Frauen auch noch die Menopause zu. Es ist kaum verwunderlich, dass diese Phase der Veränderung Frauen große Probleme bereitet. Der viktorianische Gynäkologe Tilt beschrieb sie als Krankheit und bezeichnete sie als die »Zeit des Versteckens«. Wegen des niedrigen Östrogenspiegels während der Wechseljahre und danach wurde sie auch als »Mangelkrankheit« bezeichnet.

Seit einigen Jahren bewertet man die Menopause als eine weitere Übergangsphase im Leben, ähnlich der Pubertät, doch vielen Frauen macht sie nach wie vor Angst. Wie in der Pubertät kann es vorkommen, dass der Körper außer Kontrolle gerät. An Stellen, an denen man es nie für möglich gehalten hätte, können auf einmal Haare sprießen, Hitzewallungen treten auf, die Muskulatur wird schlaff. Für viele Frauen fühlt sich in dieser Phase nichts wirklich gut an.

Doch das ist längst noch nicht alles. Auch wenn eine Frau nicht mehr vorhat, noch ein Kind zu bekommen, kann es für sie trotzdem ein Schock sein, wenn sie auf einmal gar nicht mehr die Wahl hat. Darunter leidet die Sexualität – der Körper erscheint ihr nun vielleicht »nutzlos« oder »nicht mehr begehrenswert«. Wissenschaftliche Untersuchungen haben ergeben, dass es keinen physiologischen Grund gibt, warum eine Frau nach der Menopause keinen Spaß mehr am Sex haben sollte, doch wenn infolge der körperlichen Veränderungen negative Kernannahmen in Bezug auf das Selbstbild geprägt wurden, wird die Lust auf Sex sehr wahrscheinlich schwinden.

Auch Männer durchlaufen den Alterungsprozess nicht ohne Probleme und nehmen nicht jede Veränderung ruhig und gelassen. Die Midlife-Crisis des Mannes ist ein Thema, über das häufig gesprochen und noch häufiger gelacht wird. In den letzten 20 Jahren wurde es freilich mit mehr Ernst betrachtet, und das ist gut so. Das mittlere Alter bringt für Männer eine neue Verwundbarkeit mit sich. Das beruht auf dem Gefühl verpasster Möglichkeiten oder fehlgeschlagener Ambitionen. Wenn Frauen nach dem Aussehen beurteilt werden, werden Männer es danach, was sie erreicht haben. Ein Mann bedauert in den mittleren Jahren, dass er die erträumte Karriere nicht realisiert hat, sich keine Segelyacht leisten kann, nie der war, der von allen geliebt wird oder am besten aussieht. Also kauft er sich anstatt des Lipgloss in Frostfarben den auf Hochglanz polierten Sportwagen, um die Jugend festzuhalten und Stärke zu demonstrieren.

Was die körperlichen Veränderungen angeht, zeigen Studien, dass es Männern nicht so viel ausmacht zuzunehmen wie Frauen. Sie haben nichts gegen einen Bierbauch oder ein paar »Lachfältchen«. Auch tiefe Furchen scheinen sie nicht besonders zu stören. Aber eines macht ihnen wirklich zu schaffen: Haarausfall. Unterbewusst bedeutet das für Männer einen Verlust an Macht und Männlichkeit. Während die Frau in der Menopause keine Kinder mehr bekommen kann, hegt der Mann in dieser Phase vielleicht die Befürchtung, er bringe nicht mehr genug Leistung in seinem Beruf oder in seinen sexuellen und freundschaftlichen Beziehungen.

In gewisser Hinsicht ist die Menopause des Mannes zunächst ein sexuelles Problem, das durch die Möglichkeit von Hormonersatztherapien ausgeglichen werden kann. Dies verhärtet wiederum die Vorstellung, Männer in den Wechseljahren fürchteten lediglich um ihre Libido, wo sie doch in Wirklichkeit auch ihre Rolle insgesamt in Frage stellen und Angst haben, nicht mehr begehrenswert zu sein. Auch Männern können anfangen, ihren Körper zu hassen, wenn sie ihr Aussehen nicht mehr selbst kontrollieren können und bemerken, dass, auch wenn die Leute noch so oft sagen, graues

Haar sehe »distinguiert« aus, die Aufmerksamkeit des anderen Geschlechts doch nachlässt. Meist befinden sie sich dann jedoch in einem Alter, in dem sie finanzielle Sicherheit erreicht haben, was die Anschaffung eines brandneuen Autos oder einer brandneuen Freundin ermöglicht.

Auseinanderleben und Trennung

Ich erinnere mich noch genau daran, wie meine Tante Cecilia geschieden wurde. Sie und Onkel Fred waren seit einer Ewigkeit verheiratet und wirkten immer glücklich, wenn ich sie auf Familienfeiern sah, doch eines Tages ließen sie sich einfach scheiden. Onkel Fred hatte sich wohl auf eine Affäre mit einer Frau eingelassen – bei meiner Mutter war sie immer nur das Flittchen aus London –, deretwegen er meine Tante verließ. Eine Zeit lang wussten wir alle nicht, wie wir reagieren sollten. Tante Cecilia war zutiefst erschüttert. Sie zog stundenlang in Telefonaten mit meiner Mutter über »die Schlampe« her. Anscheinend waren ihre Röcke viel zu kurz, ihr Haar viel zu lang und blond, und der Busen, nun, laut meiner Mutter hatte er obszöne Ausmaße.

Einige Monate, nachdem Onkel Fred ausgezogen war, besuchten wir meine Tante. Als sie die Tür öffnete, standen wir alle wie vom Donner gerührt – alle, außer meinem Vater, der über ihren Anblick besonders erfreut schien und auf sie zustürzte, um sie etwas zu lange zu umarmen. Sie hatte gewaltig abgenommen und trug einen roten Minirock, eine eng anliegende schwarze Bluse und viel zu viel Make-up. Die früher gewohnten Birkenstock-Sandalen hatte sie gegen

Pumps mit Pfennigabsätzen getauscht, und sie trug entweder eine Perücke oder hatte sich eine unglaublich schlechte Haarverlängerung machen lassen. Wir schlurften alle zusammen in ihre Küche, wo sie uns auf dieselbe herzliche Art wie immer Tee und selbst gemachtes Gebäck anbot. Meine Mutter konnte ihr Entsetzen nicht mehr länger zurückhalten und erkundigte sich, warum sie so gekleidet war. »Was meinst du mit ›so‹?«, fragte Tante Cecilia in scharfem Tonfall.

»Na so eben, du weißt schon!«, antwortete meine Mutter, wobei sie auf ihren Rock deutete und dabei die Nase rümpfte.

Tante Cecilia setzte den gelben Teewärmer ab und drehte sich auf dem Pfennigabsatz um. »Fred hat mich verlassen«, sagte sie, »weil ich nicht so sexy oder so schlank war wie das Flittchen aus London. Wenn ich ihn zurückerobern will, muss ich wieder attraktiv für ihn sein.«

Ich werde nie vergessen, wie Leid sie mir tat, aber auch nicht, welche Schuldgefühle ich verspürte, weil ich dachte, dass sie vermutlich Recht hatte: Hätte sie sich mit ihrem Äußeren genauso viel Mühe gegeben wie mit ihrem Gebäck, wäre alles noch in Ordnung gewesen. Während meine Mutter versuchte, ihr klar zu machen, dass er sie wegen der Probleme verlassen hatte, die er mit sich selbst hatte, und mein Vater – nicht besonders hilfreich – immer wieder betonte, wie toll sie in dem tief ausgeschnittenen Oberteil aussah und dass viele Männer sie attraktiv finden würden, verzogen meine Schwester und ich uns aus der Küche in den Garten, wo wir uns schworen, möglichst lange möglichst hübsch zu bleiben…

Auseinanderleben und Trennung

Einerseits können physiologische Veränderungen wie die Menopause – bei Frauen und Männern – Einfluss darauf nehmen, wie wir uns in unserem Körper fühlen, andererseits spielen aber auch emotionale Erschütterungen eine große Rolle. Zuträgliche, gesunde Beziehungen können unser Körperbild verbessern, dafür sorgen, dass wir uns mit unserem Spiegelbild wohl fühlen und akzeptieren, dass wir zwar nicht dem allgemein gültigen Ideal entsprechen, es aber dennoch verdienen, geliebt zu werden. Eine Scheidung, Trennung oder Zerrüttung einer Beziehung kann dieses Selbstvertrauen zerstören. Doch auch wenn wir aus einer ungesunden Beziehung ausbrechen, kann unser Selbstwertgefühl in sich zusammenbrechen. Vielleicht glauben wir auch, die Sicherheit dieser Beziehung zu brauchen: Kein anderer wird uns mehr wollen, weil wir unattraktiv sind.

Wenn wir verlassen werden, quält uns die Frage nach dem Warum. Ungeachtet bestimmter charakterlicher Eigenheiten fragen wir uns sofort: »Bin ich zu dick?« oder »Sehe ich zu alt aus?«. Das kommt besonders häufig bei Menschen vor, die bereits vorher negative Kernannahmen über ihr Aussehen gebildet haben. Die alten Hänseleien über die »dicke Nudel« oder das »Pizzagesicht« drängen wieder an die Oberfläche und fließen in das Bild ein. Dies geschieht vor allem dann, wenn ein Partner wegen einer jüngeren, attraktiveren Frau gegangen ist. Düst ein Ehemann mit seinem neuen Ohrstecker und seiner neuen 20-jährigen Freundin in seinem neuen Sportwagen die Einfahrt hinaus, erkennt die zurückbleibende Ehefrau häufig nicht, dass er sich sehr wahrscheinlich in der Midlife-Crisis befindet. Für sie ist klar: »Ich war nicht schön genug.« Menschen lösen Beziehungen aus

Wie unser Selbstporträt entsteht

einer Vielzahl von Gründen, doch wenn es uns schlecht geht, können wir häufig nur einen einzigen erkennen.

Dies stellt uns vor eine Reihe von Problemen, wenn es darum geht, eine neue Beziehung einzugehen. Glauben wir, verlassen worden zu sein, weil wir nicht begehrenswert genug waren, wollen wir uns verändern und versuchen vielleicht, uns mit Make-up, Haarfarbe und einem Wonderbra herauszuputzen. Das ist aber, als würde man eine Wunde mit einem Pflaster überkleben – zieht man das Pflaster ab, kommt die Verletzung wieder zum Vorschein. Wenn Sie dagegen Ihren Wert als Person erkennen, auch wenn Ihr Partner dies nicht tut, wird Sie das in eine neue und gesunde Beziehung führen, vielleicht mit einem anderen Menschen, ganz gewiss aber mit sich selbst.

In bestimmten Lebensphasen scheint unser Körper gegen uns zu arbeiten. Besonders während der Pubertät haben wir manchmal das Gefühl, er hat uns den Krieg erklärt, stellt uns Fallen und spielt uns Streiche. Dazu kommen die traumatischen Erlebnisse erster Verabredungen und – unweigerlich damit verbunden – der ersten Zurückweisungen. Es ist einfach, die Schuld dafür auf den Körper zu schieben: »Wenn ich einen größeren Busen hätte, würde er ja zu mir sagen.« Wir fangen an, unser Gesicht zu hassen, weil wir uns sicher sind, wir hätten mehr Freunde, wäre da nicht diese Akne.

Selbst wenn wir älter und klüger werden, lauern weiterhin überall diese negativen Kernannahmen. Tritt wieder ein Ereignis ein, das unserem Selbstwertgefühl Schaden zufügt, wie etwa das Auseinanderbrechen einer Beziehung, machen sie sich blitzschnell in unserem Kopf breit. »Es liegt nur daran, dass du so hässlich bist«, kreischen sie. »Er hätte dich nicht verlassen, wenn du nicht so alt aussähst.« Wir müssen diese Kernannahmen entkräften und als das sehen, was sie meistens sind: völlig haltlos.

Wie können wir an unserem Selbstporträt arbeiten, damit wir die Person, die uns aus dem Spiegel entgegenblickt, lieben lernen? Wir müssen uns unserer Kernannahmen bewusst werden und erkennen, auf welche Weise sie sich darauf auswirken, wie wir uns selbst und unser Leben wahrnehmen. Wir müssen unsere Gedanken und Gefühle so ausrichten, dass uns deutlich wird, wie irrational sie sind. Anstatt in völliger Verzweiflung auf unsere Rettungsringe und Cellulite zu starren, fragen wir uns besser: »Sind meine Rettungsringe wirklich der *einzige* Grund, warum ich meinen Traumpartner nicht finde?« oder »Wie wichtig ist die Cellulite an meinen Oberschenkeln *tatsächlich*?« Wie kamen wir überhaupt zu der Annahme, Cellulite würde uns zu einem Leben im Unglück verdammen? Wenn wir uns die Denkweisen und Annahmen, die unser Leben negativ beeinflussen, nicht bewusst machen, wird sich unser Verhältnis zu uns selbst nach und nach immer weiter verschlechtern, da sich unsere negative Einstellung immer mehr verhärten wird.

Ob Sie es gut finden oder nicht, Ihr Körper wird sich verändern und Sie nicht in einem höflichen Brief dafür um Erlaubnis bitten. Ehe Sie es bemerken, haben Sie einen Busen, Schamhaare, Hüften und Babyspeck oder Falten, schlaffe Oberarme und graues Haar. Die Werbung mag versprechen, sie könne das Altern aufhalten oder die Welt retten, doch in Wahrheit gibt es nur wenig, was man tun kann, um diesen Veränderungen Einhalt zu gebieten oder sie auch nur zu verlangsamen. Da können wir noch so viel an unserem Körper arbeiten, er wird mit Sicherheit nicht das tun, was wir ihm befehlen. Wir müssen die Veränderungen akzeptieren. Es wäre zu einfach, dem Körper die Schuld für alles zu geben und sich selbst davonzustehlen, wenn die einzige Möglichkeit, sich in seiner Haut wohl zu fühlen, darin besteht, zu seinem *wirklichen Ich zu stehen* – im innersten Kern.

Hausaufgaben

Sie sollten nun dazu in der Lage sein, Ihre negativen Denkweisen zu erkennen und zu hinterfragen. In diesem Kapitel wurde behandelt, wie sich unser Bild von uns selbst entwickelt. Von den ersten Botschaften der Eltern über »gut« oder »schlecht« bis zum Spitznamen in der Schule haben wir die Bausteine untersucht, die zu unserem Körperbild und Selbstwertgefühl beitragen und in welcher Weise sie das Selbstporträt beeinflussen, das wir von uns anfertigen. Wenn Sie die negativen Annahmen, die Sie über sich selbst und die Welt in sich tragen, unschädlich machen wollen, müssen Sie erst einmal erkennen, woher diese kommen. Die folgenden Übungen fördern das Verständnis, wie es zu Ihrer heutigen Sichtweise Ihrer selbst gekommen ist. Sie werden damit erforschen, wo Ihre Kernannahmen, gute wie schlechte, entstanden sind, und dann entscheiden, welche Sie beibehalten wollen.

Aufgabe 1
Beschäftigen wir uns zunächst damit, wie Sie Ihr Porträt gestalten und wie die Menschen und äußeren Bedingungen Ihres Lebens darauf einwirken.

Hausaufgaben

Die folgende Liste ist in zwei Spalten aufgeteilt. In die erste Spalte über das *tatsächliche Ich* (Das reale Bild) tragen Sie die Eigenschaften ein, die am besten beschreiben, wie Sie sich heute sehen. Seien Sie so objektiv wie nur möglich. Konzentrieren Sie sich auf Ihren Körper und Ihre Persönlichkeit. In die Spalte über das *ideale Ich* (Das ideale Bild) konzentrieren Sie sich darauf, wie Sie gerne sein möchten, körperlich und als Person. Wie ausführlich oder knapp die Aufzählungen sind, ist egal, sie müssen nur aufrichtig sein.

Das reale Bild   **Das ideale Bild**

_____   _____

_____   _____

_____   _____

_____   _____

_____   _____

_____   _____

Betrachten Sie nun die Abweichungen in den beiden Abschnitten. Überlegen Sie, woher die Worte in der Spalte »Das ideale Bild« stammen. Denken Sie nach, welche Erfahrungen Sie zu dem Schluss veranlassten, diese Eigenschaften seien erstrebenswert. Fragen Sie sich auch, ob sie für Sie realistisch sind.

_____

_____

_____

_____

Falls ja, warum glauben Sie, dadurch zu einem besseren oder vollständigeren Menschen zu werden? Falls nein, warum stehen diese Eigenschaften dann auf der Liste?

_____

_____

Nehmen Sie sich in der folgenden Woche jeden Morgen Zeit, sich auf die Dinge zu konzentrieren, die Sie an sich mögen. (Sie können dazu Ihre Angaben zu Hilfe nehmen, die Sie bei der Übung im ersten Kapitel auf Seite 62 gemacht haben.) Es ist wichtig, dass Sie diese Übung wirklich jeden Morgen ausführen. Eine weitere Möglichkeit wäre, mit Hilfe von entsprechenden Kleidungsstücken die Körperstellen zu betonen, mit denen Sie einverstanden sind. Erstellen Sie am Ende der Woche die Liste noch einmal. Unterscheidet sie sich von der ersten Version?

_____

_____

Warum, oder warum nicht? (Sie beleuchten damit die Entstehung Ihres Porträts, weil Sie anfangen, an den negativen Denkweisen und Kernannahmen zu arbeiten, die bislang Ihre Sichtweise von sich selbst bestimmt haben.)

_____

_____

Aufgabe 2

1. Holen Sie das meistgeliebte und das meistgehasste Foto aus Ihrer Kindheit hervor und beschreiben Sie beide.

___

___

2. Listen Sie die Gründe auf, warum Sie das eine Bild so gerne mögen und das andere so sehr hassen.

___

___

3. Verfahren Sie nun genauso mit dem meistgeliebten und meistgehassten Foto als erwachsene Person.

___

___

4. Vergleichen Sie Ihre Wortwahl bei der Beschreibung der vier Fotos. Gehen Sie mit dem Erwachsenenfoto kritischer um? Ging es bei der Beurteilung des Erwachsenenfotos mehr um das Gewicht? Sind auch Bemerkungen anderer über Sie (ziehen Sie die Angaben aus dem ersten Kapitel hinzu) in Ihre Beschreibung eingeflossen?

___

___

5. Nehmen Sie die Liste und sprechen Sie (auch wenn Ihnen das komisch erscheint) mit sich als Kind auf dem Foto, indem Sie die negative Wortwahl benutzen, die Sie für die Beschreibung als Erwachsene/r herangezogen haben.
6. Wie ist das? Vermutlich nicht besonders nett, denn kein Kind möchte so angesprochen werden. Aber warum halten Sie es dann für akzeptabel, als Erwachsener so angesprochen zu werden?
7. Legen Sie die Fotos einige Tage lang weg. Holen Sie sie dann wieder hervor, beschreiben Sie erneut, was Sie sehen, und rufen Sie sich dabei in Erinnerung, wie es beim ersten Mal war. Wenn Sie sich an veränderte Sichtweisen Ihrer selbst gewöhnen, fangen Sie an, diese in Ihr Körperbild zu integrieren.

Essen, Essen über alles

Ich kam mit sechs Chipstüten in der einen und einem halb aufgegessenen Schokoriegel in der anderen Hand heim und sank, nachdem ich mich die drei Stockwerke hoch in meine Wohnung gekämpft hatte, hyperventilierend auf das Sofa. Als ich die Fischstäbchen und Nudel-Terrinen aus den Taschen quellen sah, fühlte ich eine Welle von Dankbarkeit gegenüber all diesen wunderbaren imaginären Freunden, Verwandten und Seemännern, die für mich kochen – Uncle Ben und natürlich der gute alte Käpt'n Iglu. Gäbe es sie nicht, ich müsste mich Abend für Abend mit Toast begnügen.

Das Telefon klingelte und ich mühte mich, es auf telepathischem Weg von der anderen Seite des Zimmers herzuholen, gab diese Methode aber schließlich auf und konnte gerade noch rechtzeitig danach greifen. Es war Amy, eine Kalifornierin, die meine Freundin Trudy auf einer Reise kennen gelernt und mir vorgestellt hatte. Sie wollte mich zu einem Abendessen bei sich einladen und fragte, ob ich Vegetarierin sei – nein, Veganerin – nein, ob ich eine Laktoseunverträglichkeit habe – nein, irgendwelche Magen-Darm-Probleme mit Weizenmehl – nein. Esse ich Kohlehydrate? Ja. Raffiniertes Mehl? Ja. Weißen Zucker? Lecker. Abgesehen von der inquisitorischen Befragungsweise, was meine

Ernährungsanforderungen betrifft, schien sie wirklich nett. Ich sagte, ich würde mich auf das Abendessen am Wochenende freuen. Dann legte ich das Telefon weg und ging in die Küche, um meine Lebensmittel auszupacken.

Ich machte den Kühlschrank auf, schob die Du-darfst-Fertigmenüs zur Seite, um Platz für die Heim-Gourmet-Moussaka zu schaffen, die frischen Pasta und die Light-Joghurts nach griechischer Art. Im Wandschrank stapelte ich die Heißen Terrinen auf die Slimfast-Shakes. Als ich nach hinten in den Schrank fasste, purzelten Dutzende von Tomatensuppen-Tüten heraus und riefen Erinnerungen an die absurde Tomatendiät wach, die ich versucht hatte, bevor ich mich um meine momentane Stelle beworben hatte. Ich wollte bis zum Vorstellungsgespräch 10 Kilo abnehmen und aß zwei Wochen lang nur Tomaten. Am Ende rochen meine Körperausdünstungen nach Ketchup, und meine Gesichtsfarbe war blassgrün. Noch heute kann ich kein Tomatenmark sehen, ohne dass mir übel wird. Aber ich hatte immerhin so viel abgenommen, dass ich das Vorstellungsgespräch bei der Marketing-Agentur erfolgreich absolvieren konnte – mein Glück, denn ein paar Wochen später hatte ich alles wieder drauf. Außer den Tütensuppen und der Bonbonschachtel in Familiengröße fand ich noch drei Diätbücher, die ich weggepackt hatte – eines pries die Vorzüge von Weißkohl an, ein anderes die von Proteinen, und das dritte schwor darauf, nach drei Uhr nachmittags nichts mehr zu essen.

Als ich den Inhalt meines Vorratsschranks einem prüfenden Blick unterzog, bemerkte ich, dass ich mein Leben danach unterteilen konnte, ob ich a) gerade eine Diät machte oder nicht und b) welche Diät ich gerade machte. Da war die Fleischdiät während der harten Phase mit meinem Exfreund Josh, die Diät mit den drei Gläsern Wasser vor jedem Essen vor dem Tauchurlaub in Mexiko und dann noch die David-Blaine-Diät, bei der ich mich im Grunde so lange wie nur möglich zu Tode hungern sollte – allerdings ohne Plexiglaskiste.

Mir wurde klar, dass ich jede Diät mit der Intention begonnen hatte, mich auf etwas Bestimmtes vorzubereiten oder etwas zu verarbeiten, gerade so, als würden mich die Diäten in neuem Glanz erstrahlen lassen, und das, was ich mir vorgenommen hatte, wäre dann einfacher für mich zu erreichen. Dabei gaben sie mir der Reihe nach immer mehr das Gefühl, eine Versagerin zu sein, und schließlich ließ ich sie bleiben.

Ich legte mir eine Schweinefleischpastete auf den Teller und setzte mich an den Tisch. Dieses Mal, so dachte ich, würde ich alles richtig machen, ich würde die Diät durchhalten und James' Aufmerksamkeit auf mich ziehen. Gleich nach der Pastete würde ich damit anfangen.

Unter allen Beziehungen in unserem Leben gehört die zum Essen wohl in die Gruppe derjenigen, die am stärksten emotional aufgeladen sind, das größte Befriedigungspotenzial in sich tragen und gleichzeitig am meisten mit Schuldgefühlen belastet sind. Angefangen vom ersten Keks, den wir von unserer Mutter als Belohnung bekommen, weil wir ein braves Mädchen waren, bis zum ersten Mal, da wir einen Mann auf die sprichwörtliche »Tasse Kaffee« eingeladen haben – Essen drückt oft aus, was wir fühlen, und sehr häufig all das, was wir nicht deutlich aussprechen können. Kein Wunder also, dass es für die meisten von uns ein Thema ist, das sie intensiv beschäftigt.

In den letzten 20 Jahren ist das Geschäft mit Diäten so stark angewachsen, dass zu einem beliebigen Zeitpunkt bis zu 70 Prozent der Frauen angeben, gerade auf Diät zu sein. Heißt das, wir leiden alle unter Essstörungen?

Die wenigsten Frauen haben tatsächlich Essstörungen, aber sie beschäftigen sich in übertriebener Weise mit dem Essen, und zwar unabhängig von ihrem tatsächlichen Gewicht. Leider hat die in der Gesundheits- und Diätbranche übliche Sprache bewirkt, dass wir unser Essverhalten für krankhaft oder unnormal halten. Wir sollen uns schwach fühlen, wenn wir uns von Schokolade verführen lassen, und Abstinenz im strengsten katholischen Sinn gilt als gesund. Wir meinen, jeden Bissen, den wir zu uns nehmen, rechtfertigen zu müssen, indem wir uns aufsagen, was wir in den letzten drei Tagen gegessen haben. Und warum? Weil wir einen Körper anstreben, oder genauer gesagt ein Körperbild, dem realistisch betrachtet nur ein winziger Teil der weiblichen Bevölkerung je entspricht.

Das Essen ist gerade wegen seiner engen Beziehung zu unserem Körperbild ein so emotionsgeladenes Thema. Von dem Moment an, da wir eine Verbindung zwischen unserem Aussehen und dem, was wir essen, herstellen, ist Nahrung keine Energiequelle mehr, die uns am Leben erhält, sondern wird Freund und Feind zugleich, Trost und Verderben in einem. Unsere Beziehung zum Essen liefert uns Erkenntnisse über unsere Kernannahmen zu unserem Körperbild, und in der Regel gilt, je gesünder Letzteres ist, umso gesünder ist auch Erstere.

Eine gesunde Diät?

Wenn man über Essen spricht, geht es fast automatisch auch um Diäten, das Damoklesschwert im Leben so mancher Frau. Das Problem mit Diäten ist, außer natürlich, dass wir uns die Genüsse von Schokoladenkuchen und Resteessen aus der Pfanne versagen müssen, dass wir sie nicht als das betrachten, was sie sind, sondern sie zu Wundern hochstilisieren, die eine komplette Wende in unserem Leben vollziehen sollen. Und wenn wir einen Monat lang nur Proteine essen und trotzdem nicht den Supermodel-Ehemann an Land ziehen, den Zweisitzer-Sportwagen kaufen können und die dreifache Gehaltserhöhung bekommen, sind wir bitter enttäuscht. Das gilt, wenn wir tatsächlich so lange durchgehalten haben, bis wir anfangen abzunehmen. Aber die meisten von uns geben schon lange vorher auf. Wir scheitern meist schon an der ersten Hürde, sei es eine Verabredung zum Essen, der Sonntagsbraten oder ein Schokoriegel am Kiosk. Doch auch wenn wir aus dem Diätkarussell geschleudert wurden, springen die meisten von uns sofort wieder auf, bereit zur nächsten Runde, egal, wie entmutigt wir waren und wie tief die Schrammen sind, die unsere Knie und unser Selbstwertgefühl davongetragen haben.

Es ist traurig, aber wahr, dass dieses dauernde Umherspringen zwischen verschiedenen Diäten unser Selbstwertgefühl mindert und die Probleme, die wir mit unserem Gewicht haben, nur schlimmer macht. Diäten führen erst dazu, dass wir uns dick fühlen. Und warum versuchen wir es dann immer weiter? Psychologen sagen, der Grund sei die Belohnung für den »richtigen Körper«. Wir lassen nicht locker, weil wir das Gefühl von Macht, Selbstvertrauen und Weiblichkeit auskosten möchten, das oft mit einer Gewichtsabnahme verbunden ist. Wir fühlen uns belohnt, wenn das andere Geschlecht auf uns aufmerksam wird oder wir in Gesellschaft positiver aufgenommen werden. Nach diesen Erfahrungen sehnen wir uns, wir genießen es über die Maßen, wenn sie uns zuteil werden, also bemühen wir uns weiterhin, sie uns zu verschaffen. Erstaunlicherweise können wir unser tatsächliches Gewicht schlecht einschätzen. Eine Umfrage unter College-Studenten ergab, dass die meisten der jungen Frauen ihr Gewicht höher einschätzten, als es tatsächlich war. Außerdem wollten die meisten abnehmen, mehr als drei Viertel der Befragten hatten schon einmal eine Diät gemacht, und fast die Hälfte gab an, die meiste Zeit über Diät zu halten. Die Zeit im College und die Jahre zwischen 16 und 19 sind eine besonders schwierige Phase, in der man sich von seinem Umfeld ungewöhnlich kritisch betrachtet fühlt, seinen Platz in der Welt finden und Beziehungen knüpfen soll. Abzunehmen erscheint uns eigenartigerweise oft als die beste Möglichkeit, diesen Prozess reibungslos durchzustehen. Und dieses Denkmuster begleitet uns unser ganzes weiteres Leben lang. Jeder wünscht sich also den »richtigen Körper«.

Wir leben in einer Gesellschaft, die vom Schlanksein besessen ist und folglich auch von Diäten.

Man schätzt, dass 95 Prozent aller Frauen irgendwann in ihrem Leben einmal eine Diät machen, obwohl zahllose Studien nachweisen, dass nur etwa fünf Prozent der nicht krankhaft fettleibigen Abnehmerinnen damit Erfolg haben.

Woran liegt das? Wie ist es möglich, dass so viele einst

übergewichtige Menschen in Werbeanzeigen triumphierend die zu großen Jeans präsentieren, »die mir einmal gepasst haben«, und wir anderen nicht einmal die Willenskraft aufzubringen scheinen, einen Keks auszuschlagen? Welches Geheimnis steckt hinter dem erfolgreichen Kampf gegen die Diätschlachten?

Erster Schritt: Fragen Sie sich, warum Sie das tun
Die meisten von uns verbinden Abnehmen mit der Chance, andere Ziele im Leben zu verwirklichen, wie eine Beziehung, eine bessere Arbeitsstelle oder auch mehr Selbstvertrauen. Fragen Sie sich, ob Abnehmen Ihnen dies tatsächlich ermöglichen kann oder ob es nicht andere Wege dafür gibt. Das ist ganz wichtig, denn wenn Sie Ihre Ziele an einem bestimmten Gewicht oder einer Kleidergröße festmachen und dies nicht realisieren, werden Sie auch das Gefühl haben, Ihre Vorgaben nicht erreichen zu können. Wenn Sie aber Abnehmen als das sehen, was es ist – nämlich Gewicht zu verlieren –, wird ein Nichterreichen des Ziels keine so starken Auswirkungen auf Ihr Selbstbild nach sich ziehen. Sie können sich trotzdem ganz wohl in Ihrer Haut fühlen und es irgendwann einmal wieder versuchen. Vielleicht wollen Sie auch nicht Ihretwegen abnehmen, sondern wegen eines anderen Menschen. Das wird gleich doppelt schief gehen: Sie möchten sich in Ihrer Haut wohler fühlen, doch wenn dieses »bessere Ich« von jemand anderem definiert wird, werden Sie die Diät ablehnen und damit unweigerlich auch die Person, deren Idee sie war.

Zweiter Schritt: Denken Sie nicht schon zu Beginn der Diät, dass Sie vielleicht nicht durchhalten

In die neueste Diät einzusteigen und sie nicht durchzuhalten kann dem Verhältnis zum eigenen Körper genauso großen Schaden zufügen wie ein schlaffer Bauch. Und die meisten Diäten scheitern. Dafür gibt es vielerlei Gründe. Wir sagen: »Genau, das ist die Lösung – ich mache eine Diät!« Dabei lassen wir mögliche Hindernisse völlig außer Acht. Eine 1,80-Meter-Frau mit kräftigem Körperbau wird niemals wie Kylie Minogue aussehen, ein 1,65-Meter-Mann mit schmächtigem Körperbau wird niemals ein Arnold Schwarzenegger sein. Es ist nicht verkehrt, sich ambitionierte Ziele zu setzen, doch wenn sie nicht auf unsere Person zugeschnitten sind, sondern auf einen Star, der mal eben hochgejubelt wird, ist die Enttäuschung vorprogrammiert. Wir können abnehmen, wir können an Muskelmasse zulegen, aber wir können nicht viele Jahre genetischer Entwicklung beeinflussen, die unsere Körpergröße und unseren Körperbau bestimmen.

Wenn wir auf einen neuen Diätzug aufspringen, müssen wir alle Faktoren berücksichtigen, die ein Abnehmen erschweren und dem Traum von der »perfekten Kleidergröße 36« im Weg stehen könnten. Körperbau, Größe, Grundumsatz und allgemeine Lebensführung – alles spielt da mit hinein, und wir müssen im Voraus bedenken, was das für unsere Erwartungen an eine Diät bedeuten kann. Wenn wir aufgeben, betrachten wir Diäten oft als Zeitverschwendung, denn realistisch betrachtet können sie uns nicht den Körper liefern, den wir uns wünschen. Im besten Fall können sie uns gesünder machen, aber nie und nimmer zur Zwillingsschwester von Naomi Campbell.

Diäten scheitern aber auch, weil wir eine schnelle Lösung suchen. Wir wollen *sofort* abnehmen, das Gewicht für *immer* halten und uns dabei möglichst *wenig* anstrengen. Aber Schnelldiäten bringen in den seltensten Fällen Erfolg, und falls doch, sind die Vorgaben so streng, dass man sie nur schwer über einen längeren Zeitraum durchhalten kann. Was wirklich funktioniert, ist eine gesündere Ernährung und Bewegung ein Leben lang, nicht nur beschränkt auf sechs oder acht Wochen oder was auch immer die neueste Diät verspricht. Nur so werden Sie lange, lange Zeit gesünder aussehen und sich gesünder fühlen.

Dritter Schritt: Halten Sie die Erwartungen an eine Diät in einem realistischen Rahmen
Wie schon erwähnt, glauben viele Diätwillige, wenn sie erst einmal den »richtigen Körper« haben, bekommen sie damit auch das richtige Leben. Aber das geht nun einmal nicht Hand in Hand, und wenn die Pfunde fallen, das Leben aber nicht im selben Tempo besser wird, machen sich Gefühle des Scheiterns breit, ein Durchhalten der Diät wird schwerer denn je, und das Aufgeben erscheint als große Erleichterung. Unsere Erwartungen an eine Diät können so weit hergeholt sein, dass sie manchmal eine Art Zeitreise auslösen. Sobald wir damit beginnen, fangen wir an, Kleidungsstücke in kleineren Größen zu kaufen oder Reisen und Unternehmungen zu planen, die zu unserer neuen Zukunft mit unserem neuen, gertenschlanken Körper passen. Wir können es nicht erwarten, den neuen Menschen zu sehen, zu dem uns die Diät machen wird. Doch wenn wir zu viel auf die Zukunft projizieren, werden wir

a) uns nicht mehr mit der Gegenwart beschäftigen und dadurch die Aussicht auf Erfolg der Diät mindern,
b) Erwartungen ausprägen, die so weit in der Zukunft liegen, dass wir die kleinen Erfolge, die wir kurzfristig erringen, nicht würdigen und diese uns somit auch nicht positiv bestärken können.

Die einzig richtige Art, eine Diät anzugehen, besteht darin, sie ganz sachlich einzustufen: als gesunde Umstellung der Lebensweise und nicht als ein die Zukunft und das ganze weitere Leben verändernder Faktor, der in jeden Bereich der Existenz hineinwirken wird. Leben Sie also im Hier und Jetzt, kaufen Sie sich neue Kleider, wenn Sie welche brauchen, planen Sie Dinge, die Ihnen in jeder Kleidergröße Freude machen, schätzen Sie sich selbst als die Person, die Sie heute sind, nicht als die, von der Sie sich erhoffen, sie in sechs Wochen zu sein. So macht es Sie stolz, wenn Sie Ihre eigenen Ziele verfolgen – realistische, wesentliche Ziele – und nicht irgendwelche auf MTV propagierten Fantasievorstellungen, in denen Sie und Ihr Körper mit dem erträumten Mann, Geld und Erfolg in den Sonnenuntergang reiten.

Vierter Schritt: Schließen Sie Frieden mit dem Essen
Gerade haben wir im Fernsehen von einer neuen Diät erfahren, das Buch und die Lebensmittel dazu gekauft und das Poster in der Küche aufgehängt, schon befinden wir uns in einer Situation, aus der wir nur als Verlierer hervorgehen können. Wenn wir nicht abnehmen, haben wir Zeit und Geld vergeudet. Und wenn wir abnehmen, sollen wir das Gewicht halten, doch das schaffen nur die wenigsten. So-

Eine gesunde Diät?

bald wir Ergebnisse sehen, werden wir nachlässig. Das Poster verschwindet von der Wand, die Schokolade taucht wieder auf. Oder das Abnehmen geht langsam, was zwar normal ist, wir aber haben das Gefühl, es würde nicht gelingen, und geben deshalb auf. Wenn wir nicht abnehmen, haben wir versagt. Wenn wir abnehmen, werden wir früher oder später wieder zunehmen und haben ebenfalls versagt.

Die einzige Möglichkeit, dagegen anzukommen, besteht darin, Frieden mit dem Essen zu schließen: Sehen Sie Essen nicht als Feind, aber genauso wenig als eine nahezu orgiastische, göttliche Angelegenheit. Wir alle lernen die emotionale Dimension von Essen kennen: Wir sind *artig*, wenn wir uns an Diäten halten, und *böse*, wenn wir schwach werden. Ob wir tatsächlich ein Gewichtsproblem haben oder nicht – viele von uns sehen Essen als Trost oder Belohnung. Wir bekommen die Kurve nur, wenn wir ein ausgewogenes Verhältnis finden zwischen dem, was wir essen, und wie wir darüber denken. Sollten Sie wirklich mit einem Schokoriegel »sündigen«, machen Sie sich deshalb keine übermäßigen Vorwürfe – davon geht die Welt nicht unter, und sehr wahrscheinlich schadet es auch Ihrer Diät nicht so sehr, dass es nicht wieder gutzumachen wäre. Sagen Sie sich einfach, Sie haben ihn mit Genuss verspeist, werden sich von nun an wieder auf Ihr Diätziel konzentrieren und sich wirklich bemühen, es einzuhalten. Machen Sie die Schokolade in Ihrem Kopf nicht zu einem Objekt der Angst oder der Sehnsucht. Sie ist nur eine leckere Näscherei, nichts weiter. Wenn Sie der Meinung sind, Ihre Geschmacksnerven brauchen von Zeit zu Zeit eine solche leckere Näscherei, dann gönnen Sie sich das. Aber machen Sie keine riesige Belohnung daraus oder etwas, was Sie in tiefe Schuldgefühle stürzt. Je mehr Sie das Essen von Emotionen frei halten können, umso mehr Erfolg werden Sie bei einer Diät verbuchen.

Wie Diäten Schuldgefühle wachrufen

Montag früh im Büro – ich surfe im Internet. Zum Arbeiten bin ich viel zu angespannt, ich muss nämlich eine Möglichkeit finden, wie ich James dazu bringe, mich zu beachten. Da entdecke ich eine interessante Modeseite und bestelle drei neue Tops, zwei Röcke und ein Kleid in Größe 42. (Befinde mich zwar im Moment nicht mal in der Nähe von 42, bin mir aber sicher, dass ich bald dort sein werde. Ich habe eine neue Diät angefangen, auf die auch die Schauspieler von Friends *schwören. Die muss also funktionieren.) Als ich gerade dabei bin, über Google die Styling-Tipps von Jennifer Aniston aufzurufen, merke ich, dass Mark (nicht so gut aussehender Kollege von James) um meinen Schreibtisch schleicht. Er macht sich immer an mich ran, indem er mir merkwürdige Fragen über Briefpapier stellt. Ich spüre, dass er mir über die Schulter sieht, und ehe ich das Bild wegklicken kann, höre ich ihn sagen: »Hübsches Kleid.«*

»Recherche für eine neue Kampagne.«

»Ach so. Würde dir aber trotzdem gut stehen. Ach..., brauchst du vielleicht fluoreszierende Post-its? Es gibt gerade grüne und pinkfarbene im Briefpapier-Schrank.«

»Nein danke, kein Bedarf.«

Er lächelt, blinzelt zweimal (hat vermutlich ein nervöses Zucken) und geht.

Schuldgefühle

Ich höre meinen Magen knurren, sehe auf die Uhr und rechne aus, dass es noch drei Stunden und 15 Minuten bis zur Mittagspause sind. Ich versuche mich zu wappnen, indem ich mir vorsage: »Du tust es für James, du willst schlank und schön werden für James!« Aber irgendwie hilft es nicht. Mein Magen schreit weiter nach Essen. Ich fasse in die Schublade, wo mein Vorrat an Naschzeug lagert, und rieche an einer Packung Käsecracker. Sie duften einfach köstlich – und solange ich sie nicht esse, kann ich doch wenigstens daran riechen und mir vorstellen, wie lecker sie schmecken würden. Ich tauche unter den Schreibtisch ab, so dass ich wirklich intensiv daran schnuppern kann, und werde von einer Männerstimme gestört, die über mir ertönt: »Ähm, Sarah?«

»Keine fluoreszierenden Post-its, danke!«, erwidere ich schnippisch, hebe den Kopf – und sehe James über mir stehen. »Oh, tut mir Leid. Was brauchst du?«

»Ich bräuchte nur dein Einverständnis für diese ... ach, du hast da etwas Orangefarbenes in der Nase.«

Ich würde am liebsten sterben, während ich das Käsegebäck von meinem linken Nasenloch entferne, und wünsche mir nichts sehnlicher, als sofort wieder unter den Schreibtisch kriechen und mich in Luft auflösen zu können. James hält mich jetzt bestimmt für völlig schwachsinnig, und keine Diät der Welt wird diesen Eindruck zurechtrücken können. Um der Demütigung ein Ende zu bereiten, reiße ich ihm die Blätter aus der Hand und sage ärgerlich, er könne jetzt gehen. Er geht mit diesem verwirrten Ausdruck, den er so häufig im Gesicht trägt, wenn wir beide miteinander sprechen, und ich versinke, nicht ohne einige deftige Flüche auf die Cracker-Hersteller auszustoßen, in meinem Stuhl.

Ein großes Problem bei Diäten ist die Sprache, in der wir uns ausdrücken, wenn wir gerade eine machen. Worte, die mit Verlust, Verzicht oder Ablehnung zu tun haben, werden die tragenden Säulen unseres Vokabulars. Kein Wunder, dass wir dabei negative Gedanken in uns tragen.

Bei vielen von uns war die Beziehung zum Essen schon lange geprägt, ehe wir verstanden, was »Diät« überhaupt bedeutet. Von Kindesbeinen an leiten wir uns selbst an und werden von anderen angeleitet, Essen als Währung zu betrachten. Mütter sagen zu ihren Kindern: »Weil du heute so brav warst, bekommst du jetzt noch ein Eis.« Essen wird also zu unserem Verhalten und unseren Gefühlen in Verbindung gesetzt. Als Kinder assoziieren wir Bravsein damit, dass wir Essen bekommen. Daraus resultieren unsere Kernannahmen. Wenn wir mit einem Eis belohnt werden, wird dies auf einmal viel wertvoller, als gefrorene Milch es eigentlich ist. Es wird zu etwas ganz Besonderem, das wir uns nur an seltenen Gelegenheiten zugestehen sollten, wenn wir wirklich sehr, sehr brav gewesen sind. Diese Kernannahme bleibt uns erhalten, und wenn wir älter werden, benutzen wir Essen, um uns zu trösten, wenn wir niedergeschlagen sind.

Paradoxerweise gehen wir als Erwachsene dazu über, uns brav zu fühlen, wenn wir uns Essen versagen. Unsere Kernannahme wird abgeändert, so dass wir glauben, brav zu sein, wenn wir hungern. Und um uns zu belohnen, essen wir. Dieses schizophrene Verhältnis zum Essen bedeutet, dass wir Nahrung nie als die simple Angelegenheit sehen, die sie ist – aber solange wir das nicht tun, werden wir nicht in der Lage sein, Essen zu genießen oder ein gesundes Verhältnis dazu zu entwickeln.

Schuldgefühle

Wie können wir also einen Schinken-Käse-Toast von Emotionen befreien? Einer der wichtigsten Schritte besteht darin, dem Essen die Schuldgefühle und die Macht zu entziehen. Die täglich empfohlene Menge an Obst und Gemüse zu essen macht Sie noch nicht zu einem guten Menschen, und sich mit Schokoladenkuchen voll zu stopfen nicht zu einem schlechten. Anstatt zu glauben, Sie dürften sich nur mit fettfreien Mittagsmahlzeiten und kalorienarmen Abendessen herumquälen, konzentrieren Sie sich besser darauf, was Sie für sich erreichen möchten. Denken Sie nicht, es ist so ungerecht, dass ich keine üppige Restepfanne zu mir nehmen darf. Sagen Sie sich lieber, ich bin mehr wert als einen Haufen Fett auf dem Teller. Mein Körper verdient etwas Besseres, ich verdiene etwas Besseres. Halten Sie nicht Diät, um sich ein anderes Ich zuzulegen, sondern essen Sie gesünder, um zu einem gesünderen Ich zu finden. Auf diese Weise können Sie Essen als etwas Positives sehen, als einen Gewinn statt einer permanenten Aufforderung zum Verzicht.

Aber dem Essen die Macht zu entziehen ist leichter gesagt als getan. Entscheidend dabei ist, die Verquickung von Essen mit Emotionen zu lösen. Machen Sie sich nicht vom Essen abhängig, verstärken Sie keine Kernannahmen wie: »Essen ist etwas Dekadentes, womit ich mich belohnen kann.« Lassen Sie nicht zu, dass es Ihre Stimmung hebt oder senkt. Bringen Sie sich selbst zur Vernunft, wenn Sie sich dabei ertappen, wie Sie vor sich hin murmeln: »Etwas vom Chinesen täte meiner Laune jetzt wirklich gut.« Wenn Sie wirklich so große Lust auf einen China-Imbiss haben, dann holen Sie sich einen, aber wehren Sie sich gegen die Annahme, Sie bräuchten ihn als emotionalen Stimmungsaufheller. Eine

Frühlingsrolle löst Ihre Probleme nicht. Sie fühlen sich danach nur besser, weil Sie sich etwas gegönnt haben – Sie haben sich etwas Gutes getan. Doch schon nach einer halben Stunde sind Sie wieder hungrig, und der Grund Ihrer Unzufriedenheit macht sich sehr wahrscheinlich von neuem bemerkbar. Wenn Sie nun konstruktivere Möglichkeiten fänden, sich etwas Gutes zu tun, wie zum Beispiel mit Freunden darüber zu sprechen, was Sie bedrückt, sich Zeit zu nehmen für Dinge, die Sie gerne tun und nicht nur für jene, die Sie tun müssen, auch wenn es nur die Lieblingssendung im Fernsehen ist, wird es Ihnen besser gehen – und zwar nachhaltig. Sie sehen, es ist wichtig, mit der lebenslang praktizierten Gewohnheit zu brechen, sich mit Essen zu belohnen oder zu bestrafen, weil Ihr Denken und Fühlen dadurch ganz stark mit dem Essen in Verbindung steht.

Albtraum Schokolade

Für viele Diätwillige, insbesondere die weiblichen unter ihnen, stellt ein ganz bestimmtes Nahrungsmittel einen permanenten Stolperstein dar. Sie können sich noch so viele Packungen Kartoffelchips, Burger oder Kuchenstücke verkneifen, eines zwingt sie garantiert immer wieder in die Knie. Es braucht nur einen gut gemachten Werbespot, und schon rennen wir in den nächstgelegenen Supermarkt. Oder der Atem eines Kollegen riecht danach und gleich stehen wir am Automaten. Nein, wir sprechen hier nicht von Baked Beans. Der Albtraum jedes Diätwilligen ist Schokolade. Zu einem gewissen Grad ist mit jedem Nahrungsmittel nicht nur das existenzielle Bedürfnis verbunden, dem Körper Energie zuzuführen, sondern auch tief greifende kulturell geprägte Vorstellungsmuster. Schokolade ist das Paradebeispiel dafür.

Seit seiner Entdeckung im Jahr 1492 genießt Schokolade einen ganz besonderen Stellenwert in unserem kulturellen Wertegefüge, den kein anderes Nahrungsmittel auch nur annähernd erreicht. Sie ist mit unseren Emotionen so eng verwoben, dass wir uns ihr überhaupt nicht entziehen können. Wenn wir danke sagen möchten, tun wir es mit Schokolade. Wenn wir zu einer ersten Verabredung abgeholt werden, bekommen wir Schokolade überreicht. Will unser Liebhaber unseren Körper mit etwas Leckerem überziehen, nimmt er Schokolade (gut, Nutella, aber das ist auch Schokolade). Sind wir sitzen gelassen worden, tröstet uns die beste Freundin mit Schokolade. Sie ist für Frauen einer der größten Genüsse und gleichzeitig eine der größten Sünden.

Gelegentlich heißt es, das schwierige Verhältnis zu Schokolade gehe auf eben jene kulturgeschichtlichen Prägungen zurück und auf die Tatsache, dass ihre Inhaltsstoffe jene Substanzen im Körper beeinflussen, die für unsere Stimmung zuständig sind. Eine dieser Substanzen ist Phenylethylamin, das der Körper bei romantischen Gefühlen freisetzt. Wenn Sie also nächstes

Mal jemanden bekennen hören, er »liebe« Schokolade, steckt vielleicht mehr dahinter. Schokolade ist ein gutes Beispiel für unser kompliziertes Verhältnis zum Essen, weil es etwas darstellt, das wir zu verdienen glauben, uns jedoch gleichzeitig schuldig fühlen, wenn wir es essen. Auch hier liegt das Problem wieder darin, dass wir dem Essen zu viel Macht zugestehen. Wir rechtfertigen das Verlangen nach Schokolade mit Niedergeschlagenheit, Liebeskummer und so weiter. Wir stellen eine Verbindung zwischen dem her, was wir uns in den Mund stopfen, und wie wir uns in unserem Innersten fühlen. Sehen Sie Schokolade im richtigen Verhältnis – als Genuss, den wir nicht wirklich brauchen, aber gerne zu uns nehmen, und lassen Sie die Schuldgefühle beiseite. Wir wissen, dass es in einem ausgewogenen Speiseplan so etwas wie »schlechtes« Essen nicht gibt. Wenn Sie also Schokolade möchten, dann essen Sie welche.

Dem Essen die Macht entziehen klingt vernünftig, aber wie können wir das in die Tat umsetzen? Hier sind einige Tipps:

1. Essen Sie, was Sie wollen. Ich meine das ernst, essen Sie, was Sie wollen. Es gibt keinen Grund, warum Sie etwas nicht essen sollten, solange Sie sich bewusst sind, warum Sie es so sehr wollen. Wenn Sie also von der Arbeit heimkommen und am liebsten den Inhalt des Kühlschranks komplett vertilgen würden, halten Sie eine Minute inne und fragen Sie sich, warum. Vielleicht hatten Sie einen schrecklichen Tag in der Firma. Gut, das kann vorkommen. Aber überlegen Sie dann auch, wie das Problem und Ihre Art, damit umzugehen, zusammenpassen. Lösen Sie Ihre Probleme wirklich, wenn Sie die beiden oberen Fächer des Kühlschranks leer essen? Falls ja (was ich mir aber nur schwer vorstellen kann), tun Sie es. Falls nein, überlegen Sie, was wirklich helfen könnte. Wenn wir das Problem erst einmal so betrachten, finden wir oft heraus, ob wir tatsächlich um des Essens willen essen oder weil etwas anderes nicht stimmt.

2. Trösten Sie sich nicht nur mit Essen. Essen ist oft unsere erste Zuflucht, wenn es uns nicht gut geht. Essen als Kompensation hat physiologische Ursachen, wie etwa einen niedrigen Blutzuckerspiegel. Bestimmte Lebensmittel erhöhen den Serotoninspiegel. Serotonin ist der Stoff in unserem Gehirn, der Glücksgefühle in uns weckt. Doch oft sind die Ursachen psychischer Natur, und dann hilft es wirklich, sich einen Augenblick lang Zeit zu nehmen und darüber nachzudenken, warum man in diesem Moment essen will. Vielleicht um einem bestimmten Thema auszuweichen oder weil die einzige Strategie, die einem einfällt, ein schwieriges Thema abzuhandeln, in Essen besteht. Doch sich mit Essen zu trösten drängt andere, effektivere und hilfreichere Methoden der Problembewältigung an den Rand und führt zu der ungesunden Annahme, Essen sei der einzig verfügbare Trost.

3. Verzichten funktioniert nicht. Ist Buttercreme-Torte das Einzige, was Sie sich verboten haben, raten Sie doch einmal, was Sie mehr als alles andere auf der Welt wollen? Buttercreme-Torte. Wenn Sie bestimmte Speisen auf die schwarze

Liste setzen, bauen Sie viel zu viel Druck auf und verurteilen sich dadurch schon im Voraus zum Scheitern. Unterscheiden Sie nicht zwischen gutem und schlechtem Essen, akzeptieren Sie vielmehr, dass, in Maßen genossen, alles erlaubt ist. Machen Sie sich immer klar, was Sie mit Ihrer Diät erreichen wollen. Möchten Sie wirklich lernen, wie man bestimmte Lebensmittel für immer aus seinem Leben verbannt? Vermutlich nicht. Vergeuden Sie Ihre Zeit also nicht damit, bestimmte Nahrungsmittel zum Feind zu erklären, oder umgekehrt zur Siegertrophäe. Ihre Diät muss eine Veränderung Ihrer Lebensweise beinhalten. Es reicht nicht, den Speiseplan zu ändern, Sie müssen Ihre Denkweise ändern. Halten Sie sich immer vor Augen, dass Sie ein Stück Schokoladenkuchen nicht umbringen wird, aber vielleicht ist es auch eine gute Idee, das Stück zu halbieren und die eine Hälfte wegzuwerfen. Beurteilen Sie die Macht des Essens realistisch.

4. Bleiben Sie konsequent. Es ist ein Unterschied, ob man sich zu Tode hungert oder eine gesündere Ernährungsweise zu Eigen macht. Wenn Sie die Entscheidung getroffen haben, endlich das Essverhalten zu ändern, bleiben Sie konsequent. Seien Sie zuversichtlich, denn sonst geben Sie sehr wahrscheinlich auf und fühlen sich noch unwohler in Ihrer Haut. Wir haben das alle schon durchgemacht. Wir meinen, diese Diät ist der Knaller, mit der werden wir es schaffen, nachdem wir mit so vielen anderen schon gescheitert sind. Mit Entschlossenheit und Enthusiasmus machen wir uns ans Werk. Das funktioniert bis zum ersten Mittagessen mit Freundinnen, bei dem wir den Versuch unternehmen, Suppe zu bestellen oder einen Salat ohne Dressing. Dann aber ruft

Schuldgefühle

jemand: »Nun komm schon, ein einziges Steak ist doch nicht schlimm?!« Das war's dann. Spiel, Satz, Sieg für das Steak. Wenn Sie das Gefühl haben, Ihre Diät wird Sie zu einem gesünderen und glücklicheren Menschen machen, dann führen Sie Ihr Leben wie gehabt weiter, seien Sie sich aber im Klaren über Ihre Überzeugungen. Bei den meisten effizienten Diäten bekommen Sie einen oder zwei Tage frei. Nutzen Sie diese Tage, um sich mit Freunden zu treffen, die Sie davon abbringen wollen. Und sagen Sie diesen, ihre Unterstützung würde Ihnen wirklich helfen, falls die Diät etwas ist, was Sie wirklich machen müssen. Und sollten Sie einmal sündigen, lassen Sie sich nicht zu der Annahme hinreißen, damit war alles umsonst. Werfen Sie wegen eines kleinen Schokoladeriegels nicht gleich alles hin. Oder wegen einer Tüte Kartoffelchips. Oder einer Schweinefleischpastete. Oder…

Es ist nicht nur wichtig, die Verbindung zwischen unseren Gefühlen und dem Essen aufzubrechen, sondern auch die Verbindung zwischen unseren Erfolgen und Fehlschlägen im Leben und den Dingen, die wir in uns hineinschaufeln. Das Auto, das wir fahren, die Arbeit, der wir nachgehen, und der Erfolg unserer Beziehung haben nichts mit unserer Ernährung zu tun. Wenn wir beschließen, eine Diät zu beginnen, sollten wir wissen, dass sich diese Dinge dadurch sehr wahrscheinlich nicht ändern. Sicher, eine gute Ernährungsweise kann bewirken, dass wir uns gesünder fühlen und mehr Energie haben. Und wenn wir abnehmen, kann uns das ermutigen, weiterzumachen und noch mehr abzunehmen. Doch das sind nur Nebenwirkungen einer gesunden Ernährungsweise, nicht aber das Resultat von Gewichtsverlust. Was Sie essen oder nicht essen, wird Ihr Leben nicht verändern. Der beste Anhaltspunkt dafür, ob Sie Ihren Körper mögen, ist nicht sein Umfang oder wie attraktiv er ist, sondern Ihre Wertschätzung Ihrer selbst – Ihr Selbstwertgefühl. Und, glauben Sie mir, ich habe noch nie eine Speisekarte zu Gesicht bekommen, auf der das aufgeführt war...

Vorwürfe beim Essen

An dem Tag, an dem das Essen bei Amy stattfinden sollte, rief sie an und sagte, sie müsse alles absagen, weil die Entgiftungsdiät, die ihr Homöopath ihr empfohlen hatte, sie erst einmal krank mache und Blähungen verursache, so dass sie Ruhe brauche und abwarten müsse, bis die Blähungen vorbei wären. Ich wünschte ihr gute Besserung, legte das Telefon weg und war ein klein bisschen verwirrt. Einige Minuten später rief meine Mutter an, um mir zu sagen, dass sie und mein Vater in die Stadt kämen, weil sie Karten für eine Veranstaltung hätten, und fragte mich, ob ich nicht mit ihnen essen gehen wolle.

Ich sagte ja und traf mich ein paar Stunden später mit ihnen in einem schicken kleinen Restaurant im West End. Als ich kam, saßen sie bereits an einem Ecktisch. Meine Mutter arrangierte gerade die Salz- und Pfefferstreuer in gerader Linie zu der Vase mit dem Trockenblumengesteck, und mein Vater zerbrach einen Zahnstocher in kleine Stücke. Meine Mutter ist mit Mitte 50 noch immer sehr schlank und fit (»Du bist, was du isst«, lautet ihre Devise). Sie bestellt immer dasselbe – Lachs auf einem Bett aus irgend-

etwas Grünem. Mein Vater, ebenfalls in den Fünfzigern, scheint nie das zu bestellen, was er gerne hätte, er bestellt auch nie selbst. Das erledigt meine Mutter für ihn und schildert dabei jedem Kellner, der uns gerade zufällig bedient, seine Krankheitsgeschichte. »Aber bitte kein Salz für Howard, wir müssen auf seinen Blutdruck achten. Und zum Tee nur Sojamilch, wir brauchen nicht schon wieder so eine grässliche Magenverstimmung – letztes Mal, als er Kuhmilch zu sich genommen hat, kam er drei Tage nicht mehr vom Klo weg.« Nachdem meine Mutter dem Kellner die Hölle heiß gemacht hat und die Gäste an den Tischen, die in Hörweite um uns herum stehen, in Schweigen verfallen sind, wandert ihr Blick in der Regel zu mir und fordert mich auf, dem Kellner meine Wünsche mitzuteilen. »Oh, bin ich an der Reihe mit Bestellen? Danke. Nun, da ich ein braves Mädchen bin und schon die ganze Woche meine neue Fernsehdiät durchgehalten habe, denke ich, ich kann mir heute mal einen Abend freinehmen. Ich fange mit einem dieser netten kleinen Schweinefleischpastetchen an – aber bitte ohne Salat –, danach das frittierte Hähnchen, garniert mit vier Käsesorten, die mit Butter glasierten Kartoffeln, als Extra-Beilage noch Blumenkohlgratin und als Nachtisch das Schokoladen-Marzipan-Fondue für zwei Personen mit einer Extraportion Sahne. Danke... ach ja, dann noch mal ein Diät-Cola bitte.« Aus irgendeinem Grund macht es meine Mutter immer wütend, wenn sie mich in einem Restaurant Essen bestellen sieht, und deshalb verwandle ich mich in einen störrischen Teenager zurück und mache absichtlich Dinge, von denen ich weiß, dass sie sich darüber ärgert.

Während wir auf unsere Vorspeisen warten (zwei Gläser

Essen, Essen über alles

Wasser und eine Schweinefleischpastete), bringt meine Mutter das Thema Diät so diplomatisch zur Sprache wie ein Tierschützer die Fuchsjagd. »Also an diese neue Atkins-Diät, an die sollte sich wirklich jede intelligente, ambitionierte, erfolgreiche junge Frau halten.« Ich spüre, wie sich mein Magen verkrampft, und fühle mich als dumme, unambitionierte Versagerin, die ihr Leben nicht im Griff hat, weil ich nicht den matschigen Fisch bestellt habe. Einerseits ärgere ich mich maßlos über meine Mutter, andererseits gebe ich ihr auch Recht. Als meine Pastete kommt, bin ich so mieser Stimmung, dass ich noch Pommes frites zusätzlich bestelle und meiner Mutter dabei in die Augen sehe. Während ich das Essen in mich hineinstopfe, merke ich, dass ich ihr damit eins auswischen will, und dann fällt es mir wie Schuppen von den Augen... Fast immer, wenn ich esse, sind bestimmte Emotionen damit verbunden, egal ob Rache, Schuldgefühle oder Trost. Ich esse nur selten, weil ich wirklich Hunger habe, sondern nutze das Essen zum Erleben und Ausdrücken von Gefühlen. In Gedanken versunken nehme ich nur nebenbei wahr, wie der Kellner die Pommes frites auf dem Tisch abstellt und meine Mutter versucht, mein Essverhalten zu entschuldigen, indem sie irgendeine Geschichte über eine sehr seltene Störung des Verdauungstrakts erfindet. Ich blende mich aus und suche Trost in den warmen, weichen Pommes frites.

Wir beurteilen uns gegenseitig nach vielerlei Kriterien – nach der Art zu sprechen, wie wir uns kleiden, mit wem wir Umgang pflegen. Solche Dinge sind für uns der Schlüssel zu anderen Menschen, und auf nichts trifft das mehr zu als auf die

Vorwürfe beim Essen

Art, wie wir essen. Weil Essen emotional so stark aufgeladen ist, interpretieren wir viel in das hinein, was wir essen und wie wir essen.

Wir glauben, eine Person, die darauf achtet, was sie isst, habe sich gut unter Kontrolle, sei auch in anderen Lebensbereichen diszipliniert oder darauf bedacht, das Gewicht zu halten. Wir nehmen an, dass jemand, der sich unbekümmert einem Cheeseburger mit Pommes hingibt, nicht auf die Linie achten muss – vielleicht hat er ein ausgeprägtes Selbstwertgefühl, einen hohen Grundumsatz oder macht sich einfach keine Gedanken mehr über sein Äußeres. Eine Rolle spielt dabei natürlich auch, wie jemand aussieht. Ist ein ernährungsbewusster Mensch ungewöhnlich schlank, vermuten wir, er leide unter einer Essstörung oder arbeite als Model. Ist derjenige mit dem Burger übergewichtig, unterstellen wir, er sei ein gieriger Esser oder bringe nicht genug Selbstbeherrschung auf. Wir urteilen über die Speisen, die Angehörige unterschiedlicher Kulturen zu sich nehmen, wir urteilen über die Speisen, die in verschiedenen Gesellschaftsschichten auf den Tisch kommen, und dabei werten wir stets andere, was sich auch darauf auswirkt, wie wir uns selbst sehen. Die Kernannahmen, die wir über unser eigenes Körperbild geprägt haben, haben auch Einfluss darauf, wie wir unsere eigenen Essgewohnheiten und die anderer Menschen beurteilen.

Besagt eine Kernannahme, man müsse hart dafür arbeiten, gut auszusehen und von anderen akzeptiert zu werden, wird die Beziehung zum Essen von Schuldgefühlen durchzogen sein. Und sie wird das Urteil provozieren, dass nur disziplinierte Menschen das richtige Verhältnis zum Essen hätten und alle anderen faul seien. So besitzen die auf unser Körperbild bezogenen Kernannahmen tief greifende Auswirkungen auf unser Verhältnis zum Essen.

Die verschiedenen Regeln und Taktiken im Zusammenhang mit dem Essen versetzen mich immer wieder in Erstaunen. Sei es der arrogante Kellner, der nicht glauben kann, dass Sie Ihr Steak tatsächlich gut durch möchten, oder die Tatsache, dass wir die anderen am Tisch fragen, ob sie auch eine Vorspeise nehmen, damit wir nicht aus der Reihe scheren – es gibt ein ganzes Repertoire von Verhaltensregeln rund um das Essen. Und wenn wir einmal darüber nachdenken, in wie vielen Situationen Essen eine Rolle spielt, brauchen wir uns nicht zu wundern, dass wir uns unter Druck gesetzt fühlen, bestimmte Gerichte zu essen oder nicht zu essen, je nachdem, wo wir sind und mit wem. Können Sie sich einen Frauen-Fernsehabend ohne Tortilla-Chips und Prosecco vorstellen? Oder einen Männer-Kneipenabend ohne mehrere Runden Bier und Erdnüsse, gefolgt von einem Abstecher in die Pizzeria?

Beim ersten Essen mit einem neuen Mann würden die meisten Frauen niemals ein dickes Steak oder einen deftigen Eintopf bestellen. Wir meinen, ein kleiner Salat lässt uns attraktiver erscheinen, er zeige, dass wir uns beherrschen können und auf unser Aussehen achten. Natürlich ist der Kerl viel zu sehr mit seinem eigenen deftigen Eintopf oder saftigen Steak beschäftigt, um das zur Kenntnis zu nehmen, aber wir sind noch immer vom Gegenteil überzeugt. Oder wir haben die drei Tage davor gehungert und waren täglich im Fitness-Studio. Doch anstatt schlank und attraktiv zu wirken, sind wir vermutlich müde und dehydriert – nicht gerade die besten Voraussetzungen, um bei einem Rendezvous Eindruck zu schinden.

Bei genauerem Nachdenken ist es geradezu lächerlich, welche Bedeutung wir dem Essen beimessen. Ein Mann würde nie einen Salat bestellen, weil es »weibisch« ist, und eine Frau nie eine Currywurst, weil das ein bisschen zu »burschikos« ist – und irgendwann tritt dann die Schokolade an die Stelle von Sex! Aber nun mal halblang, es geht doch nur ums Essen! Das ist für uns etwas Lebensnotwendiges. Es ist einerseits Genuss, aber auch die Grundlage unserer Existenz. Doch auch nicht mehr. Seien Sie die erste Frau, mit der er ausgeht, die drei Gänge verputzt und sich danach noch über seinen Teller hermacht. Oder noch besser: Falls Ihre Mutter oder eine andere Person die Stirn runzelt, wenn Sie sich einen Nachtisch bestellen, bieten Sie ihr einen Löffel an, damit sie schmecken kann, wo Ihre Wurzeln liegen.

Ihre Diät, seine Diät

Wenn wir an Menschen denken, die im Laufe einer Diät verzweifelt um Beherrschung ringen oder die nach Schokolade süchtig sind, haben wir meist eine Frau vor Augen. Obsessives Kalorienzählen oder FdH ist für uns automatisch weiblich. Aber warum? Auch Männer haben Gewichtsprobleme und müssen Diät halten.

Der gravierende Unterschied besteht darin, wie Männer und Frauen das Essen betrachten. Wissenschaftliche Studien haben ergeben, dass viele Männer mehr Körpermasse anstreben. Während Frauen schlank und zierlich sein möchten, fühlen Männer sich besser, wenn sie mehr Raum einnehmen. Das bedeutet, Nahrung ist für sie ein Stoff, der sie ihrem Körperideal näher bringt, und nicht ein Gift, vor dem man um sich schlagend und kreischend das Weite suchen muss. Sie laden Essen einfach nicht mit so vielen Gefühlen auf wie Frauen.

Wie ist es mit übergewichtigen Männern? In einschlägigen Studien waren 75 Prozent der Männer mit ihrer Figur unzufrieden. Etwa die Hälfte wünschte sich einen voluminöseren Körper, die andere Hälfte einen weniger massigen. Das steht im Gegensatz zu ähnlichen Studien mit Frauen, die fast alle zierlicher sein wollten. Das heißt aber, dass annähernd die Hälfte der Männer, die mit ihrem Körper unglücklich sind, ebenfalls gerne abnehmen würde. Doch warum treffen wir so selten einen Mann, der Kalorien zählt oder ein Wunder verheißendes Diätbuch nach dem anderen kauft? Weil Männer, die abnehmen möchten, keine Diät machen. Studien zeigen, dass ungefähr 25 Prozent der Männer irgendwann schon einmal auf Diät waren, eine kleine Zahl verglichen mit den 95 Prozent Frauen, die schon einmal eine Diät gemacht haben. Männer versuchen, durch Sport Gewicht zu reduzieren. Gesund sein bedeutet für Männer, muskulöser zu sein, für Frauen schlanker. Männer möchten meist ihre Statur verändern, Frauen wollen dünner werden.

Vielleicht verlegen sich Männer auch mehr auf den Sport, weil Diäten als typisch weibliche Besessenheit gelten. Wahrscheinlicher aber ist, dass Männer eher darüber nachdenken, was sie für ihren Körper tun können, und nicht so sehr, wie sie aussehen. Für sie ist der Körper etwas, das funktionsfähig sein muss, und sie setzen ihn lieber aktiv ein, um ein Ziel zu erreichen, in diesem Fall den Verlust von Gewicht. Männer und Frauen haben ihren Körper schon immer unterschiedlich genutzt, seit den Zeiten, als es zum Mannsein gehörte, Grunzlaute von sich zu geben, breitbeinig aus der Höhle zu stolzieren, eine schmackhafte Kuh für das Abendessen aufzuspüren, sie nach Hause zu ziehen und darauf zu warten, dass sie medium gebraten mit einer schönen Pfeffersauce auf dem Teller auftaucht. Männer mussten ihren Körper immer eine Spur intensiver einsetzen. Frauen haben im Gegensatz dazu immer gelernt, sich nicht darum zu kümmern, was ihr Körper für sie tun kann, sondern wie er aussieht. Das heißt auch, dass Männer weniger Emotionen einbringen, wenn sie sich aufmachen, Gewicht zu verlieren oder ihre Körperkonturen zu verändern. Wenn sie einmal bei einer Schaumrolle schwach werden oder eine Stunde im Fitness-Studio verpassen, hat das für sie nicht so tief greifende Bedeutung, weil sie wegen tausend anderer Dinge geschätzt werden wie zum Beispiel, dass sie das Geld verdienen oder ihr Sportwagen so viele PS hat.

Essen wird nicht zum Feind des Durchschnittsmannes. Er lässt nicht zu, dass es seine Stimmung beeinträchtigt, es bereitet ihm weder Schuldgefühle noch Glücksmomente. Es ist für ihn nicht der Schlüssel zur Zufriedenheit mit dem eigenen Körper. Die meisten Männer würden lieber ein paar raue Fußballspiele pro Woche absolvieren, als sich mit der Kohlsuppen-Diät zu befassen. Männer gehen Probleme von Natur aus pragmatischer an als Frauen. Muss das Auto repariert werden, wühlt die Frau noch das Handschuhfach nach dem Handbuch durch, während der Mann schon unter der Motorhaube liegt, Drähte herauszieht und an Schrauben dreht. Frauen wollen Probleme durch Denken lösen, Männer durch Zupacken.

Ausländisches Essen

Ich liebe Lupita. Sie war unser Babysitter und hilft meiner Mutter beim Kochen, seit ich denken kann. Sie ist etwa 55, nicht besonders groß, etwas rundlich und hat die größten und wärmsten braunen Augen, die ich je gesehen habe. Lupita riecht immer nach leckerem Essen und will mich ständig abfüttern. Die ganzen Diskussionen über die Gefahren von Cholesterin und Fett scheinen spurlos an ihr vorübergegangen zu sein, und sie kocht heute noch genauso wie in den 1950ern.

Als ich letztes Wochenende meine Eltern besuchte, war Lupita gerade da und half meiner Mutter. Ich kam völlig ausgebrannt an, meine Diät – vergleichbar mit Gandhis Hungerstreik – forderte bereits ihren Tribut, und ich hatte nur den Wunsch, mich hinzulegen. Meine Mutter öffnete die Tür, nahm mich in den Arm und begrüßte mich mit den Worten: »Aber Sarah, ich dachte, du nimmst ab! Mädchen, du musst jetzt aber aufpassen, dein Gesicht sieht ausgezehrt aus. Ich mache einen Termin für eine Gesichtsbehandlung bei Alice für dich.« Ich musste mich umdrehen, und sie meinte, es wäre besser, ich würde gezielt am Po und den Oberschenkeln abnehmen, aber nicht am ganzen Körper. Dann stürzte sie ins Arbeitszimmer und suchte die Nummer von Alice.

Ausländisches Essen

Ich schleppte mich in die Küche, um mir ein Glas Wasser zu holen. Dort traf ich Lupita an, die gerade am Spülbecken stand. Sie stürzte auf mich zu, umarmte mich, drückte mein Gesicht an ihre fleischige Schulter – es war einfach schön, sie zu sehen. Sie trat einen Schritt zurück, hielt aber noch immer meine Schultern und schüttelte den Kopf. »Kleines, warum du so mager? Du wie ein Burrito ohne Füllung. Warte, ich mache schöne Rindfleischeintopf, den du so gerne magst, du isst, und wir machen noch Reispudding. Deine Backen schnell werden wieder haben Farbe.«

Ich lächelte und legte meinen Mantel ab, da hörte ich sie hinter mir heftig stöhnen. »Oh mein Gott, wo ist deine Po? Eine Frau braucht schöne, runde Popo. Du immer so schöne Popo gehabt, und nun ich kann nicht mehr sehen – schnell, sitzen und essen!« Einerseits fühlte ich mich berufen, Lupita die Vorzüge meiner Diät zu erläutern und warum es so wichtig war, schlank zu sein, doch andererseits wollte ich sie nicht mit den »Idealen« verderben, die mir so lange eingebläut wurden. Also setzte ich mich, schaufelte ihren warmen, vollwertigen Rindfleischeintopf in mich hinein und genoss es in vollen Zügen, eine kleine Weile in ihre wundervolle Welt zurückgekehrt zu sein.

Jede Kultur denkt anders über Essen und Diäten. Wir jagen zwar alle dem »idealen« Körper hinterher, haben dabei aber völlig unterschiedliche Vorstellungen, wie dieser beschaffen sein sollte. Wie ich im vorhergehenden Kapitel erwähnte, ist mehr Gewicht und eine gewisse Körperfülle in Dritte-Welt-Ländern etwas Positives, ein Schutz gegen Unterernährung.

In abgeschwächter Form gilt das auch für viele südamerikanische und arabische Länder. Eine Frau stellt die Liebe zu ihrer Familie unter Beweis, indem sie viel und reichhaltiges Essen auf den Tisch bringt. Nimmt sie zu, gilt das als Zeichen, dass sie gut versorgt ist. Wir müssen uns bewusst machen, dass eine spindeldürre Figur vor allem der Traum einer weißen Mittelschicht ist.

Die unterschiedlichen Wertigkeiten werden daraus ersichtlich, wie und was wir essen. So sehen viele Kulturen Essen als verbindendes Element in der Familie. In patriarchalischen Gesellschaften ist die Sitzordnung am Tisch wichtig, der Vater und Ehemann sitzt in der Regel am Kopfende, die Frauen übernehmen das Kochen und Auftragen. Das Essen wird langsam und mit Sorgfalt zubereitet. Es ist das Sinnbild von Liebe und Fürsorge. In Kulturen, in denen Zeit wichtiger ist als die Ernährung und der Geschmack, wird Essen von Unbekannten in großen Mengen produziert, schnell verzehrt und meist allein. Gesellschaftliche Normierungen des Essens variieren gewaltig, genau wie das ideale Körperbild. Wenn wir das erst einmal erkennen, sehen wir allmählich auch, wie wackelig sie sind. Sollten wir also beschließen, für jemand anderen außer uns selbst Diät zu halten, wird das nicht jeder gut finden, denn der, der zufällig neben uns steht, hat vielleicht eine ganz andere Vorstellung davon, was gut aussieht und gut schmeckt.

Gute Diäten kosten nichts

Hüten Sie sich vor der Annahme, Ihre Diät tauge nichts, wenn sie nichts kostet. Im Oktober 1992 berichtete eine Frauenzeitschrift, dass zum Zeitpunkt einer Studie 65 Millionen Amerikaner auf Diät waren und dafür über 30 Milliarden Dollar ausgaben. Heute sind diese Zahlen sicher noch höher, und bestimmte Anbieter von Diäten legen Gewinne von über 85 Millionen Dollar im Jahr offen.

Das meiste Geld verdienen diese Firmen mit den schwachen Diätwilligen. Wären Diäten eine einfache Angelegenheit, würden wir alle einmalig eine machen und den Diätprodukten dann für immer den Rücken kehren. Aber wir scheitern und versuchen es immer wieder – und genau damit verdient die Industrie. Warum aber werfen wir solchen Firmen unser schwer verdientes Geld in den Rachen? Weil wir in unserer Gesellschaft glauben, nur wenn wir in etwas investieren, holen wir auch etwas heraus. Und wenn wir etwas mehr investieren, holen wir auch etwas mehr heraus. Wir meinen, wenn wir mehr Geld für Bücher, Fitness-Stunden und Diätmenüs ausgeben, werden wir umso schlanker. Wie oft haben Sie sich schon dabei ertappt, dass Sie seufzend ein Foto von Jennifer Aniston angesehen und dabei gedacht haben: »Sie hat eben einen Personal Trainer, einen Diätexperten und einen Koch. Wenn ich so viel Geld hätte wie sie, wäre ich auch schlank.« Wir glauben, bessere Resultate zu erzielen, wenn wir mehr Geld in die Diät stecken.

Hier noch einige weitere beliebte Diät-Märchen:

Dick sind nur Leute, die zu viel essen

Die meisten von uns glauben, die einzige Ursache von Gewichtsproblemen sei zu viel Essen. Forschungen an Tieren beweisen jedoch, dass es über 50 Faktoren gibt, die Übergewicht verursachen können, darunter genetische Ursachen, Stoffwechselstörungen oder Umwelteinflüsse. Übermäßiges Essen kann zwar zum Zunehmen beitragen, muss aber nicht dafür verantwortlich sein, dass man ein höheres Gewicht beibehält. Mehrere Studien bestätigen, dass »übergewichtige« Personen nicht mehr essen als solche mit Normalgewicht.

Um abzunehmen, muss man nur eine Diät machen

Unter Diät verstehen wir die Einschränkung der Kalorienzufuhr zum Zweck des Gewichtsverlusts. Seit zehn Jahren beschäftigen sich Wissenschaftler kritisch mit dem Abnehmen, und die Erkenntnisse sind entmutigend. Klinischen Studien zufolge nehmen bis zu 95 Prozent der Diäthaltenden das Gewicht, das sie verloren haben, innerhalb eines Jahres wieder zu, und viele bringen sogar noch mehr auf die Waage als vor Beginn der Diät. In den USA stellte die nationale Gesundheitsbehörde fest, dass Personen, die kommerzielle Diätprogramme nutzten, maximal zehn Prozent Gewicht verloren. Nach dem ersten Jahr hatten zwei Drittel der Teilnehmer ihr altes Gewicht wieder erreicht. Nach fünf Jahren hatten sämtliche Teilnehmer wieder ihr Ursprungsgewicht.

Jeder kann durch eine Diät schlank werden

Ein allgemeiner, von den Medien propagierter Fehlglaube lautet, jeder kann schlank sein. Diese Annahme widerlegen nun aber aktuelle Forschungen, die davon ausgehen, dass dem Körper vorgegeben ist, wie viel Fett er speichert, und er sich gegen eine Gewichtsveränderung nach oben oder unten wehrt, die von dieser Vorgabe abweicht. Diese Theorie besagt, das Gewicht wird vor allem durch genetische Faktoren und die Ernährung in den ersten Lebensjahren bestimmt. So kann eine Frau, deren natürliches Gewicht bei 80 Kilo liegt, körperlich gesund sein, aber nicht in der Lage, ihr Gewicht zu reduzieren. Und eine Frau, die mit 50 Kilo als untergewichtig gilt, kann ebenso gesund sein, ist aber nicht in der Lage, Gewicht zuzulegen.

Für viele von uns bedeutet abnehmen, die Verbindung zwischen Essen und Gefühlen zu lösen. Es ist viel leichter, finanzielle Investitionen in eine Diät zu tätigen als emotionale, es ist leichter, Bargeld auf den Tisch zu legen, als sich Gedanken über die Motivation und das Ziel zu machen und wie man Letzteres erreichen kann. Wenn wir auf finanzielle Investition setzen, um unsere Lebensführung zu verändern, ist das Resultat sehr wahrscheinlich enttäuschend. Keine Geldsumme kann etwas daran ändern, welche Gefühle Sie dem Inhalt Ihres Kühlschranks entgegenbringen. Das können nur Sie selbst. Denken Sie daran, wenn Sie den Wocheneinkauf erledigen. Die Lebensmittel, die Sie brauchen, um ein paar Pfunde loszuwerden und gesünder zu sein, müssen nicht unbedingt in großen Buchstaben die Aufschrift »light« oder »fettarm« tragen. Entziehen Sie den Werbern und Lebensmittelherstellern die Macht. Wenn Sie deren Spiel mitspielen, werden Sie vermutlich verlieren angesichts der immensen Summen, die aufgewendet werden, damit wir das Junkfood überhaupt kaufen. Sie können alle nur lieferbaren Diätbücher erwerben, unzählige Gymnastikkurse belegen und alles Erdenkliche an »Diät«-Produkten kaufen – die besten Diäten sind jene, zu denen auch eine Veränderung der Lebensweise gehört und nicht ein Einkaufswagen voller unsinniger Produkte.

Wenn wir uns zu einer Diät entschließen, müssen wir uns, und das gilt auch für alles andere in Verbindung mit unserem Körperbild, zuerst einmal sicher sein, dass wir sie aus den richtigen Gründen beginnen. Diät zu halten wegen der Mutter, dem Partner oder Freunden funktioniert nicht. Diät zu halten, um das Traumauto zu bekommen oder das Strandhaus in Malibu, von dem man schon immer schwärmt, bringt nichts. Verbinden Sie mit Ihrer Diät jedoch das positive Ziel, sich einfach gesünder zu fühlen, steigen Ihre Erfolgsaussichten immens. Sehen Sie eine Diät nicht als langwierigen Weg der Entbehrung und des Verzichts. Betrachten Sie sie als Veränderung Ihrer Lebensweise. Und das bedeutet nicht, bestimmte Lebensmittel sind für alle Zeiten von Ihrem Speiseplan gestrichen. Diäten funktionieren nicht, wenn sie Ihnen Zwänge auferlegen. Doch wenn Sie die Verantwortung selbst in die Hand nehmen, sind Sie schon auf dem besten Weg zu einem gesünderen, glücklicheren Menschen.

Essen ist mit dem Körperbild so eng verbunden, weil wir

glauben, es sei die einfachste Möglichkeit, das zu ändern, was wir im Spiegel sehen. Wir denken, was in unseren Mund wandert, landet direkt an Oberschenkeln, Bauch und Hüften und bewirkt folglich, dass wir uns in unserer Haut nicht wohl fühlen. Was könnte sich also besser eignen, um dies zu beheben, als darauf zu achten, was wir essen?

Indem wir eine Verbindung herstellen zwischen dem, was wir essen und wie wir uns fühlen, verstärken wir negative Kernannahmen. Wir könnten uns selbst nur annehmen, wenn wir bestimmte Bedingungen erfüllten. Aussagen wie »Ich bin ein braves Mädchen gewesen, weil ich zum Frühstück nur eine Scheibe Toast gegessen habe« übermitteln die direkte Botschaft, wir dürften uns nur akzeptieren und mögen, wenn wir unsere natürlichen Instinkte zurückhalten. Und das ist kontraproduktiv. Wir sollten uns bedingungslos annehmen, nicht abhängig von der Kalorienaufnahme oder der Kleidergröße. Nur wenn uns das gelingt, können wir uns so viel Wert beimessen, dass wir uns gesünder ernähren und unser Leben positiver angehen.

Hausaufgaben

In diesem Kapitel stellten wir fest, dass uns der Gedanke an Essen völlig dominiert, wenn wir das zulassen. Wenn Sie essen, weil Sie Hunger haben, und damit aufhören, weil Sie satt sind, fangen Sie an, zwischen emotionalem und physischem Hunger zu unterscheiden, zwischen ausreichendem und übermäßigem Essen. Das ist ein großer Schritt hin zu einem positiveren Verhältnis zum Essen und zu Ihrem Körper.

Essen, Essen über alles

Aufgabe 1

Lernen Sie mit Hilfe von Tabelle 2 auf Seite 149, wie Sie besser auf Ihren Körper hören können. Wenn Sie nächstes Mal Lust auf eine Fressorgie bekommen, fragen Sie sich, ob Sie an Essen denken, weil Sie hungrig sind oder weil Sie Langeweile haben oder von Ängsten geplagt werden. Ist Ersteres der Fall, dann essen Sie. In allen anderen Fällen machen Sie sich eine Liste konstruktiverer Möglichkeiten, mit der Situation umzugehen. Üben Sie das mindestens drei Wochen lang, und Sie werden feststellen, dass Sie ganz genau erkennen, wann Sie wirklich Hunger haben. Orientieren Sie sich am Beispiel von Tabelle 1.

Tabelle 1 (Beispiel)

Wo sind Sie und wie spät ist es?	Beschreiben Sie Ihre Umgebung	Beschreiben Sie, was Sie fühlen: Ist es Hunger oder etwas anderes?	Womit außer Essen könnten Sie auf Ihre Gefühle reagieren?	Handlungsplan
Daheim, Wohnzimmer, 20:30 Uhr	Allein vor dem Fernseher, keine interessante Sendung	Eher gelangweilt als hungrig – wenn ich ganz ehrlich bin, vielleicht ein bisschen einsam	Freundin anrufen; weggehen; etwas tun, was mehr Spaß macht, als vor dem Fernseher zu sitzen	Jane anrufen und hören, wie es mit ihrem neuen Schönling geht, dann ausgiebiges Schaumbad

Hausaufgaben

Wo sind Sie und wie spät ist es?	Beschreiben Sie Ihre Umgebung	Beschreiben Sie, was Sie fühlen: Ist es Hunger oder etwas anderes?	Womit außer Essen könnten Sie auf Ihre Gefühle reagieren?	Handlungsplan
Am Schreibtisch im Büro, 11:45 Uhr	Kann mich nicht konzentrieren, doofer Computer stürzt dauernd ab	Habe definitiv Hunger und bin genervt von dem verdammten Computer – fühle mich auch schlapp	Brauche was zu essen und einen Vorschlaghammer für den Computer	Etwas essen und fünf Minuten Pause einlegen

Tabelle 2

Wo sind Sie und wie spät ist es?	Beschreiben Sie Ihre Umgebung	Beschreiben Sie, was Sie fühlen: Ist es Hunger oder etwas anderes?	Womit außer Essen könnten Sie auf Ihre Gefühle reagieren?	Handlungsplan

Essen, Essen über alles

Aufgabe 2

1. Beginnen Sie ebenfalls einen Satz mit »Wenn ich abgenommen habe, werde ich...«, und zählen Sie alle Pläne auf, die Sie aufschieben, bis Sie abgenommen haben:

   Wenn ich abgenommen habe, werde ich in Urlaub fahren, mir einen neuen Wintermantel kaufen, öfter mit meinen Freunden etwas unternehmen.

   _____
   _____
   _____
   _____

2. Nehmen Sie sich diese Vorhaben nun der Reihe nach vor und schreiben Sie auf, ob Sie das auch mit Ihrem momentanen Gewicht tun können. Für das, was Sie gleich unternehmen können, gilt: Schluss mit dem Aufschieben! In allen anderen Fällen heißt es: Schreiben Sie auf, warum es nicht geht, und nehmen Sie sich dann die Zeit, Ihre Einschätzung zu hinterfragen.

Wenn ich abgenommen habe, will ich	Kann ich das auch jetzt tun?	Wenn ja, warum schiebe ich es auf? Wenn nein, warum geht es nicht?	Glaube ich selbst an meine Einschätzung, oder handelt es sich nur um Ausreden?	Wie gehe ich weiter vor?
Mit Freunden in Urlaub fahren	Eigentlich schon, aber ich fühle mich im Bikini unwohl	Ich glaube, es ist einfacher, nicht mitzufahren. Ich bin mir sicher, es würde mir keinen Spaß machen.	Ich glaube, ich suche nach Ausreden. Wenn ich es wirklich versuchen würde, wäre es wahrscheinlich schön.	Meine negativen Gedanken wegen des Urlaubs hinterfragen, vielleicht sogar mit den Freunden darüber reden

Mit dieser Übung machen Sie die Gründe deutlich, warum Sie abnehmen möchten, und lösen dieses Vorhaben von anderen Zielen. Sie tun gut daran, die Liste zur Hand zu nehmen, wenn Sie sich bei dem Gedanken ertappen: »Wenn ich abgenommen habe, dann...«

Aufgabe 3
Stellen Sie ein positiveres Verhältnis zum Essen her. Nehmen Sie sich vor, mindestens drei gesunde und auch schmackhafte Mahlzeiten pro Woche für sich selbst zu kochen, anstatt immer zu Fastfood zu greifen. Behalten Sie das so lange wie möglich bei, im Idealfall wird es zu einer Lebensgewohnheit.

Shopping für Ihren Körper

Trudy und Antonio riefen Dienstag an und waren ganz aus dem Häuschen, weil Antonio mit Fritz (einem deutschen Catwalk-Choreographen) im Bett gewesen und so zu Eintrittskarten für die London Fashion Week gekommen war. Die Modenschau sollte am nächsten Tag stattfinden, und es würde der Knaller werden. Aber anstatt mich zu freuen oder es wenigstens mit Gelassenheit zu nehmen, wurde mir übel vor Angst. Die Vorstellung, mit einer Horde von Models, die alle zusammen so viel wogen wie ich im Alter von sieben Jahren, in einem Zelt gefangen zu sein, hatte für mich nichts mit Vergnügen zu tun. (Vor allem seit ich beschlossen hatte, diese dämliche Fernsehdiät bleiben zu lassen, die mich nur krank machte.) Vor meinem geistigen Auge erschienen all die schönen Menschen, die mich auf die ihnen eigene Art anstarren und mir das Gefühl geben, von einem anderen Planeten zu kommen. Eine Modenschau ist – das liegt in der Natur der Sache – eine hübsche und oberflächliche Angelegenheit, und man begibt sich unweigerlich auf den Präsentierteller, um zu sehen und gesehen zu werden.

Ich überlegte, was ich anziehen könnte. Ich musste hineinpassen und es sollte mich unsichtbar machen, also kam nur etwas Schwarzes in Frage. Zum Glück ist mein Kleiderschrank überwiegend mit Schwarzem gefüllt. Beim Durch-

wühlen der Düsternis schwarzer, lose sitzender Kleidungsstücke fiel mir ein hübsches lila Kleid in die Hände, das sich ganz hinten im Schrank versteckt hielt. Ich zog es hervor und sah, dass ich nicht einmal das Preisschild entfernt hatte. Ich weiß noch, dass ich es vor einigen Jahren für die Gartenparty eines Kollegen gekauft hatte. Ich hatte es in einem neuen Laden in der Fußgängerzone entdeckt und dabei eine Vision (meine Visionen laufen meist in Zeitlupe ab, und dazu ertönt der Soundtrack aus dem Film Jerry McGuire*), wie ich, einen Caipirinha in der einen, ein Häppchen in der anderen Hand, selbstbewusst durch die Party schritt und mein lila Kleid im Sommerwind flatterte. Leider regnete es aber an diesem Tag, also trug ich meine schwarzen Cordhosen und den gestreiften Pullover mit dem Polokragen und verbrachte die meiste Zeit auf der Party hinter der Schale mit den Chips, trank Bier und ging den Leuten aus dem Weg.*

Ich legte das lila Kleid zurück in sein Versteck und schloss die Schranktür. Wenn ich auf die Modenschau wollte, musste ich vorher einkaufen gehen, eine meiner meist gehassten Freizeitbeschäftigungen...

Einkaufen ist eine merkwürdige Angelegenheit. Einmal kommen wir nach Hause und brechen mit Tüten voller neuer Trophäen benommen lächelnd auf dem Sofa zusammen. Ein andermal stürmen wir mit leeren Händen heim, deprimiert, weinerlich und – das Schlimmste – mit dem Gefühl, absolut hässlich zu sein.

Wir alle haben schon mal die Finger von einer Hose gelassen, weil die kleinere Größe ein wenig kniff, wir die nächste Größe aber auf *gar keinen Fall* nehmen wollten. »Ich bin keine [eigene auf keinen Fall akzeptable Größe hier einsetzen]!«, erklären wir. Über Erfolg oder Misserfolg eines Einkaufsbummels kann ein Stück Stoff entscheiden. Wenn eine Marke über sich hinauswächst und das erste Top, das wir probieren, genau das richtige für uns ist, ist der Tag gerettet. Sitzt dieses erste Top aber etwas eng, zieht sich eine schwarze Wolke über uns zusammen, die uns von Geschäft zu Geschäft verfolgt, von Umkleidekabine zu Umkleidekabine. Und immer droht die schlimmste Herausforderung überhaupt, inzwischen allerorten anzutreffen, und ist man erst einmal hineingeraten, kann man keinen Rückzieher mehr machen – ich spreche von Gemeinschaftsumkleiden. Wer bitte hat sich *so etwas* ausgedacht? Der *Teufel* persönlich? Sie sind der Ausbund an Peinlichkeit und Hochburgen der Verunsicherung. Wie sollte man vermeiden, auf fremde Brüste oder Pos zu starren, wenn an vier Seiten riesige Spiegel hängen, die alles in Großaufnahme wiedergeben? Und wie soll man die Cellulite am eigenen Po ignorieren, wenn sie das erste ist, das einem beim Blick über die Schulter präsentiert wird? Und das Schrecklichste ist, wenn man sie selbst sieht, können auch alle anderen sie sehen.

Frauen können sich gegenseitig am Gesicht ablesen, wenn eine denkt: »Ich trage 42 und etwas anderes kaufe ich nicht, egal ob es passt oder nicht.« Wir alle kennen die Wülste, die laut schreien: »Bitte gib mir meine Freiheit. Ich brauche mehr Stoff!« Oder: »Die Modezeitschriften sagen, diesen Sommer sind bauchfreie Tops und Hotpants angesagt, also werde ich genau das tragen!« Grundsätzlich ist auch nichts einzuwenden gegen einen Aufzug, der vielleicht für ein Kleinkind passt, aber er sollte nicht auf Kosten eines gesunden Körperbildes gehen. Und genau hier liegt das Problem, denn Einkaufen kann einerseits Spaß machen, andererseits aber negative Kernannahmen zum Körperbild verstärken.

Einkaufen kann deshalb so widersprüchliche und extreme Emotionen wie beste Laune und tiefste Niedergeschlagenheit in uns auslösen, weil sein einziger Zweck darin besteht, unser Äußeres in den Mittelpunkt zu stellen und unsere tatsächliche Erscheinung in die zu verwandeln, die wir gerne hätten. Bedenken Sie, dass viele unserer Unsicherheiten bezüglich unseres Körperbildes aus dieser Diskrepanz entstehen. Wenn wir eine Bluse herausziehen, in der unser Dekolleté so reizvoll zur Geltung kommt, wie wir uns das schon immer erträumt haben, vermindert sich diese Diskrepanz und wir fühlen uns hervorragend. Wirkt unser Busen darin aber wie die Ohren eines in die Jahre gekommenen Dackels, wird die Diskrepanz größer und wir fühlen uns elend. Einkaufen kann negative Kernannahmen über unser Aussehen in uns wachrufen, die so lange in uns schlummern, bis wir gezwungen werden, uns eingehend im Spiegel zu mustern. Geschäfte gehören zu den großen Arenen, in denen unsere körperlichen Verunsicherungen zum Kampf gefordert werden – aber das muss nicht so sein. Wie beim Essen und beim Diäthalten können Sie auch beim Einkaufen selbst bestimmen, wie viel Spaß es Ihnen macht oder welche Qual es für Sie bedeutet. Sie müssen lediglich Ihre Gedanken erforschen, ehe Sie anfangen, die Kleiderstangen durchzusehen.

Einkaufen mit Begleitung

Alles schön der Reihe nach. Bevor wir einkaufen gehen, müssen wir uns überlegen, wen wir mitnehmen. Die meisten gehen lieber mit einer Freundin als allein, weil Einkaufen bei uns als Freizeitbeschäftigung gilt, aber auch, weil wir das Urteil einer uns wohl gesonnenen, aber doch kritischen Stimme brauchen. Sich eine Einkaufsbegleitung auszusuchen ist fast, wie sich für einen Lebenspartner zu entscheiden – beide müssen aufrichtig sein, nicht verletzend, uns stärken und vor allem, wir müssen ihnen vertrauen können. Das ist nicht einfach, bedenkt man, von welchen beiden Makeln die meisten Frauen behaftet sind. Der erste ist die Neigung, zu rücksichtsvoll zu sein, der zweite eine unterschwellige Eifersucht oder Konkurrenz gegenüber anderen Frauen. Keine guten Voraussetzungen für den perfekten Einkaufsbummel.

Ausgestattet mit diesem Wissen bleiben nur zwei Menschen, mit denen Einkaufen gut funktioniert. Der erste ist Ihre Mutter – egal ob Sie beide Liebe oder Hass verbindet, sie ist aller Wahrscheinlichkeit nach Ihnen gegenüber immer gnadenlos ehrlich – und dafür hassen Sie sie natürlich, aber wenn Sie ganz ehrlich zu sich sind, wissen Sie auch, dass sie Recht hat. Also egal, wie sehr wir sie aus vielen Lebensbereichen heraushalten möchten, Mütter sind gute Begleiterinnen beim Einkaufsbummel. Und wer noch, möchten Sie jetzt wissen. Wer eignet sich noch besser zum gemeinsamen Einkaufen als die schnatternde Schar Mädchen, die Sie sonst immer dabei haben? Nun, das sind Sie selbst. Manchmal ist Ihr eigenes Urteil, unverfälscht von anderen Meinungen, das beste. Wenn Sie alleine einkaufen gehen, haben Sie die Zeit und den Freiraum nachzuspüren, wie sich ein Kleidungsstück wirklich »anfühlt«, und Ihrem eigenen Instinkt zu vertrauen. Das ist außerdem eine hervorragende Gelegenheit, etwas für Ihr Körperbild zu tun. Manchmal setzen wir Kleidung ein, um uns zu definieren, um anderen mitzuteilen, wer wir sind. Schließlich sehen wir uns nur noch durch unsere Kleidung dargestellt und fühlen uns unwohl, wenn wir etwas anderes tragen. Es ist, als würden unsere Kleider anfangen, uns zu sagen, wer wir sein sollen, statt dass wir unsere Kleider so auswählen, dass sie zeigen, wer wir sind. Wenn Sie alleine einkaufen, greifen Sie mit größerer Wahrscheinlichkeit zu Teilen, die Ihrem Geschmack entsprechen, auch wenn es ein bisschen abenteuerlich ist. Aber das bedeutet, dass alles »Sollte« und »Müsste«, das für Ihre Wahl ausschlaggebend ist, von Ihnen selbst kommt und von niemand anderem vorgegeben ist. Infolgedessen fällt es Ihnen möglicherweise leichter, dies in Frage zu stellen. So sagen Sie sich vielleicht: »Ich weiß, meine Freundinnen sagen immer, Hosen stehen mir besser, aber ich finde diesen knielangen Rock einfach toll, auch wenn er meine dünnen Knöchel nicht versteckt.« Sobald wir die restriktiven Annahmen hinterfragen, die für unseren Kleiderschrank bestimmend sind, hinterfragen wir auch jene, die uns in einem negativen Körperbild gefangen halten.

Was Kleider versprechen

Ich saß an meinem Schreibtisch und versuchte, eine triftige Ausrede zu finden, um das Büro verlassen und nach Klamotten Ausschau halten zu können, aber mir fiel wieder einmal nichts anderes ein, als dass ich zum Osteopathen müsse, weil sich mein angeschlagenes Steißbein wieder bemerkbar mache. Juliette, meine Teamleiterin, sah mich an, als wolle sie sagen: »Ich wette, du weißt nicht einmal, wo dein Steißbein ist, geschweige denn, wie man das Wort Osteopath buchstabiert«, ließ mich aber mürrisch ziehen.

Auf dem Weg zum Bus rief ich Antonio an, ob er sich mit mir treffen wolle, doch er sagte, er könne nicht weg, weil er gerade einen Handwerker in der Wohnung habe – diese mehrdeutige Information reichte, ich beendete das Gespräch und versuchte es in Windeseile bei Trudy, Sophie und einigen anderen Freundinnen, aber vergebens, denn sie waren entweder in der Arbeit oder machten blau, weil sie selbst unbedingt etwas erledigen mussten.

Inzwischen war ich in der Stadtmitte angekommen und stand vor einem Luxuskaufhaus. Die Schaufenster waren mit riesigen Filzblumen und märchenhaften Szenen mit Menschen in Designerkleidungsstücken ausstaffiert, die ein wunderbares Leben führten. Ich ging hinein, wehrte die acht in Schwarz gekleideten Personen ab, die mich mit Parfum besprühen wollten, und fuhr mit dem Lift in die Damenabteilung hinauf. Ich beobachtete Frauen, die meisten von ihnen zu zweit unterwegs, die genau analysierten, wie Stoffe fielen, was sie verbargen und was sie betonten. Es war lustig zuzusehen, wie sich all diese Frauen im Spiegel betrach-

teten, sich drehten und wendeten, um jeden Zentimeter ihres Körpers in Augenschein zu nehmen, und entweder deprimiert oder triumphierend in die Umkleidekabine zurückgingen, während ihre Einkaufsbegleitung die moralische Unterstützung lieferte, die solche Unternehmungen erfordern.

»Kann ich Ihnen helfen?«, flötete eine Stimme hinter mir.

»Oh, nein danke, ich sehe mich erst einmal um«, antwortete ich ein wenig zu defensiv.

»In Ordnung«, sagte die Stimme höflich. »Sagen Sie mir Bescheid, wenn Sie Hilfe brauchen.« Dann schritt sie von dannen, um die Brust einer Schaufensterpuppe liebevoll mit einer Brosche zu schmücken.

Ich wanderte durch die Designershops, befühlte die Kleider und fragte mich bei jedem, was es über mich erzählen würde. In Armani könnte ich die maskuline und doch auch feminine Geschäftsfrau sein, in Versace die abgeklärte und dabei leicht aufreizende Prinzessin und in Laura Ashley die jungfräuliche, etwas altmodische englische Rose. Auch wenn manches davon verführerisch war, sah ich mich doch in keinem dieser Outfits auf der Modenschau. Während ich die verschiedenen Stilrichtungen durchging, wurde mir klar, dass ich nicht nur ein Kleid kaufen wollte, sondern eine Fantasie – mehr Selbstvertrauen und konkrete Resultate, das war es, was die Schaufenster und Designer mir versprachen. Das Komische daran war, dass ich wegen meiner Angst vor der Modenschau nicht in der Lage war, mich in eine dieser Fantasien fallen zu lassen, also erschien mir auch keines der Kleidungsstücke passend. Vielleicht, so dachte ich, geben uns die Kleider nicht mehr Selbstvertrauen, sondern Selbstvertrauen bewirkt, dass wir uns in unseren Kleidern wohl fühlen... Ich verließ die Damenabteilung und ging in die Feinkostetage, um dort weiter darüber nachzugrübeln.

Wenn Männer einkaufen gehen, läuft das etwa folgendermaßen ab: »Ich brauche eine neue Hose.« Dieser Feststellung folgt eine schnelle Tour durch ein paar Geschäfte, die Auswahl eines Artikels und der umgehende, komplikationslose Kaufvorgang. Auftrag erledigt, Hose erworben und rechtzeitig zur Fußballsendung am Samstagnachmittag wieder daheim. Wenn eine Frau einkaufen geht, ist der Ablauf völlig anders, denn Frauen sind nicht auf der Suche nach einem Hemd oder einem Paar Schuhe, sondern nach einem ganzen Szenario. Wir Frauen haben beim Einkaufen ein bestimmtes Ereignis vor Augen, und meist haben wir auch eine ganz genaue Vorstellung, wie es sich entwickeln soll. Mit dem Einkaufen sind bei vielen Frauen psychologische und emotionale Aspekte verbunden, die den meisten Männern einfach fehlen. Nachweislich verfallen Frauen beim Einkaufen mitunter in einen traumähnlichen Zustand, gehen vollkommen auf in der Suche nach dem perfekten Kleidungsstück und der Vorstellung, wie sie sich fühlen werden, wenn sie es tragen, und wie die anderen darauf reagieren. Wen wundert es dann noch, dass einer Statistik zufolge 65 Prozent der Männer Kleidungsstücke kaufen, die sie mit in die Umkleidekabine genommen haben, aber nur 25 Prozent der Frauen.

Eine Frau denkt: »Am Samstag ist die Party bei Emma und mein Exfreund wird dort sein. Ich will ihm beweisen, wie ich mich verändert habe, also brauche ich ganz heiße Stiletts.« Oder: »Im Urlaub will ich den perfekten Mann

kennen lernen, dazu brauche ich einen wirklich sexy Bikini.«
In diesen Fantasieszenarien geht sie davon aus, dass ihre
Kleidung an ihrer Stelle spricht. Wir geben den Kleidern eine
Stimme. Wie oft haben Sie schon von Frauen gehört: »Ich
liebe dieses Top – es sagt, ›sexy, aber unerreichbar‹.« Oder:
»Findest du diese Hose nicht auch zu mütterlich?« Unsere
Kleider sollen nicht nur schön aussehen, sich gut waschen
lassen und angenehm anfühlen, sie sollen auch noch *sprechen*. Ein roter Pullover darf nicht einfach nur ein roter Pullover sein, er muss auch noch sagen: »Empfindlich, aber
warm«. Ein Folklorerock darf nicht nur ein Folklorerock
sein, er muss sagen: »Lässig und eins mit der Natur«. Frauen
setzen Kleidung ein, wenn sie in schwierigen beruflichen
Situationen ernst genommen werden wollen, wenn sie den
Mann ihrer Träume verführen wollen, wenn sie sich in die
Mutter-Kind-Gruppe einfügen wollen. Wir nutzen Kleidung
in der Hoffnung, sie rufe bei anderen die Reaktionen hervor,
die wir uns wünschen – das kann Respekt sein, Sex oder
eine Botschaft, was uns wertvoll ist. Doch was geschieht,
wenn die erhofften Reaktionen ausbleiben, wenn das sexy
Nachthemd keine Beachtung findet und er sich schnarchend
auf die andere Seite dreht. Wenn das Business-Kostüm ein
anderes Business-Kostüm nicht davon abhält, uns herablassend um eine Tasse Kaffee zu schicken, oder die anderen
Mütter überein gekommen sind, dass wir nicht mütterlich
genug sind? Wenn dieser Fall eintritt, erhält unser Selbstvertrauen in Hinblick auf unsere Wirkung gegenüber anderen
und folglich auch unser Selbstwertgefühl eine Schlappe. Wir
fühlen uns nicht von den Kleidern im Stich gelassen, sondern
von unserem Aussehen, und wieder machen sich die negati-

ven Gedanken wegen unseres Äußeren in unserem Kopf breit.

Frauen investieren in der Regel sehr viel Zeit und Mühe in ihr Aussehen – und wissenschaftliche Studien zeigen, dass wir umso anfälliger für ein negatives Körperbild sind, je mehr wir uns um unser Äußeres kümmern. Der Grund dafür liegt auf der Hand: Wir betreiben mehr Aufwand dafür, sowohl emotional als auch in konkreten Taten, und wenn es nicht klappt, haben wir folglich auch mehr zu verlieren. Daher ist Kleiderkaufen eine so emotionale Angelegenheit. Für Frauen sind Kleider mehr als Schutz gegen Nacktheit – sie sind der Zugangscode zu den Szenarien, die wir uns in unseren Köpfen ausmalen.

Und welche Größe tragen Sie?

Da mein Ausflug in die Designer-Abteilungen nicht erfolgreich war, beschloss ich, in die Fußgängerzone zu schauen. In der Reihe der Schaufenster, die von Schuhen zum halben Preis über Fastfood bis zur Haartransplantation so ungefähr alles anpriesen, machte ich einen Laden aus, den ich ganz gerne mochte. Ich ging hinein, entwischte der Verkäuferin, die pfeilgerade auf mich zusteuern wollte, und entdeckte, nachdem ich mich bei einem Schild mit der Aufschrift »Neue Herbstkollektion« eine Weile umgesehen hatte, ein Top, das mir gefiel. Es war schwarz und hatte am Saum und an den Ärmelbündchen kleine Silberpailletten. Ich durchsuchte die Kleiderständer nach einem in meiner Größe und fand es schließlich ganz hinten. Es ist schon komisch, dass die großen Größen immer ganz hinten hängen. Ich nahm es von der Stange und fuhr fast aus der Haut, als ich hinter mir James' Stimme hörte. »Hallo, Sarah..., entschuldige, ich wollte dich nicht erschrecken.«

»Ach, hallo«, sagte ich erschrocken. Er trug eine Baseball-Kappe, weißes T-Shirt, blaue Bomberjacke und Jeans. Seine Nase war leicht gerötet von der Kälte und er sah sooooo süß aus.

»Schönes Top.«

»Danke«, antwortete ich und bemerkte in diesem Moment, dass auf dem Bügel ein riesiger orangefarbener Aufkleber mit meiner Größe prangte. Ich steckte es schnell hinter meinen Rücken. »Ich weiß nicht so recht, ob ich es nehmen soll... wahrscheinlich passt es nicht, hab's noch nicht probiert, brauch' es wahrscheinlich kleiner... Ich hab's gerade eilig, wegen der London Fashion Week. Ein Freund von mir war mit Fritz im Bett, daher haben wir Karten...« Während ich nervös vor mich hin schwafelte, sah er mich nett an und versuchte, meine Gedankengänge nachzuvollziehen.

»Aha... Also ich suche neue... ähm, Shorts.«

Mein Kopf fing an zu rasen, als ich mir seine traumhaften Beine in engen Shorts vorstellte, dann musste ich an seinen wahnsinnigen Hintern denken, schaffte es aber, mich gerade noch so lange aus meiner nicht jugendfreien Fantasiewelt zurückzuholen, dass ich sagen konnte: »Toll!«

Er lächelte noch einmal, verabschiedete sich und ging, was gut war, denn mein Arm war schon taub vom langen Verstecken des Tops hinter meinem Rücken. Ich hoffte nur, er hatte meine Größe nicht gesehen, und rannte zur nächsten Kasse zum Bezahlen.

Welche Größe tragen Sie?

Als mich die Verkäuferin fragte, ob ich den Bügel mitnehmen wolle, schrie ich »Nein!«, griff nach der Tüte und verließ in Windeseile den Laden.

Erfolg oder Scheitern eines Einkaufsbummels hängt oft davon ab, in welcher Stimmung wir losziehen. Negative Kernannahmen werden schneller aktiviert, wenn wir in schlechter Stimmung sind. Wir erklären dann, was sich um uns abspielt, rascher mit bereits festgeschriebenen und oft negativen Kernannahmen. An einem guten Tag schälen wir uns aus dem winzigen Bandeau-Top, werfen es auf den Boden, lachen uns krank und denken: »Das ist eindeutig ein Laden für präpubertäre Nymphen! Keine Frau, die ich kenne, passt in diese winzigen Teilchen!« An einem schlechten Tag ziehen wir das Top frustriert aus, verfallen in die schlimmste Trübsal, die man sich nur vorstellen kann, und stöhnen: »Ich bin die fetteste und lächerlichste Kreatur auf diesem Erdboden und werde nie mein Glück finden.« Sie sehen also, wenn wir uns mit unserem Körperbild wohl fühlen, realisieren wir, dass die Größen von einem Laden zum anderen einfach unterschiedlich ausfallen und dass die Welt nicht untergeht, wenn wir einmal eine Nummer größer brauchen.

Kleidergrößen sind für Frauen heute so wichtig, weil sie zu Zensuren geworden sind, nach denen wir uns und unsere Freundinnen sich selbst beurteilen. Jeder weiß, dass eine Eins besser ist als eine Zwei. Und dank der gesellschaftlichen Konditionierung haben wir inzwischen auch übernommen, dass *Small* besser ist als *Medium* und dieses wiederum besser als *Large*. Ein Einkaufsbummel ist also ein Anlass, bei dem wir benotet werden: Haben wir versagt oder haben wir bestanden? Das hängt ausschließlich von dem Buchstaben oder der Zahl auf dem Etikett ab. Sie sehen also, beim Einkaufen sollte es eigentlich nur darum gehen, ob es einem gefällt, wie sich etwas anfühlt oder wie es aussieht, doch leider schleichen sich meist unsere negativen Gedanken ein, die alle Wertmaßstäbe unserer Umgebung in sich vereinen, und verderben uns den Tag.

Das Rezept, wie man damit am besten umgeht, lautet: Vergessen Sie die Zahlen, gewöhnen Sie sich an, diese völlig zu ignorieren. Vergessen Sie die Zahlen, die Ihnen die Waage entgegen ruft, wenn Sie darauf steigen. Und vergessen Sie die Zahlen auf den Etiketten der Kleider. Wir wissen alle, dass sich die Größen von einem Laden zum anderen unterscheiden, warum sind wir also so entsetzt, wenn wir zur nächsten Größe greifen müssen? Wenn Sie in dem einen Laden Größe 46 haben, heißt das nicht, Sie haben seit dem Sandwich zu Mittag zwei Größen zugelegt. Und wenn Sie im nächsten Laden in Größe 38 passen, heißt das nicht, Ihr Stoffwechsel hat wie ein Formel-Eins-Wagen beschleunigt und Sie mit dem Hüftumfang bedacht, den Sie sich immer schon gewünscht haben. Lassen Sie sich nicht so stark von Zahlen lenken. Sie sind viel mehr als eine Größenangabe auf einem Etikett! Und Sie können selbst entscheiden. Wenn Sie sich wirklich nicht mit der nächsten Größe anfreunden können, dann nehmen Sie die zu kleinen Jeans und zwängen sich hinein. Aber wenn Sie diese tragen, werden Sie sich immer dicker fühlen, als Sie tatsächlich sind, weil die Hose einfach nicht passt. Oder Sie nehmen die mit der größeren Zahl auf dem Etikett und fühlen sich jedes Mal, wenn Sie diese anhaben, schlanker, weil das Material perfekt an Ihrem Körper sitzt. »Eine Nummer größer« kann tatsächlich bewirken, dass wir uns in unserer Haut wohler fühlen.

Lassen Sie sich nicht nach einer Größe beurteilen. Die einzigen Zahlen, auf die Sie beim Einkaufen wirklich achten sollten, sind diese kleinen Angaben auf den Preisschildchen. Und wenn Sie sich die, ähm, nicht merken können, denken Sie einfach daran, dass Sie sich in Bekleidungsgeschäften nicht von Zahlen dominieren lassen. Könnte ja sein, dass es funktioniert…

Die bösen Verkäuferinnen

Auch andere Personen können ihren Teil dazu beitragen, dass wir uns beim Einkaufen schlecht fühlen. Und eine ganz besonders. Sie wissen, von wem ich spreche. Sie ist da, wenn Sie den Laden betreten. Sie mustert Sie von oben bis unten, dann von unten bis oben, und zwischendrin bleibt ihr Blick eine Idee zu lange bei Ihren Hüftröllchen hängen. Schließlich zwingt sie ihre Mundwinkel dazu, eine unnatürliche U-Form anzunehmen. Ein Lächeln kann man das nicht nennen, denn dafür fehlen die entsprechenden Regungen in den oberen zwei Dritteln ihres Gesichts. Dann verschwindet sie zur Kasse, wo sie mit den Kolleginnen über Sie herziehen kann. Ja, wir sprechen von der biestigen Verkäuferin.

Diese Spezies scheint die Fähigkeit zu besitzen, mit einem Blick kundzutun: »Du bist zu fett, zu hässlich und zu arm, um in meinem Laden einzukaufen. Raus mit dir.« Und Sie versuchen, sie zu ignorieren, sich unbeirrt weiter umzusehen, sich zu sagen, Sie haben ein Recht, dort zu sein, und Sie werden lange genug bleiben, um zumindest den Eindruck zu erwecken, Sie würden etwas kaufen. Schließlich ziehen Sie etwas hervor und steuern auf die Umkleiden zu. Und da taucht sie wieder auf! Oder ist es eine andere? Böse Verkäuferinnen haben alle dieselben manikürten Fingernägel, hochgezogenen Nasen und Größe 34, so dass sie schwierig zu unterscheiden sind. Egal, sie nimmt Ihnen die Teile aus der Hand, untersucht die Etiketten, sieht, welche Größe Sie mitgenommen haben, und lacht in sich hinein, aber nicht so richtig, denn man kann in ihrem Gesicht ablesen, was sie gleich den anderen Mädchen erzählen wird. Noch bevor Sie irgendetwas anprobiert haben, fühlen Sie sich unattraktiv und verunsichert, und daran kann sehr wahrscheinlich keine noch so gut geschnittene Hose etwas ändern.

In einer solchen Situation sollten Sie vier wichtige Punkte beachten. Der Umgang mit widerlichen Verkäuferinnen ist wie Fahrradfahren: Anfangs ist es schwierig und Sie glauben, das lernen Sie nie, doch wenn Sie es können, fragen Sie sich, warum es Ihnen einmal so schwer fiel.

1. Vergessen Sie nicht, warum Sie da sind. Sie wollen ein neues Top oder eine Hose anprobieren, die Sie in einer Zeitschrift gesehen haben. Sie sind nicht da, um sich einen Schlagabtausch mit einer unfreundlichen Verkäuferin zu liefern. Also konzentrieren Sie sich auf die aktuelle Aufgabe, und Sie werden schnell vergessen, dass die Verkäuferin überhaupt anwesend ist. Geschäfte sind unlogisch eingerichtet, die meisten tun so, als seien sie auf eine schlanke, modische Klientel ausgerichtet, also findet man die winzigen Größen auf den Ständern, die größeren, realistischeren sind irgendwo im hinteren

Die bösen Verkäuferinnen

Teil des Ladens verstaut. Sie müssen die »peinliche« Frage stellen, ob das Teil auch noch größer da ist, doch beschämend wird diese Situation nur, wenn Sie es zulassen. Wenn Sie mit den Angestellten sprechen, verhalten Sie sich so, dass gar keine Gelegenheit entsteht, die Sie verunsichern könnte. Sagen Sie ganz genau, was Sie wollen und wie man Ihnen helfen kann. Seien Sie höflich, bestimmt und präzise. Machen Sie sich bewusst, worin die Aufgabe der Verkäuferinnen besteht.

2. Lachen Sie auch einmal über eine Situation. Wenn Sie ein Strickjäckchen anprobieren und Sie bringen es nicht einmal über die Schultern, dürfen Sie nicht hilflos dastehen, erröten, ins Schwitzen geraten und sich nicht trauen, nach einem größeren zu fragen. Machen Sie einen Witz, wie dumm es ausgesehen hat, wie absurd klein die Größen ausfallen oder dass Sie nicht hätten glauben sollen, der Romantik-Look sei etwas für Sie. Egal was, sagen Sie etwas, das die Situation auflockert, so dass Sie sich am Ende nicht komisch und unwohl fühlen. Alles Negative, was Sie in diesem Moment empfinden, sollte auf das Kleidungsstück verlagert werden, nicht auf Sie selbst. So vermeiden Sie es, das Negative zu verinnerlichen und sich mit sich selbst nicht wohl zu fühlen. Wenn Sie bewiesen haben, dass Sie nett und entspannt sind, wird es für die Verkäuferin schwierig, ihr herablassendes Verhalten fortzusetzen. Und wenn sie es doch tut? Na und? Das spricht Bände über die Verkäuferin, nicht über Sie. In solchen Situationen geht es oft um die Machtfrage. Wenn Sie die Initiative ergreifen und höflich sind und einen unangenehmen Moment mit Humor nehmen können, haben Sie die Macht bereits an sich gerissen. Lassen Sie die »Nummer grö-

ßer« nicht zu Ihrem Mount Everest werden, lachen Sie einfach nur darüber.

3. Lassen Sie sich von niemandem sagen, was Sie tragen oder nicht tragen sollten. Wenn Sie sich zur Sklavin von Modezeitschriften von Freunden oder aufdringlichen Verkäuferinnen machen lassen, kommen Sie nicht mit Kleidungsstücken nach Hause, die Sie glücklich machen. Genießen Sie das Einkaufen um seiner selbst willen. Es ist nicht die Gelegenheit, blind dem Modediktat der Stunde zu gehorchen, sondern die Möglichkeit, Kleider zu finden, die Ihnen ein gutes Gefühl vermitteln. Moden kommen und gehen, aber nicht alle sind schmeichelhaft. Welchen Sinn hat es, einen ultracoolen Micro-Mini zu kaufen, wenn Sie sich darin unwohl fühlen? Sie akzeptieren Ihren Körper auch eher, wenn Sie Kleider tragen, in denen Sie glücklich sind. Die Kleidungsstücke, die am besten aussehen, sind jene, die Ihnen am meisten Selbstvertrauen verleihen.

4. Denken Sie daran, dass Sie keine hellseherischen Fähigkeiten besitzen – und dass Ihre Kernannahmen Sie vielleicht Dinge sehen lassen, die gar nicht existieren. Ziehen Sie keine voreiligen Schlüsse über das Verhalten der Verkäuferin. Sie wirkt vielleicht zu ruhig, weil sie schüchtern ist, oder zu aufdringlich, weil sie ihrem Chef beweisen will, dass sie ihre Sache gut macht. Versuchen Sie, ihr Verhalten nicht damit zu erklären, was für ein Mensch Sie sind, sondern vielmehr damit, was für ein Mensch die Verkäuferin ist. So beurteilen Sie deren Verhalten Ihnen gegenüber objektiver und können viel selbstbewusster mit ihr umgehen.

Setzen Sie die Mode für sich ein

Wenn Sie einkaufen gehen, sollten Sie sich nicht mit einem Foto von Jodie Kidd, das Sie aus der *Vogue* herausgerissen haben, auf den Weg machen und es in jedem Laden hervorkramen, weil Sie genau diesen Look kopieren möchten. Es wird immer Zeitschriften geben, die uns erklären, wie ein bestimmter Stil funktioniert, doch die meisten von uns ziehen nicht Jodie Kidd an. Wir ziehen uns selbst an, normale Menschen mit normalen Proportionen, die in Reiterhosen und einem BH-Top nicht zwangsläufig gut aussehen. Haben Sie nicht das Gefühl, Sie dürften keine Experimente machen – verlieben Sie sich um Himmels willen in den heißesten Look der Saison, aber wandeln Sie ihn so ab, dass er zu Ihnen passt.

Stellen Sie Ihren Einkaufsbummel unter ein bestimmtes Motto wie: »Ich bin auf der Suche nach einem sexy Outfit« oder »Ich will etwas wirklich Hübsches und Feminines«. Nur so gehen Sie für sich selbst einkaufen und nicht für die kleinere, molligere Version von Jodie. Und wenn es einen Stil gibt, in dem Sie sich wohl fühlen, meinen Sie nicht, Sie müssten sich davon lösen. Frauen denken vielleicht, sie könnten die Einkaufsbibel verfassen, aber in manchen Fällen können wir durchaus noch von den Männern lernen. Männer neigen dazu, einem bestimmten Stil treu zu bleiben. Deshalb besitzen sie zehn gleiche beige Baumwollhosen. Oder sechzehn blaue Hemden. Vieles spricht dafür, den Stil zu finden, in dem man sich wohl fühlt, und dabei zu bleiben. Die Modeindustrie hätte vielleicht gerne, dass wir jede Saison unseren Look ändern, aber es wäre nicht sonderlich gut, wenn wir jemanden bräuchten, der uns sagt, wie wir aussehen sollen. Wenn Sie sich in einem kurzen Rock am besten gefallen, geht es keinen etwas an, ob Sie 600 solcher Röcke besitzen. Das ist bei weitem besser, als etwas Neues auszuprobieren, in dem Sie sich plump und unattraktiv fühlen, nur weil in der *Vogue* steht, das sei jetzt angesagt.

Weil unser Körperbild davon beeinflusst wird, was wir im Spiegel sehen, kann das Anprobieren neuer Kleidungsstücke bewirken, dass wir uns entweder sehr wohl oder sehr unwohl in unserer Haut fühlen. Doch wie alles, was mit dem Körperbild zu tun hat, liegt das in unserem Einflussbereich. Sie wissen, erst nehmen Sie eine Situation wahr, dann erfassen Sie diese rational, bewerten deren Auswirkungen auf Ihre Kernannahmen, und erst dann erfolgt Ihre emotionale Reaktion darauf. Unser Spiegelbild muss vielleicht gegen die idealisierte Vorstellung ankämpfen, wie wir aussehen sollten, doch indem wir uns einfach nur die Zeit nehmen zu hinterfragen, woher diese Vorstellung stammt und warum wir meinen, die »ideale« Version wäre so viel glücklicher als die »reale«, fangen wir an, die Kernannahmen, die uns so unglücklich über uns selbst machen, bewusst zu steuern.

Kleider als Verstecke

Für viele Menschen sind Kleider die Möglichkeit zu verstecken, was sie an ihrem Aussehen nicht mögen. Wenn Sie mit Ihrem Äußeren unzufrieden sind und negative Reaktionen Ihres Umfelds darauf erwarten, liegt es nahe, die Kleidung als Abwehrmechanismus einzusetzen. Indem Sie das,

Kleider als Verstecke

was Ihnen nicht gefällt, durch Kleidung verstecken oder korrigieren, schützen Sie sich davor, verletzt zu werden. Zu einem gewissen Grad ist das eine hervorragende Idee. Ein Push-up-BH, der sofort zu einem tollen Dekolleté verhilft, oder dieses Miederhöschen, das auf der Stelle das Fett vom Bauch abzusaugen und auf den Po zu verteilen scheint, gibt Ihnen mehr Selbstvertrauen im Hinblick darauf, was Sie tragen und wie Sie aussehen. Das kann aber auch von Nachteil sein, wenn kein vernünftiges Maß eingehalten wird, wie wichtig solche Hilfsmittel zur Stärkung Ihres Selbstvertrauens werden. Solche Teile gelegentlich einzusetzen, um der äußeren Erscheinung nachzuhelfen, ist ein Thema, doch wenn sie zum Schutzschild werden, der Sie von negativen Gefühlen abschirmen soll, die Sie Ihrem Körper gegenüber hegen, ist das etwas anderes. Ein Push-up-BH und ein Miederhöschen sind von Fall zu Fall eine tolle Sache, wenn sie aber das Erste sind, was Sie morgens anziehen, und sich niemandem ohne zeigen (und sich nicht einmal selbst ohne ansehen), haben Sie ein Problem. Denn dann verstärken Sie nur die negative Annahme, dass (a) bestimmte Körperpartien so schlimm sind, dass man sie verstecken oder »korrigieren« muss, und (b) Sie in der Öffentlichkeit oder sogar im privaten Bereich nur glücklich sein können, wenn Sie ein bestimmtes Aussehen mitbringen. Und wenn Sie diese Vorstellungen niemals dadurch in Frage stellen, dass Sie auch einmal ohne etwas vor die Tür treten, das verhüllt, was Sie an Ihrem Körper hassen, werden Sie immer in an Aberglauben grenzender Manier davon überzeugt sein, nur bestimmte Kleidungsstücke tragen zu können.

Auch hier ist die Lösung Teil des Problems. Sie wollen sich

wegen Ihres Aussehens nicht schlecht fühlen, doch Ihr Selbstschutz ist stärker damit beschäftigt, Unbehagen zu vermeiden, als damit Spaß zu haben. Auf das wirkliche Leben übertragen heißt das, Sie befinden sich irgendwann in einer Situation, in der Sie ablehnen, wie Sie aussehen, und letztendlich auch, wer Sie sind, wodurch Ihr Körperbild weiter Schaden nimmt und Ihr Selbstwertgefühl sinkt.

Eine interessante Variante dieses Themas ist ein Trend, der sich in den letzten Jahren herausgebildet hat und bei dem Designerkleidung im Mittelpunkt steht. Ein T-Shirt ist zunächst etwas Banales, anders aber, wenn ein großer Gucci- oder Prada-Schriftzug darauf prangt. Designerkleidung ist zum Symbol des sozialen Status geworden. Studien belegen, dass Menschen, die sich mit ihrem Körper unsicher oder ängstlich fühlen, zu Designerlogos und teuren Marken greifen, um die Aufmerksamkeit von den ihrer Meinung nach schlimmsten Eigenschaften abzulenken. Eine Frau im mittleren Alter versteckt sich hinter einer gesmokten Bluse im Leopardenmuster von Dolce und Gabbana, weil sie meint, die Aufmerksamkeit fällt dann auf ihr extravagantes – und, wichtiger noch, extravagant teures – Outfit. Ein junger Mann, der sich wegen seines Hüftspecks befangen fühlt, gibt ein Vermögen für teure Anzüge aus, um die Aufmerksamkeit von seinen paar Pfunden zu viel abzulenken. Klug ausgewählte Kleidung und Luxusgüter können uns ein gutes Gefühl verleihen, doch nur, wenn es uns tief in unserem Inneren bereits gut mit uns selbst geht. Kaufen Sie um Himmels willen die Kleider und die Marken, in denen Sie toll aussehen, tragen Sie diese gerne, aber verstecken Sie sich nicht hinter einem Wunder-BH oder einem Logo auf der Brust – verschanzen Sie sich nicht hinter Ihrer Kleidung. Kleider sind keine Rüstung, und selbst wenn sie es wären, würde es uns nichts nützen, denn was unser Körperbild betrifft, so sitzt der Feind, gegen den wir ankämpfen müssen, in unserem Kopf, nicht in unserem Körper.

Modeverschwörung?

Freitag, vier Uhr nachmittags. Ich warte, bis es Zeit ist, sich in den zweiten Tag der London Fashion Week zu stürzen. Habe so lange und ausführlich erzählt, wie mir James beim Einkaufen über den Weg gelaufen ist, dass sich Trudy und Antonio inzwischen die Ohren zuhalten, wenn ich nur seinen Namen erwähne, und anfangen zu singen: »Ich hör dich nicht... ich bin taub...«. Also habe ich aufgegeben, mich mit ihnen zu unterhalten, und belausche dafür die beiden Frauen neben mir (die eine hat knallpinkes Haar und trägt einen schwarzen Mantel, die andere hat langes braunes Haar und ist ganz in Grün gewandet).

Sie sind in eine hitzige Debatte vertieft, ob nun der Rockstar-Look noch eine weitere Saison angesagt ist oder nicht. Die Pinkfarbene argumentiert, er sei nichts für die wirklich Modebewussten, weil zu viele »einfache Leute auf der Straße« ihn tragen. Die Grüne scheint sich als Hüterin der Moral zu sehen und meint, da so viele Designer in der letzten Saison auf diesen Look gesetzt haben und er bei den Frauen so gut angekommen ist, seien sie verpflichtet, ihn in den nächsten Kollektionen noch einmal aufzunehmen. An dieser Stelle schaltet sich eine Dritte ein, die ich bisher nicht bemerkt hatte, obwohl sie einen pelzbesetzten kanariengelben Parka trägt. Sie lässt arrogant verlauten: »Natürlich muss sich in der Mode etwas bewegen, sonst wäre es ja nicht die Mode. Die Leute brauchen Designer, die ihnen vorbeten, was sie tragen sollen, die ihnen Sicherheit vermitteln und ihnen sagen, wann sie eine schlechte Figur machen, was schön ist und was hässlich und was in ist und was out... Sie sind die Leuchttürme in einem Meer aus schlechtem Geschmack und billigen Stoffen. Sie wecken Wünsche in uns und geben unserem trübsinnigen Dasein auf diesem Planeten einen Sinn.« Nach diesen Worten starrt sie eine Minute lang triumphierend ins Unendliche und rückt schließlich den Pelz an ihrer Kapuze zurecht.

Trudy, Antonio und ich sehen uns ungläubig an, dann steckt sich Trudy zwei Finger in den Hals und macht ein würgendes Geräusch, Antonio bricht in Gelächter aus. Dank diesem Modekanarienvogel wirkt die London Fashion Week und die Mode an sich bei weitem nicht mehr so einschüchternd auf mich. Wie mit den meisten Dingen ist es nur eine Frage der Sichtweise und ob man bereit ist, die Werte anderer zu übernehmen oder nicht... Ich kann nur sagen, Gott sei Dank muss ich nicht aus einem kanariengelben Parka in die Welt blicken.

Wenn Sie durch ein Einkaufszentrum flanieren oder Werbespots im Fernsehen verfolgen, seien Sie sich bewusst, welche Einflüsse um Sie herum wirksam sind. Es geht nicht einfach nur darum, ob einem ein Rock gefällt und man ihn kauft. Das System ist viel komplizierter. Irgendwo sitzt jemand in einem Büro und beschließt, dass ein bestimmter Look in dieser Saison »angesagt« ist. Das können Leggings sein. Es kann Chiffon sein. Oder der Hippie-Look. Wenn Sie die Supermodels zum ersten Mal den »New Look« präsentieren sehen, schütteln Sie noch den Kopf, wie lächerlich das aussieht. Doch gegen Ende der Saison sind auch Sie zur Ordensgemeinschaft der Lycra-Leggings konvertiert. Und Ihr Kleiderschrank quillt über von Filzhüten.

Dieselben Leute entscheiden auch, welche Körperpartie in dieser Saison besonders ins Blickfeld rückt. Diese Modeaccessoires dem Trend anzugleichen ist allerdings etwas schwieriger. Ein Busen zum Beispiel richtet sich nicht mal kurz nach dem Trend, den man in den Modejournalen findet. Sie waren vielleicht das angesagteste Mädchen in Ihrer Stammkneipe, als in Paris, Mailand und New York große, pralle, ausladende Brüste aus viktorianisch anmutenden Korsagen quollen, doch im Moment ist der androgyne Look gefragt. Der Push-up-BH wandert in die Schublade, und Sie studieren Broschüren über ästhetische Chirurgie und überschlagen, wie lange es dauern wird, den Kredit abzubezahlen, den Sie für eine Brustverkleinerung aufnehmen müssten. Oder Miniröcke halten urplötzlich wieder Einzug in die Mode. Die Brigade der Frauen über 1,80 Meter mit Giraffengliedmaßen macht einen Luftsprung, während wir anderen 90 Prozent in Panik geraten. Fakt ist, die Mode kümmert sich nicht darum, wie unser Körper wirklich gebaut ist. Sie sagt uns, wie unser Körper *zu sein hat*. Die Modebosse machen ihr Geld nicht mit einem zufriedenen Körperbild, sondern mit den Unsicherheiten, die wir empfinden, wenn wir in den Spiegel sehen. Wenn wir Probleme haben, bieten sie uns Lösungen an – doch die haben ihren Preis.

Und kaum haben wir herausgefunden, wie wir in dem neuen Push-up-BH atmen und mit Keilabsätzen laufen können, ist schon wieder alles anders. Wir haben unseren Körper nach dem aktuellen Look gestylt, und schon ist er nicht mehr aktuell. Dann finden wir das Nächste, das uns unglücklich macht. Plötzlich erklären uns die Zeitschriften, Fernsehexperten, Werbeleute, Laufstege und Designer, dass nun jungenhafte Hüften in sind. Wir sehen auf unsere gebärfreudigen Becken und sind wieder einmal unzufrieden. Denken Sie daran, dass die Modeindustrie immer davon profitiert, wenn wir mit unserem Aussehen hadern. Wahren Sie also genügend Distanz und sehen Sie die Dinge in der richtigen Relation. Viel wichtiger für Sie ist, einen Stil zu finden, mit dem Sie sich wohl fühlen, als jede Laune, die auf den Laufstegen propagiert wird, mitzumachen.

Ähnlich wie bei der Werbung für Diätprodukte müssen wir auch kritisch betrachten, wie Kleidung beworben wird. Der Kosmetikkonzern Body Shop startete 1997 eine Kampagne mit »Ruby«, einer Barbiepuppe mit realistischen Proportionen. Der Slogan, der Ruby begleitete, lautete: »Es gibt drei Milliarden Frauen auf der Welt, die nicht wie ein Supermodel aussehen, und nur acht, die so aussehen.«

Dass die meisten von uns nicht wie die Mädchen aussehen, die uns die neueste Mode vorführen, ist eine Tatsache. Sehen Sie sich Ihre Freundinnen an, Ihre Familie. Die Frauen haben vermutlich Hüften, sehr wahrscheinlich einen Po und einen Busen, die alle nicht den Normmaßen entsprechen. Und doch hören wir immer wieder, das Ideal, das wir anstreben sollten, sei der Körper eines jugendlichen Models. Jahrelang liebte die Modeindustrie eher maskuline Körper für die

Präsentation ihrer Kleider, also waren die Modebesessenen auf schmale Hüften, flache Brüste und winzige Pos aus. Die vielen homosexuellen Männer in der Modebranche sehen mehrheitlich natürliche weibliche Kurven abgelöst vom groß gewachsenen, schlanken, jungenhaften Ideal. So wird uns schon von dem Zeitpunkt an, an dem die Kleider aus der Nähmaschine gleiten und auf die Laufstege gelangen, ein unrealistisches Bild vorgegeben, wie Frauen auszusehen haben.

Interessant sind die Ergebnisse von Studien, die aufzeigen, dass sich viele Frauen immer noch Supermodels zum Vorbild nehmen, vor Schauspielerinnen, Sportlerinnen und ihren Freundinnen. Doch sie betrachten die unrealistischen Körperformen, mit denen der Absatz der Mode gefördert werden soll, auch kritisch. Viele Frauen beurteilen die Anzeigen für Mode in Übergrößen als irreführend, weil die Models viel schlanker sind als die angesprochene Klientel.

Auch wenn wir uns eingestehen, dass die »ideale« Figur für die meisten von uns unerreichbar ist, streben wir sie dennoch an. Wir wissen, dass die Statur von Kate Moss ein Ausnahmefall ist, und trotzdem nehmen wir sie uns als Vorbild. Wir wissen tief in unserem Inneren, dass eine 50-Zentimeter-Taille nicht zu einem 100-Zentimter-Brustumfang passt, trotzdem gefällt uns die Vorstellung. Und wir hoffen nach wie vor, dass wir, in den richtigen Klamotten, auch wie ein Supermodel aussehen können. Distanzieren Sie sich von solchen Bildern, wenn Sie einkaufen gehen. Nehmen Sie sich nicht vor, Kate Moss zu sein oder Claudia Schiffer, sondern die sexy und glückliche Version Ihrer selbst.

Schluss mit dem Größen-Wahn

Weil wir Frauen mit Kleidern so viele Emotionen verbinden, räumen wir ihnen einen so großen Platz in unserem Herzen und unseren Erinnerungen ein. Selbst wenn die Knöpfe abzuspringen drohen und die Röcke uns nicht mehr über den Po reichen, können sie uns das Gefühl geben, wieder jung zu sein. Sie rufen uns den ersten Kuss ins Gedächtnis, eine erste Verabredung, das erste Mal abends unterwegs mit Freundinnen, den 21. Geburtstag oder einfach nur unsere wilde, unbekümmerte Jugend. Doch wenn wir älter werden und uns körperlich wie emotional weiterentwickeln, müssen wir auch unseren Körper anders präsentieren. Es schadet uns, sich an die Jahre zu klammern, die längst vorüber sind, wenn wir nicht zugleich akzeptieren, wer wir heute sind. Wir passen vielleicht nicht mehr in Kleidergröße 38, dafür schätzt man uns jetzt wegen vieler anderer Dinge als den Taillenumfang. Wenn Sie sich in die Kleider zwängen, die Sie als Teenager getragen haben, werten Sie dadurch alles ab, was Sie erreicht haben. Bewahren Sie die Kleider auf, aber im Schrank und in Ihren Erinnerungen. Die Person, die Sie heute sind, braucht eine ganz andere Garderobe als die, die Sie gestern waren. Das heißt nicht, Sie müssen jetzt mit sich nachlässig werden oder in altmodischen Kleidern herumlaufen. Es bedeutet nur, dass Sie sich, wenn Sie sich durch Kleidung jünger machen möchten, nur noch unwohler in Ihrer Haut fühlen, weil es nicht funktioniert. Tragen Sie weiterhin Lycra und Schlauchtops, aber Ihr Körper kümmert sich nicht darum. Er wird sich weiterhin verändern, und nur wenn Sie das akzeptieren, werden Sie so einkaufen, wie es zu Ihrem Körper passt.

Schluss mit dem Größen-Wahn

Sich auch im übertragenen Sinn von den Kleidern freizumachen, ist ebenfalls wichtig. Keine Frage, ein kleines Schwarzes, das man so liebt, kann in euphorische Stimmung versetzen, und glauben Sie mir, ich würde auch nie unterschätzen, welche Ekstase ein neues Paar Schuhe auslösen kann – aber wir müssen die Kleider immer als Hilfsmittel sehen, mit dem wir unser Äußeres bejahen und uns daran freuen können, und dürfen sie nicht als Reparaturset für ein mangelndes Selbstwertgefühl betrachten. Sie können unser Selbstvertrauen stärken und vielleicht sogar für ein wenig optische Illusion sorgen. Doch wenn die Person, die in den Kleidern steckt, nicht schon die Voraussetzungen mitbringt, sich selbst zu schätzen und zu mögen, wird keine noch so raffinierte Art sich anzuziehen dies übernehmen, weil jeder das auf Anhieb durchschauen würde – es wiederholte sich nur die Geschichte vom Kaiser mit den neuen Kleidern.

Frauen und Einkaufen gelten von jeher als untrennbar miteinander verbunden. Wir kennen das Klischee von der Frau, die etwas anprobiert und fragt: »Sieht mein Po darin groß aus?« Oder das Klischee von der »Kaufwütigen«. Oder von der Frau, die vor ihrem Ehemann verbirgt, wie viel sie bei einem Einkaufsbummel ausgibt und die Beweisstücke ganz hinten im Kleiderschrank versteckt. Aber auch für Männer gibt es eine Reihe von Klischees. Da ist der Mann, der 42 Jahre lang dieselbe Hose trägt, weil sie ja noch in Ordnung ist, warum also eine andere kaufen? Und der Mann, der erschöpft vor der Umkleidekabine ausharrt und Standardantworten wie »Ja, Schatz« und »Es sieht hübsch aus, Schatz« abspult. Warum ist das Kaufen von Kleidern ein so großer Akt? Niemand macht solches Aufhebens beim Einkaufen von Lebensmitteln oder beim Aussuchen eines neuen Sofas.

Wie wir schon gesehen haben, kommt es daher, dass Kleiderkaufen so eng damit verbunden ist, wie wir uns fühlen. Nach guten Einkäufen geht es uns hervorragend. Wir lieben neue Kleider, die uns sexy und attraktiv machen. Unbefriedigende Einkäufe sind ein anderes Kapitel. Ein schlechter Einkaufstag kann unser Selbstwertgefühl völlig zersetzen und dazu führen, dass wir unser Aussehen hassen. Wir erwarten zu viel von Kleidern. Sie sollen unseren Po kleiner machen, den Busen größer und den Bauch flacher. Sie sollen die Dramen verhüllen, die sich in unseren Köpfen abspielen. Wir machen mit den Kleidern denselben Fehler wie mit dem Essen – wir übertragen ihnen zu viel Verantwortung. Wir geben ihnen die Schuld, wir hassen sie, weil das einfacher ist, als die wahren Probleme zu sehen – mangelndes Selbstwertgefühl und ein angeschlagenes Körperbild.

Einkaufen sollte Spaß machen. Lassen Sie sich dabei also nicht fertig machen. Ist die Verkäuferin schnippisch, ignorieren Sie sie. Ist Größe 44 ein wenig eng, lachen Sie darüber und schieben Sie die Schuld auf den Hersteller, der so klein schneidet. Oder besser, akzeptieren Sie, dass es nichts über Sie aussagt, wenn Sie in unterschiedlichen Läden unterschiedliche Größen brauchen. Und lassen Sie nicht zu, dass man aufgrund Ihrer Kleidergröße ein Urteil über Sie fällt.

Sehen Sie das Einkaufen realistisch. Machen Sie es nicht zu einer lästigen Pflicht. Und kaufen Sie nicht ein wie für das gerade angesagte präpubertäre Supermodel, sondern für sich selbst. Fangen Sie damit an, dass Sie das Einkaufen wie eine Aufgabe angehen, die erledigt werden muss, und Sie werden sehen, wie einfach es ist, die richtigen Relationen herzustellen. Wenn Sie neue Jeans brauchen, müssen Sie nicht den Fußabtreter für eine spindeldürre Verkäuferin spielen. Sie brauchen sich nicht zum letzten Schrei überreden zu lassen. Sie brauchen auch keine Größe 40 zu kaufen, um ein gutes Gefühl zu haben. Behalten Sie Ihre grundlegenden Ziele im Auge, dann wird es Ihnen sogar Spaß machen.

Hausaufgaben

Wie die meisten Dinge, die mit Ihrem Körperbild in Zusammenhang stehen, können die Kleider, die Sie tragen, und die Art, wie Sie diese einsetzen, großen Einfluss darauf nehmen, wie gut oder schlecht Sie sich in Ihrer Haut fühlen. Dieses Kapitel hat aufgezeigt, dass Sie sich auf gar keinen Fall von Kleidern oder Kleidergrößen diktieren lassen dürfen, wie Sie sich in Ihrem Körper fühlen. Machen wir also eine Gewissensprüfung und fangen an, Ihren Schrank auszumisten.

Aufgabe 1
1. Durchforsten Sie Ihren Kleiderschrank und ziehen Sie alles hervor, worin Sie sich verstecken wollen (lange Hemden, die Ihren Bauch überspielen sollen, Hosen, in denen die Beine nicht zu erkennen sind, oder die Schuhe mit den Plateauabsätzen, die Sie so groß machen, wie Sie immer einmal sein wollten). Breiten Sie alles auf Ihrem Bett aus, nehmen Sie sich der Reihe nach jedes einzelne Kleidungsstück vor, und halten Sie in einer Liste fest, welche Körperpartien Sie am häufigsten verstecken.

Ordnen Sie nun die Körperpartien angefangen bei »am wenigsten schlimm« bis zu »am schlimmsten«:
Welche Körperpartie verdecken oder korrigieren Sie durch Kleidung?
Beispiel:
Die sechs Teile auf meinem Bett sagen mir, ich setze Kleidung ein, um meine Oberschenkel, den Bauch, die Oberarme, die Hüften und den Po zu verstecken.

2. Ordnen Sie die einzelnen Körperpartien der Reihe nach von »am wenigsten schlimm« bis »am schlimmsten«.
Beispiel:
Meine am wenigsten schlimmen
Körperpartien sind: Oberarme
Danach kommen der Reihe nach: Bauch
Oberschenkel
Hüften

Meine schlimmste Körperpartie ist: Po

Aufgabe 2
Nehmen Sie sich jede der oben genannten Körperpartien vor und schreiben Sie auf, was Ihnen bei der Vorstellung, jemand würde sie sehen, am meisten Angst macht.

Beispiel: Wenn andere meine *Oberarme* sehen würden, dächten sie, *ich sei eine wirklich abstoßende Person, weil sie so bleich und dünn und schlaff sind. Vermutlich würden sie über mich spotten oder mich schief ansehen.*

Fragen Sie sich selbst, ob es fair ist anzunehmen, jemand würde zurückgewiesen, weil er schlaffe Oberarme hat. Untersuchen Sie einmal die Logik hinter Ihrer Behauptung. Glauben Sie das wirklich? Würden Sie das denken, wenn Sie jemanden mit schlaffen Oberarmen sehen? Ich vermute nein, aber gehen wir der Diskussion zuliebe einmal davon aus, jemand tut es. Was sagt das über die Person aus, die so denkt? Nichts Gutes! Und überlegen Sie nun, wie oft Sie als Erwachsene schon wegen Ihrer Oberarme verspottet oder schief angesehen wurden. Ich vermute nie, doch sagen wir, wieder der Diskussion zuliebe, jemand würde sich deshalb über Sie lustig machen. Würde das nicht viel mehr über diese Person aussagen als über Sie? Ihre Annahmen sind eben nur Annahmen. Sie gründen nicht auf stichhaltigen Beweisen, sondern auf Angst und Unsicherheit. Und falls sich im schlimmstmöglichen Fall Ihre Ängste bewahrheiten sollten, dürfen Sie sich die Ungehobeltheit anderer nicht zu Herzen nehmen, sondern müssen sie als das sehen, was sie wirklich ist: eine Reflexion ihrer eigenen Unsicherheiten und Ängste.

Verfahren Sie mit jeder anderen Körperpartie genauso, bis Sie einzeln hinterfragt haben, wovor Sie am meisten Angst haben.

Aufgabe 3

Die progressive Muskelentspannung wurde von Edmund Jacobson entwickelt. Dahinter steht die Idee, systematisch einzelne Muskelgruppen anzuspannnen und wieder zu entspannen. Spannen Sie jede Gruppe an, halten Sie die Spannung fünf Sekunden lang und entspannen Sie dann 30 Sekunden. Spüren Sie der Entspannung nach, die Sie in jeder Muskelpartie fühlen, und genießen Sie diese. Vielleicht nehmen Sie die folgenden Anleitungen auf eine Kassette auf und spielen diese dann ab, wenn Sie mit geschlossenen Augen auf dem Boden liegen.

Schließen Sie die Augen und kommen Sie zur Ruhe. Legen Sie alle Sorgen zur Seite. Sie können sich später wieder darum kümmern, wenn Sie mit der Übung fertig sind. Konzentrieren Sie sich auf Ihre Atmung. Stellen Sie sich vor, die Luft, die Sie einatmen, hat eine ruhige, entspannende Farbe, sie fließt in Ihre Lungen, reinigt sie von allen Ängsten, Sie fühlen sich locker, sicher und angenehm. Wiederholen Sie diesen Vorgang und stellen Sie sich vor, Sie atmen friedliche, saubere Luft ein und möglicherweise vorhandenen Stress oder Angst aus. Nun wenden wir uns bestimmten Körperpartien zu.

Konzentrieren Sie sich zunächst auf die rechte Hand und den rechten Unterarm. Ballen Sie die Hand zur Faust und lassen Sie dann wieder los – achten Sie auf den Unterschied zwischen Spannung und Entspannung. Gehen wir nun weiter zum rechten Oberarm. Beugen Sie den Arm, lassen Sie »die Muskeln spielen« und dann lassen Sie wieder los. Nun konzentrieren Sie sich auf die linke Hand und den linken Unterarm, ballen Sie die Hand zur Faust, lassen Sie dann los. Achten Sie die ganze Zeit über auf Ihre ruhigen, entspannenden Atemzüge. Nun ist der linke Oberarm an der Reihe. Beugen Sie den Arm, spannen Sie die Muskeln an und lassen Sie wieder los.

Jetzt das Gesicht. Beginnen Sie mit der Stirn. Ziehen Sie die Augenbrauen hoch, entspannen Sie dann das Gesicht. Als Nächstes kommen wir zu Augen und Wangen. Drücken Sie die Augen fest zu, lassen Sie wieder los. Nun Mund und Kiefer. Pressen Sie die Zähne aufeinander und ziehen Sie die Mundwinkel nach hinten, dann lassen Sie los. Dasselbe machen wir mit Schultern und Nacken. Verschränken Sie die Finger im Nacken und drücken Sie den Kopf gegen diesen Widerstand nach hinten. Ziehen Sie die Schultern hoch und drücken Sie gegen ihren Widerstand den Kopf zurück (waagrecht, nicht so, als würden Sie nach oben schauen), lassen Sie die Schultern dann hängen, entspannen Sie.

Konzentrieren Sie sich nun auf Brust und Rücken. Atmen Sie tief ein, halten Sie den Atem, drücken Sie die Schultern im Rücken zusammen, lassen Sie die Schultern dann hängen und amten Sie wieder normal. Achten Sie als Nächstes auf den Bauch. Spannen Sie die Bauchmuskeln an (oder ziehen Sie den Bauch ein), lassen Sie wieder locker.

Achten Sie nun auf den rechten Oberschenkel und strecken Sie den Fuß nach vorne, lassen Sie wieder los. Nun zum Unterschenkel. Ziehen Sie die rechte Ferse hoch (vorsichtig, damit Sie keinen Krampf bekommen), entspannen Sie. Nun geht es langsam weiter zum rechten Fuß. Krümmen Sie die Zehen, lassen Sie wieder los. Nehmen Sie sich nun den linken Oberschenkel vor und strecken Sie den linken Fuß nach vorne, lassen Sie wieder locker. Jetzt der linke Unterschenkel – ziehen Sie die linke Ferse hoch, entspannen Sie. Und schließlich ist der linke Fuß an der Reihe, krümmen Sie die Zehen, lassen Sie locker.

Sie haben nun jede Körperpartie angespannt und wieder

locker gelassen. Stress und Angst weichen aus Ihrem Körper, wenn Sie ausatmen, und Sie fühlen sich ruhig, sicher, entspannt und zufrieden. Halten Sie die Augen eine Weile geschlossen und genießen Sie dabei das Gefühl der Ruhe und Entspannung. Atmen Sie tief ein und führen Sie die Finger zu den Zehen, atmen Sie erneut tief ein und dehnen Sie sich ausgiebig. Wenn Sie fertig sind, öffnen Sie die Augen. Das Durchatmen und Dehnen hilft Ihnen, den Kreislauf wieder in Schwung zu bringen und Sie zu beleben.

Schalten Sie die Kassette ein, wenn Sie entspannt sind und mit geschlossenen Augen auf dem Boden liegen. Sorgen Sie dafür, dass Sie nicht gestört werden, stecken Sie das Telefon aus, machen Sie den Fernseher aus.

Wenn Sie mit der Entspannungsübung fertig sind, stellen Sie sich vor, Sie tragen ein Kleidungsstück, das eine Körperpartie zeigt, die Sie normalerweise verhüllen (wenn es die Oberarme sind, stellen Sie sich in einem Kleid mit Spaghettiträgern vor). Behalten Sie dieses Bild vor Augen und sagen Sie sich immer wieder, wie sicher, entspannt, angenehm und positiv Sie sich fühlen. Nun stellen Sie sich vor, andere sehen Sie an, manche lächeln, manche fangen ein Gespräch mit Ihnen an, und Sie fühlen sich immer noch sicher, voller Selbstvertrauen und glücklich. Und nun lassen Sie in diese Szene Ihre schlimmsten Befürchtungen einfließen – jemand starrt Sie an oder sagt etwas Gemeines zu Ihnen. Achten Sie darauf, was Sie fühlen, und ignorieren Sie bewusst sämtliche negativen Emotionen – Sie erinnern sich, negative Bemerkungen einer anderen Person sagen mehr über diese aus als über Sie. Beobachten Sie sich, wie Sie die Situation im Griff haben, indem Sie diese Person entweder mit Nichtachtung strafen oder etwas sagen, wonach Sie erleichtert sind. Sehen Sie sich zu, wie Sie unbeschwert und glücklich herumgehen, erhaschen Sie im Vorbeigehen schnell einen Blick auf sich in einem Ganzkörperspiegel, und sehen Sie Ihr Lächeln und Ihre positive Ausstrahlung. Sagen Sie sich, dass Sie sich so mögen, wie Sie sind, und dass Ihre Oberarme, egal ob dick oder dünn, gebräunt oder weiß, ein Teil von Ihnen sind. Öffnen Sie dann langsam die Augen.

Sie müssen diese Übung vermutlich vier Wochen lang zweimal pro Woche durchführen, bis es Ihnen angenehm ist, sich sämtliche Körperteile auf Ihrer Liste vorzustellen. Doch Sie wissen, Übung macht den Meister: Je mehr Sie Ihre Vorstellungskraft und Entspannungsfähigkeit trainieren, umso besser.

Aufgabe 4

Nachdem Sie nun mit Hilfe der drei Übungen Ihre negativen Gedanken besiegt haben, ist es an der Zeit, Ihre Erfolge in die reale Welt zu transferieren. Ich verlange nun von Ihnen, die Szenarien, die sich in Ihrer Fantasie abgespielt haben, auszuleben. Tragen Sie ein Kleidungsstück, das Sie nicht verhüllt (fangen Sie mit dem am wenigsten schlimmen Körperteil an, und arbeiten Sie sich schrittweise vor). Treffen Sie eine Verabredung mit sich selbst, und tun Sie etwas Einfaches, wie zum Beispiel in einem Top, das Ihre Arme nicht bedeckt, einkaufen gehen. Gehen Sie mit Selbstvertrauen daran – die Fantasie- und Entspannungsübungen haben Sie besser darauf vorbereitet, als Sie glauben. Stellen Sie sich selbst eine bestimmte Aufgabe, wie zum Beispiel Lebensmittel einkaufen. Wenn Sie merken, dass Sie unsicher sind, erinnern Sie sich an das tiefe Durchatmen, die Entspannung und die positiven Gedanken.

Wenn Sie die Aufgabe erledigt haben, gehen Sie heim und geben Sie sich einen kräftigen Klaps auf die Schulter. Sie haben es geschafft! Sie haben selbst bestimmt, welche Kleidung Sie zu welchem Zeitpunkt tragen, und die Annahme widerlegt, Sie können nicht vor die Tür treten, wenn Sie sich nicht hinter der Kleidung verstecken. Schreiben Sie auf, welche Gefühle diese Erfahrung in Ihnen ausgelöst hat. Haben Sie sich bei irgendetwas unwohl gefühlt, erforschen Sie die Denkweisen, die hinter diesen Gefühlen stecken, und hinterfragen Sie diese, bis Sie die Erfahrung mit positiven Gefühlen betrachten können.

Verfahren Sie nun ebenso mit allen anderen Körperpartien und gehen Sie erst zur nächsten über, wenn Sie mit der einen im Reinen sind. Irgendwann werden Sie das tragen, wozu Sie Lust haben, und zwar nicht, weil es einen Teil Ihrer selbst verhüllt, sondern weil Ihnen der Sinn danach steht.

Ihr Körper, Ihre Beziehungen

Ich hatte schon wieder einmal verschlafen, drehte mich auf die Seite und stellte fest, dass mein Gesicht ganz feucht war, weil ich in einer Pfütze aus meinem eigenen Speichel gelegen hatte. Ich wischte mit dem Handrücken darüber und setzte mich auf. Kurz dachte ich daran, mich krank zu melden und zu Hause gemütlich fernzusehen, entschied mich aber dann doch dagegen, weil mir einfiel, dass heute die monatliche Abteilungsbesprechung stattfinden und der tolle James dabei sein würde. Ich fand eine türkise Bluse mit tiefem Ausschnitt, die mir Tante Cecilia letztes Jahr zum Geburtstag geschickt hatte, und kombinierte dazu meinen langen schwarzen Rock, der von der Taille abwärts alles verdeckt. Dann zog ich eine deprimierend große Unterhose hervor – dabei war ich etwas betrübt, dass es wenig Sinn machen würde, etwas Hübscheres zu suchen, weil das sowieso niemand sehen würde, es sei denn, ich würde in einen schlimmen Unfall geraten. Ich versuchte mich zu erinnern, wann zum letzten Mal jemand in die Nähe meines Schlüpfers gekommen war, und stellte fest, dass ich seit fast einem Jahr keine Verabredung mit einem Mann mehr gehabt hatte, ganz zu schweigen von einer Gelegenheit, jemandem meine Unterwäsche zu zeigen. Und die letzte Verabredung, die ich angenommen hatte, war ein völliges Desaster gewesen. Sie verlief ungefähr so:

Meine Freundin Sophie hatte mich mit einem Mann aus ihrem Büro zusammengespannt, er hieß Jed. Ich sollte mich um neun mit ihm treffen, war aber schon etwas früher dort, damit ich noch Zeit hatte, mich vorzubereiten. Ich weiß noch, dass ich mich ausgesprochen unwohl fühlte, weil es ziemlich heiß war und mein neuer Stringtanga von meinem Po eingezogen wurde. Nach reiflicher Überlegung beschloss ich aufzustehen und zu versuchen, den Stoff zwischen meinen Pobacken hervorzuziehen, in der Hoffnung, niemand würde es bemerken. Doch als ich mich gerade nach links über den Tisch beugte, die Hand im Po vergraben, um den String herauszuziehen, sah ich jemanden direkt auf mich zukommen – natürlich wurden meine Gebete, dass dies bitte nicht mein Blinddate sein möge oder dieser dann wirklich blind sei, nicht erhört, und er beugte sich vor und sagte: »Hallo, bist du Sarah?«

»Ja«, antwortete ich mit einem Bedauern in der Stimme, zog die Hand zwischen den Pobacken hervor und streckte sie ihm entgegen, dann merkte ich, was ich da tat, und zog sie wieder zurück. Er sah etwas verwirrt drein, doch wir brachten beide ein Lächeln zustande, setzten uns und vertieften uns nervös in die Speisekarte. Ich weiß noch, dass ich davon überzeugt war, er würde mich für einen riesigen Fettkloß halten. Er wirkte ziemlich fit (die Zähne etwas groß und das Haar war sicher schon einmal fülliger, doch im Großen und Ganzen attraktiv).

»Isst du öfter hier?«, erkundigte er sich.

Ich zögerte und überlegte, ob das eine Anspielung auf mein Gewicht war, erinnerte mich dann aber an die Regel, im Zweifel für den Angeklagten. »Ich bin zum ersten Mal hier.«

Ihr Körper, Ihre Beziehungen

»Ach, ich nehme das Steak«, meinte er und gab ein Grunzen von sich, mit dem er, so glaube ich, einen Neandertaler imitieren wollte. Zu diesem Zeitpunkt hätte ich schon stutzig werden sollen, denn bis wir bestellt hatten, hatte er schon zweimal gerülpst, etwa zwanzig Minuten lang von Lastwagenrennen erzählt, die Gefahren von Sportlernahrung in allen Einzelheiten erläutert und mich »beruhigt«, dass es in kalten Winternächten viel heimeliger wäre, sich an Frauen zu kuscheln, die etwas Fleisch auf den Rippen haben.

Als der Kellner endlich unser Essen brachte, versagte ich mir, mich auf der Stelle mit meiner Gabel zu erstechen, aß aber ganz schnell, um mich aus dem Staub machen zu können. Doch das war natürlich nicht ganz so einfach. Als ich gerade ein großes Stück von meinem Steak schlucken wollte, gab er mir einen kräftigen Schlag auf die Schulter und meinte, wie gut es ihm doch tue, eine Frau mal ihr Essen genießen zu sehen. Dabei verschluckte ich mich, er stand auf, schrie durch das ganze Restaurant, es bestehe kein Grund zur Panik, er kenne den richtigen Griff, und stellte sich hinter mich.

Gerade als er mir die Hände an die Taille legen wollte, würgte ich das Fleischstück hervor, das in meiner Speiseröhre festgesteckt hatte, und stand auf. Ich bedankte mich bei ihm und sagte, ich müsse jetzt aber wirklich gehen. Er wollte mich fahren, doch das lehnte ich ab. Er bat mich um meine Telefonnummer. Ich lehnte ab. Dann fragte er, ob noch irgendeine Chance bestünde, dass wir die Nacht zusammen verbringen würden. Ich versicherte ihm, nein, nahm meinen Mantel und steuerte auf die Tür zu. Ehe ich draußen war, rief er mir hinterher: »Es ist wegen meiner

Nase, oder?« Im ersten Moment hatte ich nicht die geringste Idee, wovon er sprach, bis ich bemerkte, dass er auf eine kleine Erhebung an seiner Nasenspitze deutete. Ich ging zu ihm zurück.

»Du findest meine Hakennase abstoßend, nicht war?«
»Nein, das tue ich nicht.«
»Doch, das tust du.«
»Nein, tu ich nicht.«
»Doch, tust du.«
»Das wird jetzt lächerlich, ich gehe, weil du ungehobelt und laut bist und Tischmanieren hast wie ein Schwein.«
»Wirklich? Cool! Und ich dachte kurz, du fändest meine Nase schlimm.«

Ich lächelte glücklich, weil ich ihn diesbezüglich »beruhigen« konnte, und ging befremdet von dannen.

Das Komische an Beziehungen ist, dass sie uns nicht nur interessieren, weil sie uns andere Menschen näher bringen, sondern weil sie uns auch uns selbst näher bringen, indem wir uns durch die Augen anderer betrachten. Im Grunde genommen sind wir davon besessen, aus den Reaktionen anderer etwas herauszulesen, als würde uns das Aufschluss darüber geben, wer wir sind, und uns helfen, uns selbst besser wertzuschätzen. So wird unser Körperbild zu einem Schlüsselfaktor, wie wir uns in Beziehungen sehen und verhalten.

Immer hören wir, dass »der erste Eindruck entscheidend« sei. Fühlen wir uns aber wegen unseres Äußeren unsicher, hilft es uns nicht, wenn wir glauben, schon nach dem Aussehen beurteilt worden zu sein, noch ehe wir ein Wort von uns gegeben haben. Vor einer ersten Verabredung machen

Ihr Körper, Ihre Beziehungen

wir uns stundenlang zurecht, weil wir einen guten Anfangseindruck hinterlassen wollen. Nein, streichen wir das. Weil wir einen überwältigenden Eindruck hinterlassen wollen, denn dank der Pop-Psychologie, mit der wir in diesen Tagen bombardiert werden, glauben wir wohl, der erste Eindruck sei wichtiger als alles, was folgt, zusammengenommen. Aber das stimmt einfach nicht. Zahlreiche wissenschaftliche Studien zeigen, dass die Interaktionen, die auf den ersten Eindruck folgen, das Bild bestimmen, das sich Menschen von uns machen. Nachweislich erscheinen uns Menschen, die wir mögen, zunehmend schöner, je länger wir sie kennen. Und andererseits kommt es auch vor, dass bei Menschen, die wir zunächst wegen ihres guten Aussehens mögen, dieser so genannte »Haloeffekt« im Lauf der Zeit nachlässt, wenn der Charakter dieser Person hinter unseren Erwartungen zurückbleibt. Also ist die Behauptung, man bekommt nur einmal die Chance, einen guten Eindruck zu hinterlassen, schlicht und ergreifend falsch.

Wir leben in einer Kultur, in der Image alles bedeutet, und haben gelernt, Urteile schneller zu fällen, als das Wort »oberflächlich« ausgesprochen wird. Manchmal vergleichen uns Psychologen mit Schauspielern, die morgens aufwachen, in ein »Kostüm« schlüpfen und Bühnen-Make-up auflegen. Dann spielen wir den Tag über »die Rolle« und mühen uns, ein Bild als real und wahrhaftig darzustellen. Die meisten von uns haben Angst davor, wie andere uns sehen, wenn sie uns zum ersten Mal begegnen, und wir meinen, wenn wir nur genügend Make-up auflegen und das richtige Kostüm tragen, schaffen wir ein Bild von uns, das bei anderen besser ankommt.

Unsere Kernannahmen sind die Basis für neue Informationen, die wir aufnehmen. Wenn wir jemanden zum ersten Mal sehen, bilden wir uns zu dieser Person eine bestimmte Meinung, auch wenn wir uns dessen vielleicht nicht bewusst sind. So kann es vorkommen, dass wir einen Mann für wohlhabend halten, weil er sonnengebräunt ist. Oder wir glauben, jemand sei kindlich oder verletzlich, weil er klein ist. Wir fühlen uns mehr zu jenen hingezogen, die uns ähnlich scheinen. Ehe wir uns mit jemandem unterhalten, können wir nur nach dem Äußeren gehen, also ist klar, warum sich jemand, der unter einem negativen Körperbild leidet, beim Eingehen neuer Beziehungen unwohl fühlt. Doch wir müssen uns bewusst machen, dass der erste Eindruck oft ein sehr seichter ist.

Am einfachsten können wir die Annahmen, die sich jemand aufgrund unseres Äußeren von uns gebildet hat, beeinflussen, indem wir ihm mehr Informationen über uns gewähren. Lautet die Annahme zum Beispiel, Sie seien kindlich und verletzlich, weil Sie klein sind, können Sie von Ihrem letzten Urlaub erzählen, in dem Sie alleine beim Rafting waren. Lautet die Annahme, Sie müssen reich und verwöhnt sein, weil Sie das ganze Jahr über sonnengebräunt sind, können Sie einfließen lassen, dass Sie wegen Ihrer griechischen Gene schnell braun werden und Sie bei Ihrer Arbeit als Gärtner (mit dem Verdienst bessern Sie während der College-Zeit Ihre Kasse auf) häufig draußen in der Sonne sind. Sie verstehen. Wir sind darauf programmiert, Annahmen zu bilden, weil wir so die Welt um uns ordnen können.

Doch wir sind auch darauf programmiert, diese mit Hilfe neuer Informationen zu aktualisieren und zu verfeinern. Je mehr Informationen Sie über sich herausgeben, umso wahrheitsgetreuer werden die Annahmen, die andere Menschen über Sie treffen.

Fremde

Auf dem Weg ins Büro stellte ich fest, dass mein BH aus meinem gewagten Ausschnitt hervorlugte und dass ich dauernd meine Bluse hochziehen musste, damit man ihn nicht sah. Zu Hause war das kein Problem, doch unterwegs zum Bus merkte ich, dass es aussah, als würde ich mich selbst tätscheln, und die Leute starrten mich deshalb konsterniert an. Als ich im Bus stand und mich an der Stange über mir festhielt, sah ich, dass sich ein kleiner, fast glatzköpfiger Typ unter meinem rechten Busen postiert hatte und dauernd so tat, als würde er aus dem Gleichgewicht kommen, damit er seinen blanken kleinen Kopf an mich drücken konnte. Ich war mir nicht recht sicher, ob ich, auch wenn ich meine Brüste mochte, wirklich eine Masturbationshilfe für Fremde im öffentlichen Nahverkehr abgeben wollte.

Aber um noch einmal heimzugehen und mich umzuziehen, war es zu spät, also hielt ich meine Unterlagen auf dem Weg ins Büro über das Dekolleté. Als ich dort ankam, waren schon alle zum Besprechungsraum im fünften Stock unterwegs. Ich huschte noch schnell in mein Büro, legte etwas Lipgloss aus meiner Glitzertube nach, zog das Top hoch und machte mich auf zur Besprechung.

Ich betrat den Raum und bemerkte James sofort – er saß in einer Ecke, strich sich das Haar glatt und schnippte mit einem Stift. Der Mann, der die Besprechung leitete, erklärte, unsere Firma würde das Marketing für Diablo Bablo übernehmen, ein neues Getränk, das eingeführt werden sollte. Es schmecke wie Kaugummi, doch ein Glas davon enthalte ungefähr so viel Alkohol wie eine Flasche Wodka. Bob, ein echt schmieriger Kerl aus der PR-Abteilung, richtete das Wort an alle. »Was wir brauchen, um das zu verkaufen«, verkündete er, »ist ein Hinterteil wie das von Kylie – ihr wisst schon, so etwas, was sich jede Frau wünscht und jeder Mann anfassen will.« Die meisten Frauen im Raum (und James, was für ihn spricht) verdrehten die Augen, die meisten Männer kicherten wie Schuljungen.

Da es in unseren Besprechungen üblich ist, die Meinung eines jeden zu würdigen, waren wir anderen aufgefordert, das aus unserer Sicht zu beurteilen. Ich platzte schier vor Verlangen, diesem Neandertaler Bob zu sagen, was ich von seinem beschissenen Getränk und seiner offensiven Werbekampagne hielt, als ich ein kleines Piepsen aus den hinteren Reihen vernahm. Es war Suzy, das pinkfarbene Glitzergirl von der Firmenparty. Sie räusperte sich und sagte: »Ich finde Kylies Hintern gar nicht so toll, er ist zu klein. Ich finde, J-Lo wäre viel besser. Sie ist fraulicher und, nun, irgendwie echter.«

Schweigen senkte sich über den Raum und Bob lächelte verlegen. »Oh, danke für diesen Beitrag. Ich meine, es geht darum, dass wir den Leuten etwas vorsetzen müssen, was sie sich wünschen – ich meine, seien wir doch mal ehrlich, wer wollte nicht einen Hintern wie Kylie?«

Plötzlich hörte ich mich sagen: »Ah ... soweit ich weiß, ist Kylie 34, aber ihr Hintern ist ungefähr 14. Meiner hat mit dem Rest meines Körpers mitgezogen, also gehört es nicht

zu den Dingen, die ich mir wünsche, in einem Silberminikleid und mit Sonnenschild auf dem Kopf herumzulaufen.«
Beklemmende Stille setzte ein, und ich merkte, wie ich rot anlief. Ich wollte aber nicht, dass es so wirkte, als hätte ich ein Problem mit Kylies oder irgendeinem anderen Hinterteil, also fügte ich noch schnell hinzu: »Ich glaube, ihr braucht etwas, was mehr mit dem Getränk zu tun hat, vielleicht dass die Leute Spaß damit haben oder den Geschmack toll finden oder etwas in der Art.«

Bob, der völlig baff wirkte, dankte uns für die Beiträge und sagte, das Marketing-Team würde sie auf alle Fälle diskutieren. Die Besprechung wurde vertagt, und ich machte mich so schnell wie möglich aus dem Staub, um nur ja nicht mit James zusammenzutreffen.

Wenn wir deprimiert oder verunsichert sind, wird die Bestätigung durch andere für uns noch viel wichtiger. Diese kann auf unterschiedlichste Weise geäußert werden, von einem simplen Lächeln bis zum heftigen Flirt. Mangelndes Interesse kann aber ebenso einfach ausgedrückt werden. Sieht sich der Unbekannte, mit dem wir auf einer Party eine Unterhaltung angefangen haben, nach anderen um oder schaut auf seine Armbanduhr, ist das für uns wahrscheinlich nicht sehr ermutigend. Wie wir in den vorhergehenden Kapiteln festgestellt haben, interpretieren wir, wenn wir verunsichert sind, negative Interaktionen mit anderen oft als Reflexion von uns selbst. Stimmt etwas nicht mit unserem Körperbild, konzentriert sich das auf unser Aussehen. Wir denken dann vielleicht: »Er hört mir nicht zu, weil er seine Zeit nicht damit vergeuden will, sich mit mir zu unterhalten, ich bin einfach nicht hübsch genug.« Das spiegelt auch unsere Art wider, uns ihm gegenüber zu verhalten. Möglicherweise versuchen wir, die Aufmerksamkeit nur ja nicht auf uns zu lenken, oder trauen uns nicht, eine Unterhaltung anzufangen aus Angst, zurückgewiesen zu werden und am Ende noch unsicherer und befangener dazustehen – Wesenszüge, die uns für andere nicht gerade attraktiv machen. Würde derselbe Unbekannte aber lächeln, uns zunicken oder mit uns flirten, würde unser Selbstwertgefühl enorm gewinnen. Spricht er uns an, fühlen wir uns sexy, attraktiv und selbstsicher, dadurch werden wir noch attraktiver und unsere positiven Gedanken kommen in unserem Verhalten zum Ausdruck, und umgekehrt.

Das Problem ist, dass wir die Reaktionen anderer vorwegnehmen, wenn wir sie zum ersten Mal sehen. Solche sich selbst erfüllenden Prophezeiungen enden immer im Desaster. Haben wir einen schlechten Tag – Sie wissen schon, so ein Tag, an dem das Haar beschlossen hat, sich nicht bändigen zu lassen, egal, wie viel Spülung man darauf packt, oder die Hosen sich ein bisschen zu eng anfühlen –, gehen wir eher davon aus, »Diese Person wird mich nicht mögen«, und verhalten uns so, wie wir glauben, dass diese es von uns erwartet. Das führt mit großer Sicherheit zu der Reaktion, die wir erwarten, und verstärkt dadurch die negativen Annahmen, die wir über unser Äußeres in uns tragen.

Als Selbstschutz, um in Beziehungen nicht verletzt zu werden, sorgen wir dafür, dass andere keine Gelegenheit erhalten, uns zurückzuweisen oder uns einen Tiefschlag zu versetzen, und scheuen daher vor Unterhaltungen zurück. Vielleicht kommen wir dabei sogar an einen Punkt, an dem wir überhaupt nicht mehr versuchen, neue Bekanntschaften zu knüpfen, weil wir glauben, ohnehin immer zu scheitern. »Erlernte Hilflosigkeit« nennen Psychologen das Phänomen, wenn jemand nicht einmal mehr versucht, etwas zu erreichen, weil er davon überzeugt ist, es sowieso nie zu schaffen. Es tritt, wen wundert es, vor allem nach einer Reihe von Fehlschlägen auf. Wir werden passiv und deprimiert, und um mit unseren negativen Gefühlen zurechtzukommen, stellen wir verstärkt die vermeintliche »Ursache« unseres Scheiterns heraus, so dass wir leichter eine Schuldzuweisung vornehmen können. Wenn wir zum Beispiel glauben, nur deshalb schwer neue Freunde zu finden, weil wir übergewichtig sind, versuchen wir irgendwann vielleicht gar nicht mehr, abzunehmen oder uns attraktiv anzuziehen. Wir haben Angst, trotzdem nicht besser anzukommen und akzeptieren zu müssen, dass wir tatsächlich Versager sind. Wenn wir aber in riesigen Kleidern herumschlurfen und uns weigern abzunehmen, können wir unsere Probleme, Menschen kennen zu lernen, damit begründen. Es nimmt uns etwas Druck. Doch wir bestätigen uns auf diese Weise selbst, dass wir es nicht verdienen, uns wohl in unserer Haut zu fühlen oder uns zu mögen, wie wir sind. Wir bewegen uns nur vorwärts, wenn wir die Gelegenheit beim Schopf packen und diese schädlichen Selbstschutzmechanismen ablegen. Wir kommen nur weiter, wenn wir uns unseren Ängsten stellen. Und damit setzen wir uns unmittelbar mit jenen Kernannahmen auseinander, die uns daran hindern, unser Leben voll und ganz auszuschöpfen.

Wir dürfen dabei nicht vergessen, dass es den meisten Menschen Angst macht, neue Bekanntschaften zu schließen.

Jeder will das Gefühl haben, dass man ihn akzeptiert und mag. Das gehört einfach zum Menschsein – wenn es uns völlig egal wäre, wie andere uns sehen, wären wir in der Gesellschaft deplatziert. Oft entschuldigen sich Menschen für ihr Aussehen, noch ehe andere überhaupt die Chance hatten, es wahrzunehmen. Wir alle haben eine Bekannte, die ständig einräumt oder betont, dass sie nicht so gut aussieht, wie sie könnte, nur um damit anderen zuvorzukommen: »Ich weiß, heute sehe ich wirklich müde und fertig aus...«. Wir müssen uns davon lösen, uns lediglich als Körper zu definieren, egal, ob positiver oder negativer Art. Malen Sie sich einfach aus, wie wenig Sinn alles machen würde, wenn wir alle Menschen nur nach dem Aussehen beurteilen würden, nur auf Ärzte oder Wissenschaftler hören würden, die wir attraktiv finden, eine Politikerin wählen würden, die die Menschenrechte mit Füßen tritt, nur weil sie die schönste Kandidatin war, oder nur mit Kindern spielen würden, die hübsch sind. Es ist absolute Zeitverschwendung, uns selbst und andere danach zu beurteilen und nur so wertzuschätzen, wie wir oder sie aussehen, weil unser Dasein und unser Wert als Menschen so viel tiefer gehen als das. Wir müssen uns darauf besinnen, unseren Körper als Werkzeug zu betrachten, mit dem wir unser Leben gestalten können, mehr unter funktionalen Gesichtspunkten als unter ästhetischen. Sonst könnten wir uns genauso gut reglos in ein Schaufenster stellen und warten, bis ein Dekorateur kommt und uns anzieht.

Unser Körperbild ist nachweislich umso gesünder, je aktiver wir sind, denn das hilft uns, die Dinge in die richtige Relation zu setzen. Das gilt gleichermaßen für Menschen ohne und mit Behinderungen. Wesentlich ist, dass man sich darüber freuen kann, was der Körper alles zu leisten vermag, und sich nicht darauf konzentriert, wozu er nicht in der Lage ist oder welche optischen Erwartungen er nicht erfüllt. So kann man sein Körperbild und Selbstwertgefühl effizient stärken. Denken Sie nicht: »Meine schlaffen Armen machen mir mein Leben kaputt!«, sondern: »Diese Arme machen mich zu einer wirklich guten Tennisspielerin!« Wenn wir an unserem Körper schätzen, was er alles für uns tun kann, kommen wir von der irrigen und schädlichen Vorstellung weg, der Gesamtwert unserer Körpers liege ausschließlich darin, wie er aussieht.

Freunde

Wir haben festgestellt, dass wir uns unter Fremden befangen fühlen, weil wir Angst haben, nach unserem Aussehen beurteilt zu werden und der erste Eindruck der bleibende sein könnte. Doch wie geht es uns unter Freunden und innerhalb der Familie? Sie kennen uns viel besser, also müssen wir uns bei ihnen doch weitaus sicherer und entspannter fühlen, oder? Nicht unbedingt. Eine interessante Theorie, die so genannte *Theorie des sozialen Vergleichs*, geht davon aus, dass wir genaue, wahrhaftige Beurteilungen unserer persönlichen Eigenschaften brauchen, damit wir ein gutes Gefühl mit uns selbst haben. Zu diesem Zweck vergleichen wir uns oft mit anderen. Wenn wir meinen, jemand sehe besser aus als wir, orientieren wir uns in diesem Vergleich nach oben, meinen wir, wir selbst sehen besser aus, orientieren wir uns nach unten. Wir tendieren in jeder beliebigen Gruppe dazu, auch wenn wir diese gut kennen, uns in unseren Vergleichen nach oben zu orientieren, was zwangsweise dazu führt, dass wir uns schlecht fühlen. Wir vergleichen uns mit unserer jüngeren Schwester und denken: »Sie hat einfach einen viel besseren Busen als ich« oder mit einer Gruppe Freundinnen: »Ich bin die Dickste von uns allen.«

Wir sind so konditioniert, dass wir es für das Erstrebenswerteste im Leben einer Frau halten, den perfekten Mann an Land zu ziehen, der sich von Baum zu Baum schwingt, mit den Fäusten gegen die Verbarrikadierung am Höhleneingang hämmert und einen wilden Eber (oder etwas Ähnliches) zum Abendessen nach Hause bringt. Also werden andere Frauen zu unseren Rivalinnen. Doch diese Rivalität richtet sich letzten Endes nur gegen uns selbst. Und wir werden nie gewinnen, weil wir an einem Rennen teilnehmen, bei dem es keine Ziellinie gibt, weil wir gegen einen nicht vorhandenen Gegner boxen oder gegen den Computer spielen. Jede gertenschlanke, groß gewachsene Blondine hat sich vermutlich schon einmal gewünscht, eine kleine, rundliche Brünette zu sein. Und die rundliche Brünette wollte wahrscheinlich auch einmal wie ihre blonde Freundin aussehen. Wir neigen dazu, uns stets darauf zu konzentrieren, was wir nicht sind, anstatt die Eigenschaften wahrzunehmen, die wir besitzen. Doch genau das führt uns zur Lösung des Problems: Viele Frauen finden es seltsam, in einen Spiegel zu sehen und die Dinge aufzuzählen, die ihnen an ihrem Körper gefallen. Doch wie so vieles, was uns verhasst ist, wie Sport, gesundes Essen oder eine Darmspülung, tut es uns gut. Warum sich vor einen Spiegel stellen und sich selbst fertig machen, wenn es einem so viel besser geht, nachdem man mit der alten Gewohnheit gebrochen hat und seine positiven Eigenschaften hervorhebt? Denken Sie einmal darüber nach, es ist doch ganz einleuchtend.

In welcher Liga spielen Sie?

Meine Kusine Beatrice ist toll. Sie ist vielleicht sogar die einzige Verwandte, die ich wirklich mag. Obwohl sie sehr erfolgreich ist und gut aussieht (hervorragender Abschluss an der Uni und Naturlocken), steht sie mit beiden Beinen auf dem Boden und ist ausgesprochen nett (hört Onkel Tom höflich zu, obwohl er senil ist und immer ausschweifend darüber referiert, welche Ingenieurleistung hinter Inkontinenzhosen steckt, und arbeitete ein Jahr lang ehrenamtlich in einem Umweltprojekt in Indien mit). Als ich die Einladung zu ihrer Hochzeit bekam, habe ich mich richtig gefreut (abgesehen davon, dass ich beinahe eine Herzattacke bekommen hätte, weil ich ohne Begleitung sein würde) – bis meine Schwester anrief. Sie redete ganz aufgeregt und außer Atem, was mich sehr irritierte, und wollte wissen, ob ich die Einladung schon bekommen hätte. Dann fing sie an zu kichern. Ich sagte ja, machte eine Bemerkung, dass sie sich merkwürdig benehme, und fragte, warum sie eigentlich lache. »Ich habe ihn gesehen! Den Kerl, den sie heiratet!«, quiekte sie und fing an, Martin zu beschreiben, der den Worten meiner Schwester nach ganz schön zu wünschen übrig ließ, was das Aussehen betraf.

Als ich mir ihre Beschreibung anhörte – klein, kein Kinn,

dicklich, Durchschnittsauto –, bemerkte ich einen Hauch von Triumph in ihrer Stimme. Ich sprach sie darauf an, und sie meinte in einem etwas verhuschten Flüsterton: »Merkst du es nicht? Sie ist gar nicht so perfekt... Ich meine, wenn das alles ist, was sie als Ehemann an Land ziehen kann...«

Nun muss ich gestehen, dass ich meine Schwester noch nie für ausgesprochen tiefsinnig und sensibel gehalten habe, ich hätte aber nie gedacht, dass sie eine so kleingeistige Hexe sein könnte. Es verletzte mich zutiefst, dass sie diesen Mann nur aufgrund seines Aussehens beurteilte und es auch noch als Schwäche oder Mangel von Beatrice betrachtete, dass sie sich für ihn entschieden habe.

Ich legte das Telefon weg und sah im Fernseher, der im Hintergrund lief, die Ergebnistabellen der Fußballspiele – und plötzlich dämmerte mir, dass meine Schwester von Spielklassentabellen gesprochen hatte. Beatrice, ganz klar Erste Bundesliga, heiratete Martin, Regionalliga. Was war dann ich? Als was betrachteten meine Schwester und alle anderen mich? Machte ich mich lächerlich, weil ich ein Auge auf James geworfen hatte (der im Spitzenfeld der Bundesliga war)? Würde er denken, ich schere aus meiner Liga aus, und mich auslachen? Und das Wichtigste: Wie sah ich mich selbst? Ich griff zum Hörer, um meine Schwester anzurufen und ihr zu sagen, was ich von ihr und ihrer einfältigen, seichten Meinung hielt. Dass Martin und ich in jeder Liga spielen könnten, und dass Beatrice sich vermutlich glücklich schätzen könne, ihn zu haben. Doch dann fiel mir auf, dass ich keinen Deut anders war als meine Schwester. Auch ich hatte auf der Straße schon Paare gesehen, bei denen ich mich fragte, was sie zusammenbrachte. Schlimmer noch – ich hatte immer darauf geachtet, Jungs aus meiner Liga gut zu finden, Durchschnitt eben. Schon in dem Alter, in dem man für Boygroups schwärmt, träumte ich nie von dem hübschesten Jungen. Irgendwie hatte ich immer das Gefühl, der stehe mir nicht zu und meine Zuneigung müsse dem Jungen mit dem Gewichtsproblem, der guten Stimme und dem musikalischen Talent gelten, den keines der anderen Mädchen toll fand. Die einzige Ausnahme war James, auf den ich schon seit Monaten stand, aber ich unternahm nichts, weil er – in einer anderen Liga spielte.

Deprimiert ließ ich mich vor den Fernseher sinken. Ich griff nach dem halb aufgegessenen Schokoriegel, legte ihn aber trotzig wieder weg, stand auf und ging auf Gary Lineker zu, der sich über einen Freistoß aufregte. Ich zeigte auf ihn und versprach mir laut, ich würde mich nicht auf eine Liga festlegen lassen, ich würde anders sein als meine Schwester und mit James sprechen... und ihn vielleicht sogar einladen, mich auf die Hochzeit von Beatrice zu begleiten...

Wir machen uns Gedanken darüber, ob andere finden, dass wir und unser Partner zusammenpassen. Viele Frauen kennen folgende Situation:

Endlich, nach monatelangen Wimpernaufschlägen und Herumlungern am Kopierer, hat der tolle Hecht aus der Buchhaltung Sie zum Essen eingeladen. Halleluja! Sie rufen Ihre Freundinnen an und geben minutiös wieder, wie genau er es formuliert hat, berichten von jeder Veränderung seiner Stimmlage und wie oft genau er während des Gesprächs gelächelt hat. Dann rufen Sie auch noch Ihre Mutter an und warnen sie schon einmal vor, dass sie sich möglicherweise bald in den Babyabteilungen umsehen könne, denn es könne schon bald eine Hochzeit und eine Niederkunft ins Haus stehen. Doch dann trifft es Sie wie ein Schlag: Wenn er so toll ist, ist er für Sie vielleicht eine Nummer zu groß? Was haben Sie sich dabei gedacht, die Einladung anzunehmen? Und dann kommt er, der altbekannte Satz: »Er spielt in einer anderen Liga!« Natürlich hat er Ihre kurzen Beine nicht bemerkt oder den kleinen Busen, oder es kümmert ihn nicht, aber Sie können an nichts anderes mehr denken. Und wenn es ihm bis jetzt noch nicht aufgefallen ist, wird er es spätestens dann merken, wenn ihn wildfremde Leute im Restaurant anstarren und denken: »Was zum Teufel will er denn von der?« Die Theorie der sozialen Ähnlichkeit besagt, dass Menschen sich oft zu jenen hingezogen fühlen und Beziehungen mit ihnen eingehen, die vergleichbar attraktiv sind. Folglich gehen wir davon aus, dass auffallend gut aussehende Menschen Beziehungen zu ebenfalls auffallend gut aussehenden Menschen eingehen. Also geben Sie sich im Restaurant kühl und reserviert, damit Sie, wenn er Ihre optischen Unzulänglichkeiten bemerkt, sagen können, *Sie* hätten *ihn* zurückgewiesen. So wird Ihre erste Verabredung dann auch ganz schnell zu Ihrer letzten, und Sie starten erneut bei Los.

Das Traurige daran ist, dass der arme Kerl nicht die geringste Vorstellung davon hat, was für komplizierte und irrationale Gedanken in Ihrem Kopf ablaufen. Die nette, warmherzige, humorvolle Frau, deretwegen er immer so lange am Kopierer gebraucht hat, hat sich urplötzlich in eine eiskalte Hexe verwandelt. Und die Ironie dabei ist, dass er die ganze Zeit über, während Sie sich eingeredet haben, Ihr wabbeliger

In welcher Liga spielen Sie?

Bauch würde schuld sein, wenn nichts daraus wird, vor Ihnen saß und sich Sorgen machte, weil Sie so attraktiv sind und vielleicht noch nicht bemerkt haben, dass er Hängeschultern hat. In Ihren Augen sieht er perfekt aus, doch auch er hat Probleme mit seinem Körper.

Der Druck, den wir uns bezüglich unseres Körpers selbst auferlegen, wenn sich neue Beziehungen anbahnen, erwächst daraus, was unserer Ansicht nach das andere Geschlecht attraktiv findet. Frauen glauben, sie müssten schlank und vollbusig sein, weil sich das jeder Mann wünscht. Und Männer meinen, sie müssten groß und kräftig sein, weil sich das natürlich alle Frauen wünschen. Doch in den meisten Fällen sind solche Vorhersagen falsch. Wir streben nach einem Ideal, von dem wir glauben, dass es existiert – aber wir haben keine Vorstellung, worum es sich dabei genau handelt. In einer vor kurzem veröffentlichten Studie wurden 500 Männer und Frauen befragt, wie sie sich ihren eigenen Körper und den ihres Partners wünschen. Die Ergebnisse zeigten, dass weder Männer noch Frauen richtig einschätzen konnten, was das andere Geschlecht als begehrenswert betrachtete. Die Männer nahmen an, die Frauen würden sich bei ihnen eine größere Statur wünschen, als es tatsächlich der Fall war, und die Frauen glaubten, die Männer würden sich zierlichere Frauen wünschen, als diese es taten. Andere Studien bestätigten diese Ergebnisse.

Mit der Nervosität bei einer ersten Verabredung – und bei Treffen mit Menschen, die man nicht kennt – kommt man am besten zurecht, indem man sich auf sicherem Terrain bewegt. Erzählen Sie eine Anekdote aus den Sommerferien zum hundertsten Mal, wenn Sie damit immer einen

Lacher ernten. Und was spricht dagegen, dass Sie immer das rote, perlenbestickte Top tragen? Wenn Sie sich darin am wohlsten fühlen, ziehen Sie es an. Und wenn Sie eine teure Maniküre am Abend davor brauchen, leisten Sie sich eine. Seien Sie die Version von sich selbst, die Ihnen am besten gefällt. Ist es die Variante mit neuem Haarschnitt, Stilettabsätzen und Bleistiftrock, dann eben so. Zwei Dinge müssen Sie in solchen Situationen beachten:

1. Sie sind die Einzige, die sich so sieht, wie Sie es tun, weil Sie von Anfang an in Ihrem Körper stecken. Wir haben schon erwähnt, wie hartnäckig Kernannahmen erhalten bleiben, selbst wenn sich unser Äußeres längst verändert hat. So kann es passieren, dass wir beim Blick in den Spiegel noch immer das dicke, schikanierte Schulkind sehen, das wir einmal waren. Oder die verletzenden Worte eines ehemaligen Partners klingen uns in den Ohren. Doch ein neuer Mensch in unserem Leben nimmt uns so, wie er uns jetzt sieht. Er weiß nichts von all dem, was wir schon erlebt haben. Wir sehen unseren Körper mit dem Ballast vieler Jahre. Ein Fremder sieht unseren Körper und mag ihn so, wie er heute ist.

2. Niemand ist immun gegen körperbezogene Ängste. Wir wachsen alle in derselben Gesellschaft auf und suchen bis zu einem gewissen Grad Bestätigung. Wir alle wollen gut ankommen und machen uns Sorgen, dies könnte nicht geschehen. Setzen Sie Ihre Sorgen in die richtige Relation. Bedenken Sie, dass es Ihrem Gegenüber vielleicht genauso geht wie Ihnen. Konzentrieren Sie sich darauf, dieser Person die Befangenheit zu nehmen und ihr ein gutes Gefühl zu ver-

mitteln, dann können Sie auch mit Ihren eigenen Ängsten besser umgehen.

Nach dem Abschiedskuss

Antonio rief Donnerstagabend an. Als ich ans Telefon ging, hörte ich nur ein Schniefen und Seufzen. Schließlich sagte er in dramatischem Tonfall: »Neil hat nicht angerufen.« Ich wunderte mich zunächst, was mit Fritz war, verkniff mir aber die Frage, da Antonios Beziehungen nicht unbedingt für ihre Langlebigkeit berühmt waren.

»Er hat gesagt, er würde mich anrufen, hat er aber nicht. Ich weiß ja, wir waren nur einmal miteinander weg, aber ich bin mir sicher, er ist mein Seelenverwandter.« Er machte eine Pause, um die Worte wirken zu lassen, und fuhr dann fort: »Als wir uns einen Abschiedskuss gaben, sagte er ausdrücklich, er würde sich melden, er lächelte so (ich weise noch einmal darauf hin, dass wir telefonierten, also wusste ich nicht genau, was Antonio in diesem Augenblick tat) ... und sagte: ›Antonio, ich rufe dich an‹ ... das war vor acht Tagen! Warum, Sarah? Warum? Warum? Warum? Warum? Was stimmt nicht mit mir? Kann man mich nicht lieben? Es ist mein Überbiss, oder? Wie Freddy Mercury sehe ich damit wahrlich nicht aus, eher schon wie Prinz Charles. Oh mein Gott! Ich werde niemals wieder geliebt, oder schlimmer noch, ich werde nie wieder Sex haben ...«

Zwischen den Flüchen auf einen Kieferorthopäden namens Ed und der Verkündigung eines selbst auferlegten Zölibats gelang es mir, seine Aufmerksamkeit zu gewinnen und ihn ein wenig zu beruhigen. Ich versuchte, ihn aufzurichten, indem ich ihm versicherte, nicht ihm sei etwas entgangen, sondern Neil, und ich sei sicher, schon an der nächsten Ecke würde der nächste Seelenverwandte auf ihn warten. Doch er blieb überzeugt, sein Überbiss habe Neil in die Flucht geschlagen – und sei überhaupt schuld an den ganzen Beziehungsdramen, die er schon durchgemacht hat.

Während Antonio so redete, wurde mir klar, dass Zurückweisung ein fester Bestandteil des Lebens ist und großen Raum bei der Partnersuche einnimmt. Und ich erkannte, dass es besonders schwierig ist, mit der Grauzone zurechtzukommen, die zwischen Zurückweisung und dem Schwebezustand liegt – wenn jemand sagt, er würde anrufen und es dann nicht tut, und uns grübeln lässt, welcher Charakterfehler oder körperliche Makel dafür verantwortlich ist.

Ich versuchte, Antonio wegen seiner Zähne zu beruhigen, aber er ging nicht darauf ein. Schließlich hauchte er einen Kuss durch das Telefon und sagte, er würde den Abend nun mit Ben und Jerry verbringen (die beiden Kerle auf der Eisdose waren immer seine letzte Rettung) und sich am nächsten Tag wieder melden. Als ich das Telefon weglegte, hatte ich das Gefühl, Antonio im Stich gelassen zu haben. Er brauchte das Gefühl, liebenswert und begehrenswert zu sein, und ich hatte ihm nicht geholfen. Ich fragte mich, ob wir alle darauf sehen, was wir an uns selbst hassen, um damit zu erklären, was andere Menschen an uns nicht mögen. Es hatte schon Zeiten gegeben, in denen ich die Größe meines Hinterns für alles verantwortlich gemacht hatte, egal, ob es darum ging, dass ein Mann nicht anrief oder der Mitarbeiter in der Videothek mir die falsche DVD mitgegeben hatte.

Also musste schon etwas dran sein an der Art, wie wir uns Dinge so erklären, dass sie für uns einen Sinn ergeben – oder eben nicht.

Ich nahm das Foto von Antonio, Trudy und mir von der Kommode. Wir waren in Disneyland in Paris, trugen Mausohren und schnitten Grimassen. Ich drückte Antonio einen Schmatz auf die Wange und sagte ihm, er sei mein wunderbarer Freund, egal, was er selbst von sich dachte. Dann schloss ich die Augen und versuchte, mit positiven Gefühlen an meinen Po zu denken.

Spulen wir das Band etwas vor. Von Ihrer Warte aus lief der gemeinsame Abend gut. Die Unterhaltung war lebhaft, er lachte über Ihre Geschichten, und am Ende gaben Sie sich einen Abschiedskuss, der etwas zu lange gedauert hat, um als rein freundschaftlich durchzugehen. Sie gingen mit dem sicheren Gefühl nach Hause, die nächste Verabredung folge in Kürze. Nun ist aber eine Woche vergangen und es kam kein Anruf, keine E-Mail, kein Blumenstrauß, nicht einmal eine klitzekleine SMS. Was haben Sie falsch gemacht? Sie haben nicht über frühere Beziehungen gesprochen, Sie haben angeboten, die Hälfte der Rechnung zu übernehmen, und Sie haben vor dem Kuss darauf geachtet, dass keine Spinatreste zwischen Ihren Zähnen hingen. Und dann geht Ihnen urplötzlich ein Licht auf: Es müssen die Pickel auf der Stirn sein. Das ist die einzig mögliche Erklärung. Gerade glaubten Sie, die Ängste wegen Ihrer unreinen Haut losgeworden zu sein, da tauchen sie wieder auf. Wie konnten Sie auch jemals glauben, sie vor ihm verbergen zu können?

Solche Denkmechanismen setzen häufig ein, wenn eine

Verabredung ohne unmittelbaren Erfolg verläuft. Wenn wir keinen anderen Grund finden, warum wir kein weiteres Interesse beim anderen wecken, geben wir automatisch Dingen die Schuld, deretwegen wir uns besonders unsicher fühlen. Wenn Sie in eine solche Situation geraten sind, müssen Sie sich, um alles wieder in die richtige Relation zu setzen und Ihr Selbstvertrauen zu retten, als Erstes verdeutlichen, dass es für einen nicht erfolgten Anruf ungefähr eine Million Gründe geben kann. Vielleicht hat er Ihre Nummer verloren, oder er hat gedacht, Sie seien nicht interessiert, und lässt es deshalb sein. Oder er war auf ein Abenteuer für eine Nacht aus, das Sie ihm nicht geboten haben. Es gibt unendlich viele Erklärungen, die viel nahe liegender sind, als dass er Ihre Pickel abstoßend findet oder Sie die kahle Stelle auf seinem Kopf. Die pickelige Stirn ist keine Erklärung, die aus der Realität entspringt, wir haben uns für sie entschieden, weil sie unsere Unsicherheiten widerspiegelt. Und überhaupt, stellen Sie sich doch einmal vor, Ihr Bekannter hätte Sie tatsächlich wegen etwas so Lächerlichem wie dünner werdendem Haar oder Pickel zurückgewiesen? Was würden Sie in diesem Fall verlieren? Jemanden, dem das Aussehen wichtiger ist als alles andere. Das wäre kein großer Verlust, wenn Sie einmal genauer darüber nachdenken.

Manchmal stellen wir nach einem Abschiedskuss fest, dass er einem Frosch galt, versuchen uns aber aus Angst, seine Zuneigung zu verlieren, einzureden, er sei ein Prinz – Zuneigung, die wir zur Stärkung unseres Selbstwertgefühls brauchen. Wenn wir aber nicht genügend Selbstvertrauen besitzen, um ein paar Risiken zu wagen, geben wir uns irgendwann mit dem zufrieden, was uns erreichbar erscheint, weil wir glauben, gar nicht mehr zu verdienen. Das trifft insbesondere auf die Erwartung an die Beziehungen zu, die wir zu finden hoffen. Wenn wir uns schon immer wie der Ladenhüter fühlten, der im »Regal stehen bleibt«, ist es ziemlich schwierig, sich große Hoffnungen zu machen, dass man den perfekten Partner trifft. Dann versuchen wir erst einmal, uns in die Schubladen zu pressen, die uns die Gesellschaft »hilfsbereit« zur Verfügung stellt. Waren wir in der Schule die graue Maus, die in den Augen der Jungs zwar lustig war, aber alles andere als begehrenswert, ist es nicht einfach, aus dieser Rolle auszubrechen. Galten Sie immer als diejenige, die für jeden Spaß zu haben war, hätten sich aber immer viel mehr die Attribute »schön« oder »sexy« für sich gewünscht, ist es schwer, sich anders zu fühlen. Und damit werden die Regeln festgelegt, nach denen wir uns Männern gegenüber verhalten. Wir zeigen uns nicht sexy, selbstbewusst oder attraktiv, weil wir uns noch nie so gefühlt haben. Wir gehen auf jeden Mann zu, als wäre er ein Kumpel und nicht ein potenzieller Partner.

Jahre später erinnern wir uns noch minutiös, wie aufgeregt wir waren, wenn sich uns ein Junge näherte, in den wir bis über beide Ohren verliebt waren, bis wir wahrhaben mussten, dass er sich nur an unsere beste Freundin heranmachen wollte. Oder vielleicht waren Sie der Junge, für den sich in der Schule nie ein Mädchen interessierte, also verlegten Sie sich darauf, Ihre Zeit nicht mit Unterhaltungen zu verschwenden, sondern sie lieber zu ärgern. Bekam ein Mädchen einen Fußball an den Kopf, waren Sie es, der ihn abgeschossen hatte. Fand ein Mädchen einen Frosch in seiner Tasche, waren Sie es, der ihn dort versteckt hatte. Jahre später fällt es Ihnen schwer zu glauben, dass die Frauen in Ihrem Umfeld, vielleicht in der Arbeit, Sie nicht mehr genauso zurückweisen wie die Mädchen damals in der Schule. Und falls doch, haben Sie zumindest die Erfahrung gemacht, dass es nicht die beste Umgangsweise ist, ihnen Frösche in die Taschen zu stecken.

Gesellschaftliche Stereotype wird es immer geben, aber wir müssen sie nicht zwangsläufig übernehmen. Sie selbst haben es in der Hand, sich davon frei zu machen und mehr für sich zu beanspruchen. Solange Sie die Rolle der »grauen Maus« spielen, geben Sie Ihrem wahren Ich keine Chance. Lassen Sie sich nicht aufgrund Ihres Äußeren einordnen. Machen Sie es den Leuten nicht leicht, von Ihrer Kleidergröße auf Ihre Persönlichkeit und Lebenseinstellung zu schließen. Weigern Sie sich, so zu sein, wie man es vielleicht von Ihnen erwartet. Sie können viel mehr erreichen, als Sie vielleicht zu verdienen glauben.

Das ganze Paket zählt

Die meisten von uns überschätzen den positiven Effekt von Lycra und raffiniert platzierten Stickereien für unser äußeres Erscheinungsbild. Sicher kann uns das, was wir tragen, optisch etwas auf- oder abwerten, es wird aber unsere Wirkung auf andere niemals drastisch verändern. Wie oft wenden wir ein, wenn uns jemand ein Kompliment wegen unserer Figur macht: »Nein wirklich nicht! Du solltest mich mal nackt sehen!« Doch wenn andere uns ein Kompliment machen, hat das vermutlich damit zu tun, dass wir tatsächlich gut aussehen, und nicht, dass unser Lieblingsladen ein kleines Wunder vollbracht hat. Aber natürlich sehen wir das nicht so.

Die Angst, man kommt uns »auf die Schliche«, setzt oft zu Beginn einer neuen Beziehung ein. Wir hatten einige wundervolle Verabredungen mit einem tollen Mann, und nun steht der Augenblick der Wahrheit bevor – doch wir fürchten uns so sehr davor, er könne uns für eine Schwindlerin halten, wenn er herausfindet, unser echter Busen ist gar nicht so drall, sondern dahinter steckt ein Wonderbra, dass wir es vermeiden, ihm unseren Körper zu zeigen. Für wie oberflächlich halten wir die Männer eigentlich? Stellen Sie sich vor, Sie sind unheimlich gern mit jemandem zusammen, Sie finden ihn attraktiv, Sie lachen viel mit ihm und glauben, dass er ein guter Fang ist, gehen mit ihm ins Bett und entdecken ein paar Pickel auf seinem Rücken – suchen Sie dann sofort das Weite? Natürlich nicht. Warum sollte ihn also ein bisschen Cellulite stören? Die meisten Männer wissen nicht einmal genau, was das ist. Und sollte Ihrer es wissen, dann vermutlich nur deshalb, weil er sich vor Sie hinstellen und zusehen musste, wie Sie die Haut an Ihrem Oberschenkel zusammenschoben und ihm detailliert erläuterten, welche Dellen dabei entstehen.

Will jemand eine Beziehung mit Ihnen haben, dann weil er das ganze Paket gut findet, und nicht weil er denkt, Sie verstecken unter den voluminösen Kleidern die Figur eines Supermodels. Falls Sie glauben, Sie hätten die etwas wabbeligen Oberarme immer sorgfältig verborgen gehalten, und wenn Sie sich nun ausziehen, würde das ganze Bild in sich zusammenfallen, täuschen Sie sich vermutlich. Entweder er hat es ohnehin schon bemerkt und es ist ihm egal, oder er findet Sie trotz der Art, wie Sie selbst sich sehen, attraktiv. Oder Sie hatten tatsächlich bisher Erfolg mit Ihrer Oberarm-Verkleidung, er aber wird sie aller Wahrscheinlichkeit nicht einmal bemerken, wenn er sie das erste Mal »im Freien« sehen darf. Manchmal trauen wir Männern viel zu große Aufmerksamkeit für Details zu. Falls Sie mir nicht glauben, hören Sie einmal einer Gruppe Männern zu, die jemanden beschreiben. Das geht ungefähr so: »Braunes Haar, glaube ich, eher klein, trägt immer einen Anzug oder zumindest ein Sakko, glaube ich. Bart – vielleicht.« Aber nicht so: »Schöne Schneidezähne, gespaltene Haarspitzen, relativ reine Haut an der Stirn, rundliche Knie.« Es ist auch hier wie bei allen anderen Dingen, die uns mit unserem Körper unzufrieden stimmen: Das, was uns selbst so wichtig erscheint, bemerken andere meist gar nicht.

Intime Beziehungen

Unsicherheit oder Unzufriedenheit aufgrund unseres Aussehens kann der Auslöser dafür sein, dass wir uns lächerlich verhalten. So kann es sein, dass wir endlos über »abstoßende« Zonen an unserem Körper sprechen, von denen aber niemand sonst Notiz nimmt. Oder wir zweifeln, jemals den Richtigen zu finden. Und falls wir es doch tun und es wird intim, kann es passieren, dass wir zum Lichtschalter stürzen, damit dieser eine Richtige nicht »die Wahrheit« entdeckt. Wir beschäftigen uns so ausgiebig damit, was wir an uns selbst hassen, dass wir uns, wenn es ansteht, jemand anderem unsere schlimmsten (von uns selbst am meisten gehassten)

Zonen zu zeigen, einreden, unser Partner könne diesen Anblick unmöglich verkraften. Was tun wir also? Um uns und ihm die Peinlichkeit zu ersparen, entwickeln wir Versteckspiele, die einen Geheimagenten mit Stolz erfüllen würden.

Bei manchen Frauen ist das wie ein automatischer Reflex: Sobald seine Hände auf einen Reißverschluss oder Knopf zusteuern, legen sie die Geschwindigkeit eines Weltklassesprinters an den Tag. Das Licht geht aus, damit er keine Chance hat, nacktes Fleisch zu erspähen, bei dessen Anblick das Spiel vielleicht verloren sein könnte. Und dann? Die Ängste wegen unseres Körpers verleiten uns dazu, die Decke fest an uns gepresst, am Bett entlang zu kriechen und uns blitzschnell die Kleider überzustreifen, die vorher hektisch auf den Boden geworfen wurden. Nächstes Mal, so nehmen wir uns vor, achten wir aber darauf, dass wir sie ganz sexy unmittelbar neben das Bett werfen, damit wir sie schneller zur Hand haben. Und dann die allergrößte Herausforderung – wie schafft man den tückischen Weg vom Bett zum Bad, ohne dass er bemerkt, wie schlimm wir nackt aussehen? Hier gilt: ducken, untertauchen und tarnen, bis wir in Sicherheit sind. Kein Wunder, dass wir uns so gerne zum Essen ausführen lassen, schließlich brauchen wir die Kalorien, um den Hindernislauf im Schlafzimmer durchzustehen.

Die meisten von uns müssen eine große Hürde nehmen, um sich mit dem eigenen Körper anzufreunden. Es ist nicht einfach, für sich zu akzeptieren, dass sexy sein nicht automatisch bedeutet, Kleidergröße 38 zu tragen. Wir kämpfen gegen unsere negativen Denkweisen an und versuchen, unser Aussehen positiver zu bewerten. Und gerade als wir aufgehört haben, uns überkritisch im Spiegel zu betrachten, werden wir mit etwas noch Beängstigenderem konfrontiert: Wir müssen zulassen, dass uns jemand anderes nackt sieht. Sich selbst zu akzeptieren ist die eine Sache, doch die meisten von uns sind auf die Bestätigung anderer angewiesen, um sich wirklich akzeptiert zu fühlen. Das kommt daher, dass wir nicht darauf ausgerichtet sind, allein auf der Welt zu sein, sondern in Gruppen zu leben und zu funktionieren. Als Konsequenz dessen müssen die Regeln und Meinungen dieser Gruppen für uns wichtig sein. Ich weiß, dass ich mich an dieser Stelle wiederhole, doch es ist so wichtig, dass man es nicht oft genug betonen kann: Die Kernannahmen, die ein Grundmuster darstellen, wie wir unsere Welt interpretieren, sind immer anfällig für die Sichtweisen und Meinungen anderer.

Für die meisten von uns stellen Kleider einen körperlichen *und* mentalen Schutzschild dar, der uns Sicherheit und Geborgenheit gibt. Legen wir sie ab und stehen da, wie Gott uns schuf, grübeln wir, ob der andere sein ganzes Augenmerk auf die Partien unseres Körpers richtet, die wir hassen (oder, schlimmer noch, mit anderen vergleichen). Wir fühlen uns nackter als jemals zuvor im Leben, weil wir meinen, so, wie wir sind, auf keinen Fall »akzeptabel« zu sein. Dieses Gefühl der Unsicherheit wird sich aber unweigerlich auch auf unser Verhalten auswirken: Wir bedecken uns, suchen Bestätigung oder lachen nervös. Dabei sind wir so sehr von unseren eigenen Gefühlen eingenommen, dass wir ganz vergessen, dass unser Gegenüber sich genauso verletzlich fühlt wie wir selbst. Wenn unsere Unsicherheit am größten ist, sind wir auch am meisten mit uns selbst beschäftigt – dabei erkennen wir nicht mehr, dass sich unsere Wahrnehmung vielleicht völlig von der anderer Menschen unterscheidet.

Aber diese Unsicherheit ist nicht eine rein weibliche Domäne, Männer können davon genauso betroffen sein. Eine der Hauptursachen dafür ist, das liegt nahe, die Art, wie Männer miteinander umgehen. Frauen besitzen zumindest so viel Taktgefühl, Spitznamen zu vermeiden, die sich auf bestimmte Körperzonen beziehen – »Schwimmreifen-Julie« klingt zum Beispiel nicht besonders nett. Doch unter Männern ist es gang und gäbe, sich über Äußerlichkeiten lustig zu machen. Und auch wenn die meisten über sich selbst lachen, um sich keine Schwäche anmerken zu lassen, ein solches Geplänkel unter Männern kann ebenfalls Unsicherheiten verstärken. Sind nur Männer anwesend, findet es der Betroffene vielleicht noch lustig, doch sicher kann sich jeder Mann an mindestens eine Situation erinnern, in der er bis zum Sauerstoffmangel angespannt war, wenn er sich vor einer Frau nackt zeigen sollte. Sehen Sie einmal unter dem Bett eines Mannes nach (seien Sie auf noch andere Gefahren vorbereitet, die dort lauern), und Sie werden garantiert mindestens ein Fitnessgerät dort finden. Das können simple Hanteln sein oder ein ganzes Mini-Fitnessstudio. Es gibt keinen Zweifel – wenn es intim wird, sorgen sich Männer über das Abschneiden ihres Körpers genauso wie Frauen.

Männer haben genau wie Frauen bestimmte Vorbilder. Frauen meinen, ein Mann erwarte Angelina Jolie im Schlafzimmer, Männer glauben, ihre Freundin hoffe auf einen David Beckham oder Brad Pitt. Das Körperideal, das Männer und Frauen anstreben, mag sich unterscheiden, doch die zugrunde liegenden Unsicherheiten sind dieselben. Und körperliche Befangenheit kann sich auf den zweiten Bereich auswirken, der Männern große Sorgen bereitet: die sexuelle Leistungsfähigkeit. Während Frauen vielleicht verspannt sind, weil sie sich wegen ihres Aussehens Gedanken machen, können Männer mit größeren Schwierigkeiten zu kämpfen haben. Wenn man sich nicht besonders sexy fühlt, kann es problematisch werden, die richtige Leistung zu bringen. Und da von Männern oft erwartet wird, dass sie im Schlafzimmer alles unter Kontrolle haben, kann dies massive Unsicherheiten heraufbeschwören. Es ist irgendwie absurd: Den ganzen Wünschen, sexy auszusehen, liegt die Hoffnung zugrunde, einen Partner zu finden, doch wenn man sich zu sehr darüber sorgt, wie man aussieht, ist man vielleicht gar nicht in der Lage, Sex zu haben, selbst wenn sich die Chance ergibt! Was ist das für eine Logik?

Let's Talk About Sex, Baby

Im Kino ist Sex so etwas, wie in einer Mailänder Modenschau den Laufsteg entlang zu schreiten. Die Wirklichkeit sieht anders aus. Demi Moore und Sharon Stone sehen zwar vielleicht perfekt aus, wenn sie sich im Bett wälzen, sich winden und stöhnen, doch nur weil ein Heer von Beleuchtern und Visagisten im Einsatz ist und ein Regisseur sie anfeuert: »Demi, schieb die linke Brust weiter nach rechts!« oder »Sharon, das linke Fußgelenk hinter den Hals, bitte.« Manchmal sollte man einfach vergessen, wie Sex aussehen könnte – wichtig ist, wie er sich *anfühlt*. Beim Durchblättern von Frauenzeitschriften findet man unzählige Artikel, die Dinge versprechen wie »Die zehn schmeichelhaftesten Positionen beim Sex«. Sehr nützlich. Auch Sie können hübschen, eleganten Sex haben, wie Sie ihn in Filmen sehen. Doch sehr wahrscheinlich müssen Sie dann die ekstatischen Schreie auch vortäuschen, eben wie im Film. Denn die Positionen, in denen Ihr Po angeblich am kleinsten wirkt und Ihr Bauch am flachsten, nehmen keine Rücksicht darauf, was sich auch am besten anfühlt. Alle zwei Sekunden die Sexratschläge aus einer Frauenzeitschrift zu rekapitulieren und zu überprüfen, ob beide noch die richtige Haltung einnehmen, führt wohl kaum zur besten Liebesnacht Ihres Lebens. Denken Sie nicht mehr daran, wie Sex aussieht. Sex gehört zu den Dingen, die Sie mit geschlossenen Augen tun können.

Sex diskriminiert auch nicht nach Kriterien wie Größe oder Form. Und so sehen es allmählich auch die Kleiderhersteller. Wenn Ihnen also schöne Wäsche Spaß macht, nur zu. Was immer dazu beiträgt, dass Sie sich sexy fühlen, ist gut, weil es Ihnen mehr Selbstvertrauen verleiht. Wenn es Ihnen gefällt, wie Ihre Brüste in einem wirklich hübschen Push-up-BH aussehen, kaufen Sie sich einen. Aber lassen Sie Ihre Gedanken nicht ausschließlich darum kreisen, sich für Sex »zurechtzumachen«. Verstricken Sie sich nicht zu sehr in optische Vorgaben, aber tun Sie alles, was dazu beiträgt, dass Sie sich sexy fühlen.

Sollten Sie aus irgendeinem Grund in Panik verfallen, sprechen Sie mit Ihrem Partner darüber. Manchmal tut es uns gut, jemanden zu haben, mit dem wir über unsere Ängste lachen können und dadurch erkennen, wie unsinnig sie sind. Haben Sie vor, sich mit jemandem nackt im Bett zu wälzen, sollte es Ihnen nichts ausmachen zu sagen: »Ich habe meinen kleinen Busen immer schon gehasst!« Sex ist eine geräuschvolle und nicht unbedingt sterile Angelegenheit, und ein Gespräch darüber, was Sie an Ihrem Körper verunsichert, ist eine der geringsten Peinlichkeiten, zu denen es dabei kommen kann. Erkennt Ihr Partner, dass es Ihnen gut tut, über Ihre Befürchtungen zu sprechen, wird er Ihnen entgegenkommen: »Was? Ich finde ihn toll! Aber ich weiß schon, was du meinst, mir geht es so mit meiner Blinddarmnarbe.« Plötzlich können Sie zu zweit über Ihre – vermutlich völlig unbegründeten – Sorgen lachen und müssen keinen zermürbenden inneren Monolog führen.

Um Sex zu genießen, sollten Sie das Gefühl haben, mit allem, was jemals passieren könnte, umgehen und gemeinsam mit Ihrem Partner darüber lachen zu können, anstatt Angst vor seiner Reaktion zu haben. Ein hoher Prozentsatz von Frauen ist der Meinung, ihre sexuellen Beziehungen hätten unter ihrer körperlichen Verunsicherung gelitten. Dieselben Frauen sagen aber gleichzeitig, dass diese Verunsicherung nicht von ihren Partnern ausgelöst wurde, die sie als attraktiv beurteilen und ihre »Makel« oft gar nicht zur Kenntnis nehmen. Das erklärt, warum der Partner, der neben Ihnen liegt, befremdet wirkt, wenn Sie versuchen, seine Aufmerksamkeit auf Ihren wabbeligen Bauch oder die schlaffen Brüste zu lenken. »Ich habe in letzter Zeit ganz schön zugenommen, du findest mich wahrscheinlich ziemlich fett«, wird gejammert. Und seine Antwort kann nur falsch sein, egal, was er sagt. Widerspricht Ihnen Ihr Bettgefährte (der höchstwahrscheinlich keine Ahnung hat, wovon Sie sprechen, und nur noch etwas Schlaf will), riskiert er es, eine ganz neue Schublade aufzumachen. Das könnte in etwa so ablaufen: »Das sagst du nur, um mich zu beruhigen.« Sich da wieder heraus zu manövrieren, ist schwierig. Stimmt er Ihnen zu, dass

Sie dick sind, sagt aber: »Das macht nichts, ich liebe dich doch trotzdem« oder »Ich finde, das steht dir gut«, haben Sie am Ende gewonnen, aber glücklich sind Sie trotzdem nicht.

Warum läuft dies immer wieder nach demselben Muster ab? Erstens suchen wir Bestätigung. Eine Frau fühlt sich hässlich wegen der Pickel auf ihrem Rücken, und jemand muss ihr sagen, das macht nichts, auch wenn sie es nicht glaubt. Zweitens befürchten wir, jemand anderes könnte einen Makel an uns entdecken und glauben, wir seien uns dessen nicht bewusst. Wir wollen nicht, dass es mit uns jemand (besonders ein Bettgefährte) so macht wie wir, wenn wir beim Durchblättern einer Illustrierten ausrufen: »Merkt die denn nicht, wie dämlich sie aussieht?« Er soll ja nicht denken: »Merkt sie denn gar nicht, wie dick sie ist?« Wir wollen ihm zuvorkommen, das Kind beim Namen zu nennen. Wir vermuten, er hat den Quadratzentimeter Cellulite an unserem Ellbogen bemerkt, und wollen ihn davon in Kenntnis setzen, dass wir sehr wohl von seiner Existenz wissen. Doch machen Sie sich eines bewusst: Wenn dieser Mensch mit Ihnen ins Bett gegangen ist, findet er Sie attraktiv und hat sehr wahrscheinlich nicht bemerkt, weshalb Sie sich solche Gedanken machen. Hat er es doch, findet er es sicher nicht so abstoßend wie Sie und, was noch wichtiger ist, betrachtet es nicht als den hervorstechendsten Teil Ihres Körpers. Also hören Sie auf, das zu provozieren! Wenn Sie andauernd davon sprechen, was Sie an Ihrem Körper nicht gut finden, fühlen Sie sich noch zehnmal schlechter.

Die Kraft, körperbezogene Ängste ins Visier zu nehmen und zu beseitigen, muss aus uns kommen. Auch wenn sie von anderen Menschen an uns herangetragen wurden, können sie nicht von anderen wieder entfernt werden. Das müssen wir selbst erledigen. Dabei hilft es uns aber zu erkennen, dass das Bild, das wir im Spiegel sehen, sich oft ganz stark von dem unterscheidet, das unser Partner sieht. Wir können das besser verstehen, indem wir mit unserem Partner immer wieder darüber sprechen, aufrichtig und konstruktiv. Es ist absolut nicht hilfreich, wenn Sie ständig auf Ihre Cellulite hinweisen, dafür aber, wenn Sie ehrlich von Ihren Ängsten und Gefühlen berichten.

Von Anbeginn der Zeiten wälzen sich Männer und Frauen beim Sex miteinander nackt herum. Sex ist eine essentielle Lebensfunktion – so wie Atmen, Schlafen und Essen. Und genau als das sollten Sie ihn betrachten. Machen Sie nicht die geheimnisumwobene, magische Vorstellung daraus, die Sie auf der Leinwand zu sehen bekommen. Sonst haben Sie nur das Gefühl, nicht schön genug zu sein, um die Hauptrolle zu spielen. Beim Sex geht es nicht um glänzendes Haar, glatte Oberschenkel und aufgeblasene Brüste. Es geht nicht um ein Gesicht, das mit Make-up geglättet ist, oder um einen Körper, der in teure Dessous verpackt ist. Es geht darum, zu jemandem Nähe zu empfinden und sich in der Gewissheit zu entspannen, dass es nichts gibt, worüber man nicht gemeinsam lachen könnte – sei es Ihr wabbeliger Bauch oder seine behaarten Zehen. Wenn Sie über Ihren Körper nachdenken, dann sollte es darum gehen, welche Gefühle er bei Ihnen und Ihrem Partner auslösen kann, nicht jedoch, wie er aussieht. Es ist schwierig, das Zusammensein zu genießen, wenn Sie dauernd daran denken, wie groß Ihr Po ist. Nehmen Sie Sex als das, was er ist – und machen Sie keine Darbietung daraus, die den Oscar für Regie, Ton und Hauptdarsteller gewinnen will. Bei der Oscar-Verleihung gibt es immer auch Verlierer, doch wenn es Ihnen und Ihrem Partner gelingt, entspannt zu sein und sich mit körperlichen Befangenheiten auseinander zu setzen, kann es nur Gewinner geben.

Zu guter Letzt, und das ist sehr wichtig, müssen wir Vertrauen in unsere Beziehungen setzen. Tun wir das nicht, nehmen wir mehr hin und wollen weniger erreichen. Ein Mann ist eher bereit zu akzeptieren, dass seine Frau ihn betrügt, wenn er glaubt, mit seinem schütter werdenden Haar und seinem Bierbauch findet er keine Bessere mehr. Eine Frau bleibt bei ihrem Ehemann, der sie ausnutzt, weil ihr Selbstvertrauen so schwach ist, dass sie glaubt, kein anderer will sie mehr – lieber bleibt sie in einer schlechten Beziehung, als die Chance zu nutzen, eine neue, gute zu finden.

Den Partner zu verlassen, weil man mehr für sich will, birgt ein gewisses Risiko. Ist unser Selbstwertgefühl gering, schaffen wir es nur schwer, Risiken einzugehen, weil wir nicht genügend an uns selbst glauben. Wir meinen, vom Schicksal dazu verurteilt zu sein, entweder bei einem Partner zu bleiben, der uns nicht gut tut, oder allein – und Ersteres erscheint uns dann doch als die bessere Variante. Doch wir müssen diese Theorie einer Prüfung unterziehen, um zu beweisen, dass sie falsch ist. Betrachten Sie Ihre Ängste einmal vom logischen Standpunkt aus. Nehmen Sie alles, was Sie als Person zu bieten haben, und wiegen Sie es auf gegen die Wahrscheinlichkeit, den Rest Ihres Lebens allein zu bleiben. Haben Sie keine Angst davor, eine Zeit lang allein zu sein – vielleicht ist das genau das richtige Stärkungsmittel, mit dem Sie genügend Selbstvertrauen aufbauen, um schließlich bereit zu sein, wieder in das Beziehungsroulette einzusteigen.

Wenn wir glauben, keinen besonderen Wert zu besitzen, glauben wir auch, nichts Besonderes zu verdienen. Folglich streben wir gar nicht erst danach und erreichen es damit auch nie. Wie sich ein solches Muster entwickelt, ist einfach nachzuvollziehen, aber schwer zu durchbrechen. Wenn Sie viele Jahre lang geglaubt haben, Sie hätten nicht verdient, dass es Ihnen genauso gut geht wie anderen, ist es schwirig, auf einmal zu glauben, es doch wert zu sein. Doch genau das müssen Sie tun. Denken Sie nicht, Ihr Äußeres gebe vor, auf welcher Stufe der Karriereleiter Sie sich befinden sollten. Oder mit wem Sie ausgehen sollten. Oder welches Auto Sie fahren sollten. Andere dafür verantwortlich zu machen, dass wir in einer bestimmten Schublade stecken, ist einfach, doch letzten Endes liegt es an uns selbst, die Schubladen zu leeren und den Eindruck, den andere von uns haben, neu festzulegen.

Sie haben mehr verdient als ein abgedroschenes Klischee, das besagt, dicke Mädchen sind gesellige und lustige Wesen, für die sich Jungs nicht interessieren, oder Mädchen stehen nicht auf magere Jungs. Denken Sie abseits der Klischees und schnüren Sie Ihr eigenes PR-Paket. Klischees werden irrelevant, sobald Sie sich von ihnen lösen und Ihr Selbstwertgefühl stärken. Denken Sie ab jetzt einfach, dass Sie mehr wert sind.

Hausaufgaben

Inzwischen dürfte eines deutlich geworden sein: Sich selbst mögen heißt zu verstehen, dass Ihr Körpergefühl ebenso wichtig ist wie Ihr Aussehen selbst. Wir legen großes Gewicht auf den ästhetischen Wert unseres Körpers und vergessen dabei, dass er auch bestimmte Funktionen erfüllt. Bei Aktivitäten wie Schwimmen, Tanzen oder Sex, die uns einfach nur Spaß machen sollten, machen wir uns mehr Gedanken darüber, wie wir dabei aussehen. Das kann sich darauf auswirken, wie wir uns in Beziehungen fühlen und verhalten – angefangen von der ersten Begegnung mit einem Menschen bis hin zur intimen Zusammenkunft im Schlafzimmer. Wir haben erwähnt, wie schrecklich es für uns ist, wenn uns jemand zum ersten Mal nackt sieht, aber auch, dass wir sehr wahrscheinlich nicht allein dastehen mit unserer Befangenheit. Beherzigen Sie also Folgendes, wenn Sie sich beim äußerlichen Vergleich mit anderen besser fühlen wollen:

- Denken Sie daran, dass Ihr Körper nicht nur der Optik dient, sondern auch bestimmte Funktionen erfüllt.
- Vergessen Sie nicht, dass Sie nicht der einzige Mensch sind, der sich wegen seines Körpers unsicher fühlt.
- Beachten Sie, dass die Art, wie etwas aussieht, nicht unbedingt etwas damit zu tun hat, wie sich etwas anfühlt.

Da sich ein Teil dieses Kapitels mit Sex beschäftigt, sind auch die folgenden Aufgaben darauf abgestimmt.

Aufgabe 1
Ausgehend davon, was Sie in diesem Kapitel erfahren haben, nehmen Sie sich nun die Kernannahmen vor, die daran schuld sind, dass Sie sich im Umgang mit anderen unwohl oder befangen fühlen. Denken Sie daran, dass Sie Ihren Ängsten am besten auf die Spur kommen, wenn Sie herausfinden,

woher sie stammen. Wenn Sie zu den Wurzeln Ihrer negativen Denkweisen und Annahmen vordringen, sind Sie schon auf dem besten Weg, Ihre Angst zu reduzieren. Sobald Sie wissen, welche Kernannahmen Sie blockieren, geht es nur noch darum, diese zu hinterfragen und alternative Denkweisen und Überzeugungen zu finden, die nützlicher und konstruktiver sind. Ein Beispiel:

Annahmen, die mich im Umgang mit anderen befangen machen	Probleme mit dieser Art von Annahmen	Alternative Denkweisen als Gegenmittel zu diesen Annahmen
Die Leute brauchen sich nur kurz meine Nase anzusehen und es ist wie damals in der Schule. Keiner mag mich.	Ich ziehe voreilige Schlüsse. Es gibt Hinweise darauf, dass diese Person mich wegen meiner Nase nicht mag. Mit dieser negativen Erwartungshaltung werde ich eher defensiv handeln und einen falschen Eindruck von mir vermitteln. Diese Annahme bewirkt, dass ich mich darauf konzentriere, was ich an mir nicht mag, anstatt auf die interessanten Seiten, die ich an mir mag.	Meine Nase bestimmt nicht, wie ich mit Leuten umgehe! Ich bestimme das! Wenn ich selbstbewusst bin und den Menschen Einblick gewähre, wer ich bin und was ich an mir mag, werden sie sich darauf konzentrieren. Hat jemand ein Problem mit der Größe meiner Nase, gehört er sowieso nicht zu den Leuten, mit denen ich näher befreundet sein möchte.

Setzen Sie die Tabelle fort, und halten Sie alle Denkweisen fest, die Ihre Angst schüren. Hinterfragen Sie, wie realistisch sie sind und welche Gefühle oder Reaktionen sie bei Ihnen auslösen.

Aufgabe 2

Sie werden diese Übung anfangs nicht mögen, aber haben Sie etwas Geduld. Um sich im Beisein eines anderen Menschen nackt wohl zu fühlen, müssen Sie sich erst einmal wohl fühlen, wenn Sie mit sich allein nackt sind. Stellen Sie sich vor einen Spiegel, und betrachten Sie intensiv die fünf Körperpartien, die Sie an sich mögen (nehmen Sie dazu die Liste aus dem ersten Kapitel zu Hilfe). Lassen Sie sich dann ein Badewasser ein mit einem schönen Schaumbad, Badesalz oder etwas anderem, was Sie entspannt, und nehmen Sie ein langes Bad. Während Sie sich entspannen, rufen Sie sich noch einmal die Stellen in Erinnerung, die Ihnen gefallen, und konzentrieren Sie sich darauf. Sagen Sie sich selbst, warum Sie diese Stellen mögen. Betrachten Sie dann die Zonen, die Sie nicht mögen, und finden Sie heraus, wer oder was Sie dazu gebracht hat, sie nicht gut zu finden. Versuchen Sie, etwas Positives an diesen Körperstellen zu entdecken, entweder wie diese aussehen oder welche Gefühle sie bei Ihnen auslösen. Bleiben Sie in der Wanne, bis Sie vollkommen entspannt sind. Dann steigen Sie heraus, trocken sich ab und ziehen sich einen Bademantel über. Stellen Sie sich wieder vor den Spiegel, und schließen Sie die Augen. Ziehen Sie den Bademantel aus und richten Sie Ihre Aufmerksamkeit erneut auf die Stellen, die Sie wirklich mögen.

Öffnen Sie nun die Augen wieder.
Was für ein Gefühl haben Sie?

___

___

___

Gibt es an Ihrem Körper Stellen, deretwegen Sie sich schämen? Wenn ja, warum?

___

___

___

Gibt es an Ihrem Körper Stellen, die niemand berühren soll? Wenn ja, warum?

___

___

___

Was ist das Schlimmste, was passieren könnte, wenn jemand Sie nackt sieht? Denken Sie sorgfältig darüber nach, und ziehen Sie aus Ihrer Antwort die logische Schlussfolgerung:

___

___

___

___

Hausaufgaben

Sind Ihre Ängste realistisch? Glauben Sie, Sie könnten damit fertig werden, wenn eine dieser gefürchteten Situationen eintreten sollte?

_____

_____

_____

Wenn ja, warum?

_____

_____

_____

Wenn nein, warum nicht?

_____

_____

_____

Sie haben nun angefangen, das Drehbuch im Hinblick darauf, wie Sie Ihr Aussehen und sich selbst bewerten, neu zu schreiben. Sie werden die Vorstellung entwickeln, dass Ihr Körper sich ganz wunderbar anfühlen kann, auch wenn er vielleicht nicht perfekt ist. Sollten Sie sich während dieser Übung dabei ertappen, dass Sie irgendwelche negativen Gefühle bezüglich Ihres Aussehens haben, fragen Sie sich, woher diese kommen, und machen Sie sich bewusst, was diese Ihnen verwehren. Ich gehe nicht davon aus, dass über Nacht ein Wunder geschieht und Sie mit einem Schlag alles toll finden, was Sie im Spiegel sehen – doch ich weiß, wenn Sie sich die Zeit nehmen, sich selbst realistisch zu betrachten und Ihre negativen Denkweisen in Frage zu stellen, werden Sie sich selbst als Person schätzen und lernen, Ihren Körper zu mögen.

Aufgabe 3
Nicht vergessen: Konzentrieren Sie sich bei der nächsten intimen Begegnung, die Sie haben, darauf, welche Berührungen sich für Ihren Partner und Sie selbst gut anfühlen.

Körperbild und Arbeitsplatz

Ich stand in der Damentoilette und versuchte gerade, mir ein langes schwarzes Haar auszureißen, das zwischen meinen Augenbrauen spross, als Felicity Lush, James' Teamleiterin, hereinkam. Sie ist das, was die meisten Menschen unter attraktiv verstehen: etwa 1,70 Meter groß, langes, glänzend braunes Haar, große grüne Augen und ein perfekter Körper. Immer ist sie tadellos gekleidet und wirkt, als käme sie eben vom Dreh eines Werbespots für Haarspülung. Felicity und ich haben am selben Tag in der Firma angefangen, doch sie erklomm die Karriereleiter wesentlich schneller als ich. Kein Wunder auch, denn alle guten Jobs in der Firma scheinen an Leute wie Felicity zu gehen – schön, erfolgreich, so wie man einmal sein wollte, wenn man erwachsen ist. Felicity hat alles: überdurchschnittliche Intelligenz, überdurchschnittliches Aussehen und dazu eine überdurchschnittliche Traumkarriere. Alle mögen sie, und so ungern ich es auch zugebe, es war immer nett, sich mit ihr zu unterhalten. Sie lächelte mich an und begann, sich blaue Tinte von ihrem perfekt manikürten kleinen Finger abzuwaschen. »Wie geht's denn so, Sarah?«

»Ach, du weißt schon, immer die gleiche Kacke, nur die Tage wechseln.« Ich wusste nicht, warum ich solche Plattitüden von mir gab, hatte aber das Gefühl, ich müsse cool sein.

Körperbild und Arbeitsplatz

»*Ist dir deine Arbeit zu langweilig?*«

»*Na ja, es ist nicht gerade die große Herausforderung, den ganzen Tag in einem lila Würfel zu sitzen und überhöhte Werbeetats zusammenzustreichen.*«

»*Hättest du lieber eine kreativere Aufgabe?*«

»*Ich weiß nicht so recht. Die Leute im kreativen Bereich kommen mir so ... so viel kreativer vor als ich*«, *und dünner und hübscher, dachte ich insgeheim.*

»*Red keinen Unsinn. James und die anderen Jungs in unserem Team reden immer davon, wie witzig du bist. Hör mal zu, in nächster Zeit sind in meiner Abteilung einige Stellen neu zu besetzen. Lass mir doch einfach mal deinen Lebenslauf zukommen. Ich seh ihn mir an, und dann können wir überlegen, ob wir nicht etwas für dich haben, was dich mehr ford...*«

»*Wie bitte, was hat James über mich gesagt?*«

»*Dass du anscheinend wirklich nett und witzig bist.*«

»*Was ... witzig im Sinne von ›Betriebsnudel‹ oder im Sinne von ›Es macht Spaß, sich mit ihr zu unterhalten‹?*«

»*Ähm ... Letzteres?*«

»*Wirklich?*«

»*Magst du James?*«

»*Wer, ich? Nein! Du bist verrückt! Vielleicht ein bisschen ... Ja, doch, ich mag ihn ... sehr sogar.*«

Felicity musste mir bei ihrer French manicure schwören, dass sie James gegenüber kein Wort darüber verlieren würde, was ich von ihm hielt, und Felicity bestand darauf, ich solle es ihm sagen, weil wir ein gutes Paar abgeben würden, und ich solle mich unbedingt um einen anderen Job bewerben, weil ich in meinem lila Würfel ganz offensichtlich

Körperbild und Arbeitsplatz

nicht glücklich sei. Unsere Unterhaltung wurde vom Geräusch der Toilettenspülung unterbrochen und wir gingen hinaus.

Nach der Begegnung in der Toilette zwinkerte mir Felicity jedes Mal, wenn wir uns trafen, vielsagend zu, und immer wenn ich James irgendwo sah, ging ich ihm aus dem Weg, weil ich Angst hatte, er wüsste, wie es um mich bestellt war...

In den letzten Jahren hat sich der Arbeitsplatz von einem Ort, an dem wir unseren Lebensunterhalt verdienen, gewandelt zu einer Stätte, an der wir uns selbst beweisen wollen, an der wir unsere Ziele zu verwirklichen suchen und Visionen entwickeln, wer wir sein möchten. Romantische Begegnungen spielen sich an Wasserspendern ab, Freundschaften werden vor Fotokopierern geschlossen, und über Feinde zerreißt man sich während der Pausen in der Kaffeebar um die Ecke den Mund. Wie wir uns selbst am Arbeitsplatz präsentieren, hat große Bedeutung erlangt, für den sozialen Umgang ebenso wie für die Karriereleiter. Wenn wir das Gefühl haben, uns aufgrund eines negativen Körperbildes nicht im besten Licht zeigen zu können, kann dies nicht nur den Umgang mit anderen am Arbeitsplatz beeinträchtigen, sondern auch unsere beruflichen Ambitionen bremsen. Wir erliegen dem Mythos, schöne Menschen seien kompetenter und erfolgreicher als ihre nicht ganz so schönen Zeitgenossen.

Manche Menschen sehen einfach so aus, als seien sie zum Erfolg verdammt, oder? Gewinnendes Lächeln, glänzendes Haar, perfekter Körper, man kann sich nicht vorstellen, dass bei ihnen etwas schief gehen könnte. Oder formulieren wir es so: Stellen Sie sich einen wirklich erfolgreichen Menschen vor, zum Beispiel den Geschäftsführer einer bedeutenden Firma, oder jemanden, der alles erreicht hat, was er sich vorgenommen hat. Das Bild, das Sie dabei vor Augen haben, zeigt nicht jemanden, der durchschnittlich aussieht, egal ob männlich oder weiblich. Wir gehen davon aus, Erfolg und äußeres Erscheinungsbild einer Person gingen Hand in Hand. Und wir sagen uns: »Wenn ich schlanker, dicker, kleiner, größer wäre, bekäme ich diese Beförderung« oder »Es hat keinen Sinn, wenn ich in Besprechungen Vorschläge mache, ich werde sowieso immer von Rachel ausgestochen, die so selbstbewusst auftritt und, natürlich, so schön ist.« Wir machen unser Aussehen verantwortlich, wenn wir versagen, und wir stellen die Fähigkeiten der »Überfliegerin« in der Buchhaltung in Frage, indem wir ihren Erfolg auf ihr Äußeres reduzieren.

Spielt das Aussehen in der Arbeitswelt wirklich eine Rolle? Tatsache ist, es kann dazu beitragen, ob jemand beruflich Erfolg hat oder nicht. Studien weisen nach, dass Menschen, die als attraktiv gelten, am Arbeitsplatz durchaus bevorzugt werden. Ihnen wird häufiger Hilfe angeboten, sie bekommen bessere Jobs und üben mehr Einfluss auf andere aus als nicht so attraktive Menschen. Gut aussehende Personen gelten als kontaktfreudiger und sind in der Regel selbstbewusster, was wiederum heißt, dass ihre sozialen Fertigkeiten meist stark ausgeprägt sind und sie größere Risiken eingehen, um ihre Karriere voranzutreiben. Was wir hier ansprechen, läuft also wieder darauf hinaus, dass es nicht um den besseren Körper geht, sondern um das bessere Körperbild. Attraktive Menschen werden in einem positiveren Licht betrachtet, das verschafft ihnen mehr Selbstvertrauen, was wiederum ihre sozialen Fertigkeiten verbessert, und dies hat zur Folge, dass sie in einem positiveren Licht betrachtet werden. Was Menschen attraktiv macht, ist ihr Selbstbewusstsein und ihre Aura, und wir werden beides in uns entdecken, wenn wir unser Selbstbild verbessern. Es ist erwiesen, dass attraktive Menschen nicht nur aufgrund dessen im Leben gut zurechtkommen, wie andere sie sehen, sondern – und das ist viel wichtiger – wie sie selbst sich sehen. Und das kann jeder von uns ändern, unabhängig vom Aussehen.

Ist Schönheit die Voraussetzung für Erfolg?

Zahlreiche Wissenschaftler haben sich schon damit beschäftigt, wie in unserer Gesellschaft Schönheit mit Freundlichkeit und Erfolg assoziiert wird und Hässlichkeit mit Bösartigkeit und Unfähigkeit. All das, wen würde es wundern, nimmt schon in der Kindheit seinen Lauf. Wie schon besprochen, leiten sich viele der Kernannahmen, die wir uns über die Welt um uns herum aneignen, von Botschaften ab, die wir als Kinder erhalten. Wenn wir in jedem Märchen lesen, wie schön die Helden und wie hässlich die Bösewichte sind, und in jedem Zeichentrickfilm der Sieger hübsch und der Verlierer reizlos ist, stellen wir automatisch die Verbindung her, hübsch = gut und nicht hübsch = böse.

Nun könnte man davon ausgehen, dass wir mit dem Erwachsenwerden und der Erkenntnis, dass Prinzessinnen nicht hundert Jahre schlafen und Frösche sich beim Küssen nicht in Prinzen verwandeln, auch rational erfassen, wie unwahrscheinlich es ist, dass alle schönen Menschen gut und erfolgreich sind. Doch diese Geschichte wird uns noch lange, nachdem wir dem Märchenalter entwachsen sind, aufgetischt. Der Filmindustrie und anderen Medien kommt eine Schlüsselrolle dabei zu, uns zu diktieren, wie unser Leben auszusehen hat: Körperliche Makel sind selten anzutreffen, und falls doch, dann in Verbindung mit Charakterfehlern. Selbst wenn der Protagonist zu Beginn eines Films ein unattraktiver Langweiler ist, hat er sich bis zum Abspann stets in ein gut aussehendes Mannsbild verwandelt. Behinderte oder Menschen mit einer Entstellung spielen so gut wie nie eine Hauptrolle, und in den wenigen Fällen, in denen das doch der Fall ist, liegt das Hauptaugenmerk auf der Behinderung, nicht aber auf der Person. Und natürlich wird uns die Vorstellung, Erfolg habe ein hübsches Gesicht, noch bei vielen anderen Gelegenheiten eingetrichtert. Ob Firmenbroschüren, von denen uns schmucke Bankmanager mit perfekten Zähnen anlächeln, oder Moderatoren von Kindersendungen, die ebenso gut als Models in Hochglanzmagazinen auftreten könnten – permanent wird uns die Botschaft übermittelt, wir »sollten« ein bestimmtes Aussehen mitbringen, um erfolgreich zu sein. Man verkauft uns die Vorstellung, es gebe »professionelle« Outfits und »professionelle« Frisuren, die uns zum Erfolg verhelfen. Von welcher Warte aus man es auch betrachtet, wir werden ständig mit Bildern erfolgreicher Menschen überhäuft, die eines gemeinsam haben: Sie sehen attraktiv aus.

Es ist wissenschaftlich nachgewiesen, dass wir, wenn wir mit unserem Aussehen nicht zufrieden sind, glauben, weniger Ambitionen entwickeln und weniger erwarten zu dürfen. So stellen Jugendliche, die unter Akne leiden, keine so großen Erwartungen an ihre berufliche Entwicklung wie die anderen Mitglieder ihrer Gruppe. Dieses Minderwertigkeitsgefühl resultiert aus der Kernannahme und Überzeugung, das Leben sei für attraktive Menschen einfacher und erfolgreiche Menschen besäßen besonderes körperliches Kapital, ohne das man sehr wahrscheinlich keinen Erfolg hat. Wenn Sie solche Kernannahmen weiter pflegen, wird es schwer für Sie sein, die psychologischen Grundlagen wie gutes Selbstwertgefühl oder Selbstvertrauen und soziale Fertigkeiten zu entwickeln, die Sie brauchen, um erfolgreich zu sein. Solange Sie glauben, die Leute lassen sich von Ihren großen Ohren abschrecken, besitzen Sie nicht die Selbstsicherheit, die nötig ist, um einen Schritt vorzutreten und die Chancen und Möglichkeiten zu nutzen, die für eine berufliche Fortentwicklung entscheidend sind. Es ist, als würden unsere Denkweisen uns steuern, weniger anzustreben. Früher wurde den Leuten eingeredet, bestimmte Karrieren seien für sie wegen ihres sozialen oder wirtschaftlichen Hintergrunds außer Reichweite. Heute werden unsere Ambitionen zum Teil durch unsere äußere Erscheinung bestimmt. Betrachten wir uns selbst als nicht ausreichend, fühlen wir uns außerstande, das zu erreichen, was wir als das Vorrecht der »Schönen« betrachten, wie zum Beispiel einen hochkarätigen Job.

Fühlen wir uns mit unserem Aussehen nicht wohl, haben wir aller Wahrscheinlichkeit nach auch negative Erwartungen im Hinblick darauf, was wir im Leben erreichen können. Nur weil wir nicht an uns selbst glauben, rechnen wir mit Enttäuschungen, und allein schon der Gedanke an etwas Neues macht uns Angst. Jüngsten Studien zufolge, die von der NAAFA (Nationale Vereinigung zur Förderung der Akzeptanz dicker Menschen), einer in San Francisco angesiedelten Organisation, in Auftrag gegeben wurden, sind nur neun Prozent aller männlichen Führungskräfte übergewichtig. Das könnte auf Diskriminierung bei der Stellenvergabe zurückzuführen sein, könnte aber ebenso gut auf mangelndes Karrierestreben von übergewichtigen Männern hinweisen. In unserer Gesellschaft ist die Überzeugung, Gutes passiere nur den Schönen, tief verwurzelt, und es ist schwer, aus diesem Denkmuster auszubrechen. Doch schwer heißt nicht unmöglich. Es ist möglich, und es liegt an uns, unsere beruflichen Ambitionen von unserem Aussehen zu trennen. Wenn Sie über diese beiden Dinge nachdenken, sollte keine Verbindung zwischen ihnen bestehen. Ist ein Mann ein besserer Anwalt, wenn er eine makellose Haut hat? Wird eine Frau durch pralle Brüste zu einer besseren Ärztin? Bestimmt nicht.

In den meisten Fällen stellen wir selbst die Verbindung her zwischen unserem Aussehen und dem, was wir erreichen können, und daher liegt es auch an uns, sie zu lösen. Sicher, es ist wissenschaftlich nachweisbar, dass die Menschen auf attraktive Personen positiver reagieren, aber auch, dass man Sie als attraktiver bewertet, wenn Sie selbstsicher und selbstbewusst auftreten. Wenn Sie glauben, das Muttermal auf Ihrer Nase sei Ihre wichtigste und hervorstechendste Eigenschaft, wird es auch dazu. Wenn Sie sich selbst anhand einer einzigen Eigenschaft definieren, die Sie nicht an sich mögen, setzt Sie das als Person herab. Konzentrieren wir selbst uns auf einen Makel, den wir uns einbilden, glauben wir, die anderen machen es genauso und können uns deshalb nicht ernst nehmen. Eine solche Denkweise resultiert in einem geringen Selbstwertgefühl und Verunsicherung. Betrachten Sie jedoch das Muttermal als kleinen Teil von sich, der nichts damit zu tun hat, wer sie als Person sind, ist die Summe Ihrer Eigenschaften das, worauf Sie selbst und alle anderen achten, und das Muttermal hat weder für Sie noch für irgendjemand sonst Bedeutung. Lassen Sie nicht zu, dass Ihre körperliche Befangenheit bestimmt, wie Sie von anderen Menschen aufgenommen werden. Sie selbst sollten Ihre Wirkung auf andere steuern. Wenn Sie also das nächste Mal ein Besprechungszimmer betreten, lassen Sie Ihre körperlichen Unsicherheiten nicht zum Problem werden. Es geht bei der Besprechung nicht darum, wie groß Ihr Po ist, warum sollte er also irgendeinen Einfluss darauf nehmen, wie viel Erfolg Sie im Beruf haben?

Die Schönheitskonkurrenz

Nach der sagenhaften Unterhaltung auf der Toilette rief ich Trudy und Antonio an, um ihnen mitzuteilen, dass James mich witzig fand, und berief eine Mittagskonferenz ein, um mit ihnen im Detail zu erörtern, was genau das zu bedeuten habe. Wir trafen uns in Luigis Sandwichbar, wo Luigi persönlich mich mit einer riesigen Mokkamilch begrüßte – »Wie immer!«, sagte er herzlich (und eindeutig erleichtert, dass ich meine Diät aufgegeben hatte). Die beiden anderen waren schon da und saßen an einem runden Tisch neben einem CD-Player, aus dem fröhliche Weihnachtslieder blubberten. Ich setzte mich, nahm den Schal ab und erging mich sofort in einer detaillierten Schilderung der Ereignisse. »Du musst

Körperbild und Arbeitsplatz

dich unbedingt um diesen Job bewerben!«, forderte mich Trudy auf.

»Du solltest unbedingt Lipgloss auflegen und diesen James niederküssen!«, meinte Antonio.

Wir kicherten drauflos, und während ich an meiner Milch nippte, ging ich eine ganze Liste von Gründen durch, warum diese Vorschläge unrealistisch waren. »Es gibt ungefähr ein Dutzend Leute in der Firma, die dafür besser qualifiziert sind als ich und, offen gesagt, auch besser aussehen. Nun mal im Ernst. Die Konkurrenz schläft nicht. Marjory Simpson hat gerade super neue Brüste bekommen und Amy Rydale hat so abgenommen, dass ihre Hüftknochen hervortreten, wenn sie eine tief sitzende Hose anhat. Und mein Selbstwertgefühl ist immer noch etwas angeschlagen wegen meines Gewichts. Ich warte besser ab, bis ich mich etwas wohler in meiner Haut fühle. Dann kann ich mich mit dem Job befassen und mit James...«

»Jetzt langweilst du mich aber allmählich«, sagte Trudy und verdrehte dabei die Augen.

»Was?«

»Hör zu, Sarah, du bist meine beste Freundin und ich mag dich sehr, aber du musst nun endlich davon loskommen, dass sich die Welt um die Größe deines Hinterns dreht. Das tut sie nämlich nicht, und keiner macht so ein Getöse darum wie du, und wenn deine Gedanken nicht andauernd darum kreisen würden, wie schrecklich dein Körper ist, würdest du endlich erkennen, wie viele Leute dich wirklich gern haben!«

»Ja, das stimmt. Luigi zum Beispiel, der schmachtet dich von dort drüben bei den getrockneten Tomaten schon die ganze Zeit an«, ergänzte Antonio.

Die Schönheitskonkurrenz

»Sarah, wir haben dieses Thema letzte Woche in meinem Psychologiekurs besprochen. Dein Problem ist nicht dein Leben, sondern die Art und Weise, wie du es siehst! Du musst nicht abnehmen, um irgendetwas zu beweisen! James und dieser Job sind nicht zu gut für dich!«

»Genau, sie können froh sein, wenn sie Sarah bekommen, nicht wahr, Miss Freud?«, alberte Antonio mit einem Blick zu Trudy.

Eigentlich hätte ich nun sagen sollen, dass sie keine Ahnung habe, wovon sie spreche, und dass ich mich nicht zu einem ihrer Abendkurs-Meerschweinchen machen ließe, doch stattdessen saß ich nur da und starrte die beiden an. Ich warf einen Blick zu Luigi hinüber, der mich ansah, während er verbrannten Käse vom Toaster kratzte, und dachte, dass Trudy (trotz ihres nervigen Psychogebrabbels) vielleicht doch Recht hatte.

»Gebt mir die Kekse«, forderte ich sie auf.

»Sei jetzt bitte nicht sauer auf uns, Sarah, wir wollen dir ja nur helfen.«

Ich bin nicht auf euch sauer, dachte ich, ... sondern auf mich.

Wir kennen alle die Geschichte von Schneewittchen. Ihre Stiefmutter erfuhr von dem verfluchten Spiegel, dass sie nicht mehr die Schönste im ganzen Land war, und befahl in einem Anfall rasender Eifersucht Schneewittchens Tod. Wir alle wissen, wie es ist, auf eine andere Frau eifersüchtig zu sein oder sogar sie zu verabscheuen. Insbesondere wenn sie unserer Karriere schaden könnte.

Frauen sind viel stärker als Männer darauf konditioniert

245

zu akzeptieren, dass sie nach ihrem Aussehen beurteilt werden. Im beruflichen Umfeld können sich die meisten Männer sicher sein, an ihrer Intelligenz und Kompetenz gemessen zu werden. Die meisten Frauen hingegen haben das Gefühl, die Bewertungskriterien, die auf sie angewandt werden, seien viel weiter gefasst. Sie glauben, ihre Figur, ihr Gesicht und ihr Sexappeal könnten kritisch bewertet werden. Das rührt daher, dass sie sich oft mit Unsicherheiten auseinander setzen müssen, von denen die meisten Männer überhaupt keine Ahnung haben. Wie in den vorhergehenden Kapiteln besprochen, werden Körper von Frauen benutzt, um so gut wie alles zu verkaufen. Folglich sind wir uns auch viel stärker als die Männer der Bewertungsmaßstäbe bewusst, die auf uns angesetzt werden. Wir neigen dazu, von anderen Bestätigung einzuholen, während Männer, die nach Kompetenz beurteilt werden, nicht so sehr darauf angewiesen sind.

Diese ganzen Denkmuster rund um die Schönheit schüren das Konkurrenzdenken der Frauen untereinander. Uns hat man beigebracht, unsere Identität darauf zu gründen, wie »hübsch« wir sind, daher sind wir auf Bestätigung von außen angewiesen und suchen sie bei allen, angefangen beim Partner bis hin zum Arbeitgeber. Diese Abhängigkeit beeinträchtigt unser Selbstwertgefühl, macht unser Bedürfnis, mit anderen Frauen zu konkurrieren, zu einem »normalen« unerlässlichen Bestandteil unserer Überlebensstrategie.

Das Verlangen nach Bestätigung, dieses Rennen um die Spitzenposition überträgt sich auch auf den Arbeitsplatz. Und das ist der Ort, an dem der Kampf zwischen Frauen wirklich ernst wird – Lippenstifte einsatzbereit bei 50 Umdrehungen, meine Damen. Denn Frauen haben das Gefühl,

Die Schönheitskonkurrenz

permanent in Konkurrenz zu anderen Frauen zu stehen. Und das Erste, worin Frauen konkurrieren, ist das Aussehen, weil man uns gelehrt hat, uns selbst danach zu beurteilen. Wenn wir erfahren, dass in unserer Abteilung eine neue Kollegin anfängt, ist das Erste, was uns interessiert – ob wir es zugeben oder nicht: »Wie sieht sie aus? Ist sie eine Gefahr für mich?« Das Traurige dabei ist, dass Sie sich selbst am meisten erniedrigen, wenn Sie sich mit Kolleginnen vor allem über das Aussehen vergleichen, denn damit sagen Sie sich selbst, Sie haben nichts anderes zu bieten. Auch wenn es logisch erscheint, dass Frauen sich anhand von Kriterien wie Erfahrung oder Intelligenz messen, läuft es meistens darauf hinaus, wer das schönste Haar, das mädchenhafteste Lachen oder die längsten Beine hat.

Auch dafür liegt die Ursache in unserem Verhältnis zum anderen Geschlecht. Da in den meisten Kulturen (einschließlich unserer) die wirtschaftliche Macht in den Händen der Männer liegt, wird Frauen der Eindruck vermittelt, sie müssten mit anderen Frauen um die Aufmerksamkeit der Männer und damit auch um von Männern dominierte Ressourcen konkurrieren. Die Gesellschaft konditioniert Frauen dahingehend, dass ihr oberstes Ziel im Leben darin besteht, einen Mann zu finden, also sehen sie jede andere Frau als Konkurrentin. Daher gehört für viele Frauen so viel mehr dazu, wenn sie in die Arbeit gehen, als einfach aufzustehen und ins Auto zu steigen. Es bedeutet, immense Aufmerksamkeit auf Aussehen und Selbstdarstellung zu verwenden.

Das uralte Klischee von der Frau als Sexobjekt anstatt der ernst zu nehmenden Mitstreiterin am Arbeitsplatz verstärkt das irrige Verlangen nach Attraktivität. Und manche männ-

Körperbild und Arbeitsplatz

lichen Chefs machen es Frauen wahrlich schwer, das Gefühl zu haben, sie würden wegen anderer Qualitäten geschätzt. Das betrifft besonders Frauen, die *für* Männer arbeiten und von diesen begehrt werden. Weibliche Untergebene werden von Männern oft als Dreingabe zu ihrer Chef-Position betrachtet. Selbst in Zeiten wie unseren, in denen Belästigung am Arbeitsplatz als schwer wiegendes Vergehen gilt, existiert noch das Herr-Dienerin-Verhältnis, in dem eine weibliche Sekretärin die Untergebene ihres männlichen Chefs ist.

Noch bis vor kurzem hatte eine Frau in der Arbeitswelt nur zwei Möglichkeiten, welchen Typ der weiblichen Angestellten sie verkörpern wollte: a) die blonde, dümmliche Sekretärin oder b) die gänzlich unelegante, Männer hassende Vorgesetzte. Tolle Auswahl. Nachdem wir realisiert hatten, dass feminines Auftreten und Kompetenz sich nicht, wie man uns gerne glauben gemacht hätte, gegenseitig ausschließen, formulierten wir die Stellenbeschreibung neu, so dass sie unseren Bedürfnissen gerecht wurde. Fort mit den Poweranzügen mit riesigen Schulterpolstern, mit denen wir uns als Männer verkleideten und uns den Kollegen anpassten, her mit den Frauen, die wie Frauen aussahen und dachten – kompetente Mitarbeiterinnen, die davon überzeugt waren, ihr Wert liege in ihren Fertigkeiten. Ein paar von uns kapierten sogar, dass es erniedrigend, demoralisierend und falsch war, mit anderen Frauen zu wetteifern, wer die Schönste sei – denn es gibt dabei keine Gewinner. Außer natürlich dem männlichen Vorgesetzten. Er macht sich diese Rivalität zunutze, um eine weibliche Kollegin in Schach zu halten, indem er dafür sorgt, dass sie das Ziel zu lange aus den Augen verliert und nie an einen Punkt gelangt, an dem sie für ihn zur Bedrohung werden könnte.

Egal, wie wir uns das Entstehen dieses Wettbewerbs zwischen Frauen erklären, auf jeden Fall sollten wir eine gewisse Verantwortung dafür übernehmen, wie wir zu seinem Fortbestehen beitragen. Wir können uns über sexuelle Diskriminierung durch Männer am Arbeitsplatz beschweren, doch viele von uns bestätigen dominant-männliche Denkweisen, sobald sie einen Fuß in das Büro setzen, indem sie ihren Wert mehr in ihrem Aussehen als in ihren Fertigkeiten sehen und zum Wettrennen gegen andere Frauen antreten. Wie können wir es nun vermeiden, an dieser universellen Schönheitskonkurrenz teilzunehmen? Entkräften wir dazu erst einmal einige der Botschaften, die von der Gesellschaft an uns herangetragen werden.

Schönheit ist keine Voraussetzung für Erfolg oder Macht. Ungeachtet dessen, was Ihnen von anderen eingeimpft wurde, besitzen Sie viel wichtigere Qualitäten, die Ihnen helfen, Ihre Ziele zu erreichen. Sehen Sie sich einige der momentan erfolgreichsten Frauen in der Politik an – sie haben so viel an Kompetenz einzubringen (ob wir den Inhalten zustimmen oder nicht sei dahingestellt), dass ihr Äußeres selten ein Thema ist.

Schönheit ist nicht das wichtigste Kapital einer Frau. Die Fakten sprechen für sich: Mädchen erzielen sowohl in Grund- als auch weiterführenden Schulen konstant die besseren Noten. Frauen sitzen inzwischen in Handel und Industrie auf Chefsesseln, Unternehmerinnen stellen einen beachtlichen

Anteil bei erfolgreichen Firmengründungen. Frauen arbeiten hart und innovativ. In agrarwirtschaftlich geprägten Kulturen bringen Frauen, selbst wenn sie nicht über die gleichen Ressourcen verfügen, genauso gute oder bessere Ernten ein als die Männer!

Schönheit zählt nicht zu den Idealen, nach denen man streben sollte – wie Freiheit, Gerechtigkeit oder Gleichheit. Sie ist nämlich ein flüchtiges Gut und hängt von so vielen kontroversen Meinungen und Bewertungsmaßstäben ab, dass sie letztendlich ein willkürliches Gebilde ist. Und genau deshalb ist sie auch eine schwache Basis für die eigene Wertschätzung. Oder einfacher ausgedrückt: Wenn Sie zu einem besseren Gefühl mit sich selbst finden wollen, nutzt Ihnen der Wunsch, schön zu sein, gar nichts.

Sein Aussehen kontrollieren zu können bedeutet nicht, auch sein Leben kontrollieren zu können. Sein Äußeres gezielt einzusetzen oder zu verändern hat nur dann Wirkung, wenn es das Körperbild positiv beeinflusst. Um in einem beliebigen Berufsfeld Erfolg zu haben, sind Kompetenzen mehr gefragt als tolles Aussehen.

Die künstlich hergestellte Verbindung zwischen Schönheit und Erfolg ist das Resultat einer destruktiven Annahme darüber, welche Relation zwischen beiden besteht, und wird durch geringes Selbstwertgefühl und ein negatives Körperbild stabilisiert. Indem wir die destruktiven Denkweisen, die so großes Gewicht darauf legen, wie wir aussehen, und so geringe Bedeutung darauf, wer wir sind, kritisch betrachten, bewegen wir uns auf ein positiveres Körperbild und gesteigertes Selbstwertgefühl zu. Sehen Sie sich die Kriterien an, die Sie selbst ansetzen. Wie logisch ist es, davon zu träumen, man würde Ihnen in Besprechungen mehr Gehör schenken oder Sie würden eher befördert, wenn Sie hübscher wären? Es ist völlig unlogisch. Welche Bedeutung unser eigenes Aussehen einnimmt, hängt ganz von uns ab. Geben wir den Leuten keine anderen Bezugspunkte, ist das alles, woran wir gemessen werden. Sind die anderen aber beeindruckt von unseren Fähigkeiten und mögen unsere Art, tritt die Bedeutung unseres Aussehens in den Hintergrund. Wenn wir die Schuld für Niederlagen am Arbeitsplatz auf unser Äußeres schieben, übersehen wir das Wesentliche und bringen uns selbst um die Chance, aus unseren Fehlern zu lernen und an ihnen zu wachsen. Setzen wir Erfolg am Arbeitsplatz mit Schönheit gleich, reduzieren wir echte Leistung ein weiteres Mal auf etwas so Banales wie das äußere Erscheinungsbild. Vielleicht stellen wir uns erfolgreiche Menschen immer als attraktiv vor, weil einige der wirklich Reichen und Erfolgreichen, wie Models oder Hollywoodstars, es sind. Doch dabei gilt es zu bedenken, dass bei diesen Menschen das gute Aussehen zum Beruf gehört, der sie in das Licht der Öffentlichkeit rückt, und sie vorrangig aufgrund ihres Aussehens dorthin gekommen sind. Berühmtheit ist aber nur eine Art von Erfolg. Ein kurzer Blick auf die Fotogalerie der reichsten Menschen der Welt oder solche, die Erstaunliches geleistet haben, zeigt, dass die meisten ihrer Leistungen nichts mit ihrem Aussehen zu tun haben.

Letzten Endes liegt es allein an Ihnen, wie Sie an Ihrem Arbeitsplatz behandelt und ob Sie respektiert werden – nicht an Ihrem Chef, nicht an den Kollegen und ganz bestimmt nicht an der Größe Ihres Pos. Sie legen fest, wie die Menschen, mit denen Sie zusammenarbeiten, auf Sie zugehen dürfen. Stellen Sie jene Kernannahmen in Frage, die Sie zu dem Glauben verleitet haben, Ihr Wert werde an der Größe Ihrer Brust festgemacht und nicht an Ihrer Berufserfahrung, haben Sie schon enorm an Boden gewonnen, weil Sie sich damit weigern, das Spiel mitzuspielen.

Hier finden Sie einige Anregungen, was Sie tun können, wenn Sie sich das nächste Mal dabei ertappen, Ihre beruflichen Erwartungen wegen Ihres Aussehens zu begrenzen:

- Erstellen Sie eine Liste der Argumente, warum Sie sich für eine bestimmte Stelle oder eine Beförderung qualifiziert fühlen, und daneben eine Liste, warum Sie sich nicht qualifiziert fühlen. Ist die erste länger, reichen Sie Ihre Bewerbung ein. Worauf warten Sie noch? Ist die zweite länger, überlegen Sie, wie Sie Ihre Fertigkeiten verbessern können, und setzen Sie sich mit negativen Denkweisen über Ihr Äußeres auseinander, falls solche auf Ihrer Liste auftauchen.
- Erstellen Sie eine Liste von Personen, die Sie in Ihrer Branche bewundern. Schreiben Sie neben die Namen, warum diese Ihrer Meinung nach in ihrem Beruf so gut sind. Ich wette, die Worte »gerade Zähne« werden dabei nicht auftauchen.
- Überlegen Sie, wo Sie beruflich in fünf Jahren stehen möchten. Fragen Sie sich nun, wie Sie das erreichen können, wenn Sie sich nicht um eine Beförderung und/oder neue Stelle bewerben.

- Und überlegen Sie schließlich, was im schlimmsten Fall passieren könnte, falls Sie sich um eine Stelle bewerben und diese nicht bekommen. Setzen Sie das in Relation zu einer Stagnation aus Angst vor Ablehnung. Was wäre nun das Schlimmste, was passieren könnte?

Checklisten

Die meisten von uns haben auf ihrem Lebensweg immer eine Checkliste vor sich.

Als Erstes wollen wir einen tollen Job und ein großes Büro mit Blick über die Themse in London, den Central Park in New York oder den Reichstag in Berlin. Oder wir wollen eine berühmte Delphintrainerin werden oder der erste Mensch, der seinen Fuß auf den Mars setzt. Wenn wir Top-Prioritäten von der Liste streichen, tun wir das oft auch mit anderen Wünschen, wie dem Traumauto, dem weitläufigen Landhaus und der Dachterrassenwohnung.

Zweitens wollen wir die perfekte Beziehung. Wir wünschen uns einen Mann, der bügelt, kocht und putzt, wenn er nicht gerade weg ist, um in armen Ländern Kinder zu retten oder in Rom als Model zu posieren. Er muss Shakespeare zitieren können, mit samtweicher Stimme, versteht sich. Er muss unsere Mutter lieben und sich mit unserem Vater in Freundschaft verbunden fühlen. Im Schlafzimmer muss er ein Traum sein. Oder wir suchen eine Frau mit dem Körper einer Heidi Klum und dem Intellekt einer Marie Curie. Sie muss Fußball mögen und Fan von unserem Verein sein. Sie muss ein paar schmutzige Witze erzählen können, aber nicht

Körperbild und Arbeitsplatz

zu viele. Sie soll mit allem einverstanden sein, was wir sagen, und soll nie etwas missverstehen, analysieren oder auseinander pflücken. Kurz und gut, wir wollen diesen speziellen Menschen, der genau für uns gemacht ist, und wir wollen, dass dieser Mensch auch uns will. Aber auf der Checkliste steht noch mehr. Wir wollen einen großen zuverlässigen Freundeskreis, der immer für uns da ist. Wir wollen die bestangezogene Person in der Stadt sein. Wir wollen drei perfekt erzogene, schöne Kinder. Wir wollen die erste Frau sein, die in hochhackigen Schuhen den Mount Everest besteigt. Wir wollen der erste bierbäuchige Pilsfreund sein, der noch mit 35 den Sprung zum Profifußballer schafft. Grundsätzlich haben wir alle eine Karte vor uns, die den Lebensweg aufzeigt, von dem wir träumen, und die Ziele, die wir uns gesteckt haben.

Aber manchmal läuft es im Leben nicht ganz nach Plan. Bisweilen stellt sich heraus, dass der Mann unserer Träume zwar reizend und liebevoll ist, doch ein eher ungepflegter Kerl, der nicht als Model in Rom arbeitet, sondern in der örtlichen Kläranlage. Mitunter wird aus dem zweisitzigen Aufreißercabrio ein klappriger alter Fiesta. Und manchmal, aber nur manchmal, sitzen wir in einem stickigen Büro und machen die Ablage, statt mit Delphinen zu sprechen. Wenn wir das Gefühl haben, unsere Träume nicht wahr machen zu können oder irgendetwas auf unserer Checkliste streichen zu müssen, kann das unser Selbstwertgefühl und Selbstvertrauen herabsetzen. Und wichtiger noch, wenn wir uns nicht wirklich gut fühlen, kann es sein, dass wir glauben, es nicht zu verdienen, wenigstens einige unserer Ziele zu erreichen.

Allmählich fragen wir uns dann, warum wir nicht alle

unsere Träume verwirklichen konnten, und wenn wir etwas suchen, worauf wir die Schuld schieben können, fällt uns als Erstes unser Aussehen ein. Eine vor kurzem erhobene Studie ergab, dass die Mehrzahl der Frauen, die mit ihrem Körperbild unzufrieden waren, dazu tendierten, ihr Aussehen für andere Enttäuschungen in ihrem Leben, darunter auch berufliche Rückschläge, verantwortlich zu machen. Bei den Männern ist es nicht viel besser, wie eine Umfrage der Zeitschrift *Men's Health* zeigt, die zu dem Ergebnis kam, dass 75 Prozent der Männer mit ihrer Figur unzufrieden sind und damit, wie diese ihre Erfolgsaussichten im Leben beeinflusst. Damit haben wir schnell einen Sündenbock, wenn wir nicht so glücklich darüber sind, wo wir im Leben gerade stehen. Folglich kann unser Körperbild auch bestimmen, wie viel wir uns zu erträumen wagen und welche Risiken wir eingehen, um das zu realisieren. Oder einfacher ausgedrückt, wir nehmen uns weniger vor, wenn wir mit unserem Äußeren unglücklich sind. Unser Körperbild hat einen immensen Einfluss darauf, an welchem Platz wir uns im Leben sehen, denn unser Äußeres ist das, was man als Erstes an uns wahrnimmt.

Das eigentliche Problem bei dieser Denkweise setzt allerdings dann ein, wenn wir anfangen uns zu *wünschen*, schöner zu sein. Ob in der Pubertät oder nach einem beruflichen Rückschlag – sobald wir anfangen, über einen hübscheren Körper, glattere Haut oder feinere Gesichtszüge nachzudenken, und glauben, dies würde uns glücklicher machen, versagen wir uns, uns selbst anzunehmen und dadurch glücklicher zu werden. Schlimmer noch, der Wunsch nach einem »neuen Du« impliziert, dass Sie das »Du«, das Sie jetzt sind, unweigerlich abwerten müssen. Je stärker Sie sich wünschen, wie jemand anderes auszusehen, umso unglücklicher macht Sie die Person, die Sie im Moment sind. Was Sie letzten Endes unglücklich macht, ist also nicht Ihre körperliche Erscheinung, sondern der Wunsch nach einem anderen »Du«.

Im größeren Kontext unseres Lebens lassen wir unserem Äußeren viel zu große Bedeutung zukommen. Wenn wir uns selbst fragen, warum wir in einer Besprechung nicht das Wort ergriffen haben, schieben wir die Schuld auf unsere dicken Oberschenkel. Wenn wir darüber grübeln, warum *ihre* Recherchevorschläge genommen wurden und nicht unsere, machen wir unsere Körpergröße dafür verantwortlich. Es ist viel einfacher, an äußeren Dingen Kritik zu üben und sie abzuurteilen, als den Blick nach innen zu richten. So ziehen wir uns aus der Affäre. Wir geben uns keine Mühe, die wahren Ursachen unserer Probleme zu finden. Vielleicht wurden wir nicht befördert, weil unser Chef etwas dagegen hat, dass wir den halben Tag tratschend am Wasserspender verbringen. Vielleicht hat sich auf die Stellenausschreibung jemand beworben, der besser qualifiziert ist. Wir müssen genauer hinsehen, bevor wir die äußeren Schichten für schuldig erklären, sonst versagen wir uns die Chance, die wirklichen Gründe für unsere Enttäuschungen anzupacken. Wenn wir unser Äußeres für einen Rückschlag am Arbeitsplatz verantwortlich machen, suchen wir einen Sündenbock – wir müssen etwas finden, worauf wir die Schuld schieben können, wenn es beruflich nicht so vorangeht, wie wir uns das vorstellen, und da wir uns von unserem Aussehen ohnehin im Stich gelassen fühlen, kommt uns das gerade recht. Es ist ganz natürlich, Erklärungen für eine Enttäuschung oder Zurückweisung zu suchen, doch ohne weitere Beweise die Schuld auf das Aussehen zu schieben, kann nicht die Antwort sein. Damit verstärken wir lediglich die negativen, irrationalen Denkweisen über unser Körperbild, die ursächlich dazu führten, dass wir uns nicht wohl in unserer Haut fühlen!

Risiken eingehen

Niemand hat je alle Punkte auf der Checkliste des Lebens abgehakt, ohne Risiken einzugehen. Unzählige Forschungsprojekte könnten Ihnen den Beweis erbringen, dass die erfolgreichsten Menschen diejenigen sind, die mit dem größten Selbstvertrauen Wagnisse auf sich nehmen. Sie sind bereit, ein wenig zu spielen, und setzen nicht immer auf Sicherheit. Doch sich Hals über Kopf in etwas zu stürzen, dessen Folgen man nicht genau abschätzen kann, erfordert Vertrauen in die eigene Fähigkeit zu überleben – für den Fall, dass es nicht so ausgeht, wie man sich das erhofft. Sicher kennen auch Sie jemanden, der jede Gelegenheit beim Schopf ergreift und es einfach versucht. Das kann eine Freundin sein, die bei einer Besprechung ohne jedes Anzeichen von Nervosität eine neue Idee vorbringt, ein Kollege, der unüberlegte Entscheidungen trifft und dabei auch noch gegen die Anweisungen des Chefs verstößt, aber dennoch den Auftrag immer unter Dach und Fach bringt.

Um Risiken eingehen zu können, müssen wir an uns selbst glauben. Wenn wir uns jedoch wegen unseres Aussehens schlecht fühlen oder unsere Gedanken dauernd um ein ganz bestimmtes Körpermerkmal kreisen, haben wir dieses Vertrauen nicht. Da wir uns über unser Aussehen definieren, fühlen wir uns inkompetent und nicht gut genug und entscheiden uns für den sicheren Weg. Vielleicht springen wir sogar ins kalte Wasser, doch dann achten wir darauf, dass wir ganz nahe am Ufer bleiben. Dabei wissen wir genau, dass wir so keine schnellen, kräftigen, tapferen Schwimmer werden, aber immerhin ertrinken wir auch nicht. Auf Sicherheit setzen erscheint uns als beste Taktik, wenn wir uns unsicher fühlen. Doch paradoxerweise besteht die einzige Möglichkeit, diese Unsicherheiten abzulegen, darin, sich den Ängsten zu stellen, die uns an Ort und Stelle halten, und anzufangen, Risiken einzugehen.

Als Erstes müssen Sie sich deutlich machen, dass Sie als Mensch viel mehr sind als das, was nach außen hin sichtbar ist. Zu Ihrem wahren Ich gehört, was Sie tun, was Sie mögen, was Sie hassen, was Ihnen Angst macht, was Sie zum Lachen bringt oder was Sie traurig macht. Dazu gehören auch die Prüfungen, die Sie geschafft haben, die Menschen, in deren Leben Sie eine Rolle spielen, die Erfahrungen, die Sie gesammelt haben, und die Lektionen, die Sie gelernt haben. Dazu gehören die Schwimmabzeichen, auf die Sie so stolz waren, und die Urlaubsfotos, bei denen Sie immer noch schallend lachen müssen. Glauben Sie mir, wabbelige Oberarme haben damit rein gar nichts zu tun. Definieren Sie sich über die Dinge, die wirklich wichtig sind. Erkennen Sie Ihre tatsächlichen Schwächen. Vielleicht könnten Sie effizienter arbeiten. Vielleicht unterbrechen Sie andere zu oft. Vielleicht müssen Sie in Besprechungen mehr Beiträge einbringen. Das zu akzeptieren, was Sie an sich mögen, aber auch

Risiken eingehen

Ihre Fehler, ist ein erster Schritt, diesen körperbezogenen Ängsten ihr Gewicht zu nehmen. Fangen Sie an, sich danach zu beurteilen, wer Sie sind, und nicht, wie Sie aussehen.

Um genügend Selbstvertrauen fassen zu können, damit Sie Risiken eingehen können, müssen Sie sich als Zweites verdeutlichen, was im schlimmsten Fall passieren kann. Wenn uns etwas Angst macht, seufzen wir: »Oh Gott, das schaffe ich doch nie!« und verwerfen die Idee sofort. Machen Sie es einmal anders und denken Sie den Gedanken konsequent zu Ende. Vielleicht ist in Ihrer Abteilung eine Stelle ausgeschrieben, bei der Sie besser bezahlt würden, mehr Urlaub bekämen und ein größeres Büro. Sie würden sich gerne bewerben, wollen sich aber gar nicht ausmalen, wie sehr es Sie deprimieren würde, wenn Sie nicht genommen würden. Vor Ihrem geistigen Auge sehen Sie, wie die anderen hinter Ihrem Rücken kichern und sich denken: »Wie kann sie nur glauben, sie sei für so eine Stelle geeignet?« Also schenken Sie der inneren Aufregung keine Beachtung, die Sie beim Vorbeigehen an dem Aushang jedes Mal aufs Neue befällt. Was soll's, reden Sie sich selbst ein, dein Leben geht auch so weiter. Dabei haben Sie sich selbst einen Tiefschlag verpasst, weil Sie vom Schlimmsten ausgegangen sind und sich nicht die Mühe gemacht haben herauszufinden, was das Schlimmste überhaupt sein könnte.

Anstatt ängstlich davor zurückzuschrecken, sich um die Stelle zu bewerben, sollten Sie überlegen, wie die Geschichte weitergehen könnte. Sie könnten sich bewerben, die Stelle bekommen, weiter erfolgreich Ihren Weg gehen und eines Tages die Geschäftsführung übernehmen. Oder Sie bewerben sich und bekommen die Stelle nicht. Was wäre dann das

Schlimmste, was passieren könnte? Würde Ihr Herz aufhören zu schlagen? Würde Ihre Lunge kollabieren? Würde die Welt untergehen? Würden Sie von der Gesellschaft geächtet werden? Nein, nein und nochmals nein. Im schlimmsten Fall haben Sie keine neue Stelle, dafür aber aktuelle Erfahrungen gesammelt, wie ein Vorstellungsgespräch abläuft. Das hilft Ihnen, wenn Sie sich das nächste Mal um eine Stelle bewerben. Werden die anderen sie auslachen, weil Sie es versucht haben? Nein – und täten sie es doch, dann nur aus eigener Unsicherheit. Durch die Bewerbung haben Sie nichts verloren, aber vermutlich etwas mehr Vertrauen in sich gewonnen, weil man stolz darauf sein kann, wenn man Risiken eingeht, selbst wenn es nicht so ausgeht, wie man es sich vorgestellt hat. Beim nächsten Mal fällt es Ihnen dann nicht mehr so schwer, weil Sie schon wissen, was im schlimmsten Fall passieren kann.

Wenn Sie im beruflichen Umfeld nie ein Risiko eingehen, entgeht Ihnen vielleicht eine Stelle, die Sie wirklich erfüllen würde oder in der Sie sich als Person entwickeln und wachsen könnten. Wenn Sie sich nächstes Mal etwas nicht trauen, fragen Sie sich: »Was habe ich zu verlieren?« Und sehr wahrscheinlich schaden Sie sich nur dadurch, dass Sie sich selbst einschränken, indem Sie eine Chance nicht ergreifen.

Das Drehbuch umschreiben

Seit dem Gespräch mit Felicity und dem darauf folgenden Gipfeltreffen mit Trudy und Antonio ging es mir nicht mehr aus dem Kopf, mich um eine andere Stelle zu bewerben. Doch ich ertappte mich auch immer wieder dabei, dass ich an eine Unterredung denken musste, die ich im Alter von fünfzehn Jahren mit einem Berufsberater hatte...

Man hatte mich zu Mr. Roberts geschickt, weil ich erwischt worden war, wie ich während der Orchesterprobe Zettel weitergab, auf denen über die verpfuschte Nasenkorrektur der Musiklehrerin gelästert wurde. »Nun reicht es aber. Sarah, du gehst jetzt zu Mister Roberts!«, fuhr sie mich mit nasaler Stimme an. Mr. Roberts war so etwas wie Mädchen für alles: Berufsberater, Verbindungslehrer, Vertretung der Kunsterzieherin, wenn diese krank war, und Trainer der Mädchen-Hockeymannschaft. Seine Eignung für auch nur einen dieser Aufgabenbereiche war gelinde gesagt mehr als dürftig.

Ich ging in sein winziges, dunkles Büro und setzte mich auf einen harten Holzstuhl, auf dessen Sitzfläche ein fleckiges oranges Kissen lag, bestickt mit den Worten »Carpe diem«. Er saß mir gegenüber und warf mir einen nichts Gutes verheißenden Blick zu. »Nun, Sarah, haben wir bei der Orchesterprobe gestört?«

Ich nickte und unterließ es, darauf hinzuweisen, dass nicht »wir« es getan hatten, sondern »ich«, während »er« vermutlich gerade wieder einmal ein Hockeyspiel verlor.

»Weißt du, Sarah, Schülerinnen wie du, durchschnittlich, unauffällig, stören oft deshalb, weil sie sich Aufmerksamkeit verschaffen wollen. Ich weiß, dass du weder besonders sportlich bist noch besonders attraktiv oder sogar beliebt, aber du solltest deshalb nicht neidisch auf andere werden. Wir haben alle unsere Stärken und Schwächen und setzen diese am besten ein, wenn wir unseren Platz kennen. Du

zum Beispiel wirst vermutlich keine große Karriere in einer Position machen, die Führungsvermögen, Kreativität oder überdurchschnittliche Intelligenz voraussetzt. Du solltest dich deshalb lieber auf Dinge konzentrieren, die sich in deiner Reichweite befinden, dann ersparst du dir Enttäuschungen. Du kannst die Person in der zweiten Reihe sein, die jene unterstützt, die das Zeug dazu haben, wichtige Positionen einzunehmen, die nicht so charmante und nicht so qualifizierte, aber ebenso wichtige Teamarbeiterin ... du verstehst doch?«

Ich weiß noch genau, wie ich völlig schockiert dort saß, als er mit seiner Ansprache zu Ende war. Ich fühlte mich wie leer gepumpt, deprimiert und traurig. Ich nickte und fragte, ob ich nun gehen könne. Er lächelte und meinte, er sei froh, dass wir dieses wichtige Gespräch führen konnten.

Als ich schon an der Tür war, rief er mir noch nach: »Oh, vielleicht möchtest du es einmal in der Hockeymannschaft versuchen. Das würde dir helfen, etwas abzunehmen und eine bessere Figur zu bekommen.« Von diesem Tag an fühlte ich mich stets plump, durchschnittlich, unscheinbar und nicht zu Größerem berufen. Nun wurde mir klar, dass ich selbst diejenige war, die mich die ganze Zeit lahm gelegt hatte. Trudy und Antonio hatten wohl Recht. Vielleicht könnte ich einen besseren Job haben, vielleicht irrte sich Mr. Roberts, vielleicht ... Vielleicht würde ich mich jetzt doch um die Stelle in Felicitys Abteilung bewerben...

Wir alle haben unsere Vorstellungen, wer wir im Leben sein wollen und wie wir uns verhalten sollten. Diese »Drehbücher« entstehen oft aus den Hinweisen von anderen, wie wir

Das Drehbuch umschreiben

handeln und wer wir sein *sollten.* Ihr Drehbuch gibt Ihnen vielleicht vor, Sie seien das schwarze Schaf der Familie oder der komische Brillenträger, der immer gut in Naturwissenschaften war, oder das pummelige Kind, mit dem immer alle etwas unternehmen wollten, das aber niemand als Freundin haben wollte. Schränkt Sie Ihr Drehbuch ein oder hindert es Sie daran, sich so zu sehen, wie Sie wirklich sind, müssen Sie es umschreiben, ehe Sie in einem beruflichen Umfeld Erfolg haben können. Das ist aber, wie bei den meisten wichtigen Veränderungen im Leben, leichter gesagt als getan. Wenn Sie sich Ihr bisheriges Leben lang immer als nicht gut oder hübsch genug betrachtet haben, um erfolgreich zu sein, wird es Ihnen schwer fallen, das zu ändern. Und vielleicht haben Sie es sich ja auch ganz gut mit diesem Drehbuch eingerichtet, weil das Leben damit vorhersehbar ist.

Waren Sie in der Schule immer das altmodische, aber kluge Mädchen, das nie viele Freunde hatte, aber Algebra beherrschte, lenkt Sie dieses Drehbuch vielleicht auch in der Arbeit. Sie bleiben abends lange im Büro und gehen nie mit den anderen noch etwas trinken, weil Sie glauben, nicht beliebt zu sein. Oder steht in Ihrem Drehbuch, dass Ihr älterer Bruder in der Familie immer den Ton angab und Sie nach seiner Pfeife tanzten, zögern Sie vielleicht, bei Projekten in der Arbeit die Initiative zu ergreifen, weil das Drehbuch Ihnen vorgibt, Sie könnten einer Führungsrolle nicht gerecht werden.

Das Seltsame ist, dass in solchen Situationen oft das Gegenteil eintritt. Wenn wir an unserer Lebensweise eine einschneidende Änderung vornehmen, zu der auch gehört, mit neuen Menschen zusammenzukommen, wird es einfacher, unser Drehbuch umzuschreiben. Ganz plötzlich sehen wir uns von Menschen umgeben, die darauf warten, dass *wir* ihnen sagen, wer wir sind, und nicht mehr von Menschen, die glauben, uns zu kennen, und aufgrund dessen bestimmte Erwartungen an uns haben. Nehmen wir an, ein Mädchen, das zu Hause immer als blondes Dummchen gehänselt wurde, fängt weit weg von seiner Heimatstadt eine neue Arbeit an. In den Koffer packt es, außer der Zahnbürste und dem rosa Schlafanzug, den ihm die Mutter gerade noch gekauft hat, eine Kernannahme, wie andere sie sehen, die es massiv verunsichert. Vielleicht ist es gar nicht mehr das blonde Dummchen, doch Etikettierungen aus der Kindheit bleiben hartnäckig an uns kleben, auch wenn sie längst nicht mehr zutreffen. Wenn das Mädchen nun die neuen Kollegen kennen lernt, geht es sehr wahrscheinlich davon aus, diese würden von ihm wieder dasselbe annehmen, was es allen anderen davor schon unterstellt hat: »Sie hält mich für dumm«, »Er glaubt, er hat leichtes Spiel mit mir.« Doch wenn es beginnt, das Drehbuch umzuschreiben, indem es diese Sichtweise seiner selbst hinterfragt und den neuen Freunden Facetten seiner Persönlichkeit offenbart, die es für wichtig hält, beginnt es ganz allmählich auch zu realisieren, dass niemand es mehr so sieht, wie es im alten Drehbuch beschrieben war. Es bemerkt, dass es aufgrund seines Charakters geschätzt wird und nicht aufgrund seines Aussehens, was ihm vermutlich genügend Selbstvertrauen gibt, um gut zu sein und das alte Drehbuch, von dem es im Streben nach Erfolg eingeschränkt worden war, hinter sich zu lassen.

Diese Art von Selbsterkenntnis ist besonders wichtig, wenn wir unsere erste Stelle antreten. Dann lernen wir neue Leute kennen, die uns anders sehen als unsere Familie oder die Freunde aus der Kindheit, und wir entwickeln ein ganz neues Selbstwertgefühl, ausgehend davon, dass wir aufgrund unserer Fähigkeiten geschätzt werden. Wir haben die Möglichkeit, in Bezug auf unser Aussehen selbstbewusster zu werden und zu entdecken, wie viel wir emotional und intellektuell, aber auch mit unserem Äußeren zu bieten haben. Wie Unbekannte auf uns reagieren liefert uns in der Regel einen guten Anhaltspunkt, wer wir sind, denn solche Beurteilungen sind unbelastet von Vorurteilen oder früheren Erfahrungen.

Es ist beruhigend zu wissen, dass unser Drehbuch nicht in Stein gemeißelt ist. Wenn wir bereit sind, unsere Sichtweise der Dinge, die wir erleben, zu ändern, werden wir es zum Besseren korrigieren. Um gleich damit zu beginnen, versuchen Sie einmal Folgendes:

1. Lernen Sie, sich anhand Ihrer aktuellen Leistungen und persönlichen Stärken zu definieren, und nicht anhand vergangener Erlebnisse und Beurteilungen, die bewirkt haben, dass Sie kein gutes Gefühl mit sich selbst haben.
2. Lernen Sie, alles unzuträgliche »Sollte« und »Müsste«, das Sie einschränkt, und die Ziele, die Sie sich selbst setzen, zu erkennen und zu hinterfragen.
3. Machen Sie sich bewusst, dass sich Menschen ändern können. Wenn Sie in der Schule nicht bei den Besten waren, heißt das noch lange nicht, dass Sie es nicht in Ihrem Beruf weit bringen können.
4. Übernehmen Sie die Kontrolle über die Gegenwart, und rücken Sie die Vergangenheit in den richtigen Blickwinkel. Vielleicht haben Sie wegen Ihres Aussehens nicht für

die Rolle der Heldin bei der Schulaufführung vorgesprochen, aber deshalb müssen Sie noch lange nicht darauf verzichten, sich um den Job zu bewerben, den Sie gerne hätten.
5. Lernen Sie, auf Ihre Leistungen und Fähigkeiten stolz zu sein – und machen Sie sich bewusst, dass diese nichts mit Ihrem Aussehen zu tun haben.

Eine weitere tolle Möglichkeit, Ihr Drehbuch umzuschreiben, besteht darin, ein Körpermerkmal, das Sie verunsichert, zu einem Markenzeichen zu machen. Wenn Sie es wirklich nicht schaffen, Ihre schiefen Zähne zu ignorieren oder das Muttermal auf der Wange, dann machen Sie etwas daraus, das Sie positiv aus der Menge heraushebt. Anders auszusehen muss nicht unbedingt bedeuten, schlecht auszusehen. Interpretieren Sie den »Makel« neu, und machen Sie ihn zu einem interessanten, wichtigen und unverwechselbaren Merkmal an sich. Aber vergessen Sie dabei nicht, wie Sie selbst Ihr Aussehen beurteilen. Nicht Ihr Aussehen als solches ist für die negativen Gefühle verantwortlich, die Sie mit sich herumtragen, also ist es das, was Sie ändern müssen, wenn Sie beim Blick in den Spiegel einen Unterschied feststellen wollen.

Cindy Crawford hörte von jeder Agentur, bei der sie sich als Nachwuchsmodel vorstellte, sie solle das Muttermal aus ihrem Gesicht entfernen lassen. Schließlich machte sie Karriere als Supermodel und war berühmt wegen ihres, Sie erraten es, Muttermals. Sylvester Stallone kam 1946 durch eine Zangengeburt auf die Welt, bei der Lippen, Kinn und Zunge eine Lähmung davontrugen. Jahre später stieg er durch Kassenschlager wie *Rocky* und *Rambo* zum Weltstar auf. Er wurde über Nacht zum Sexsymbol, und Frauen wurden schwach wegen seiner, wie könnte es anders sein, schlaffen Lippe und gedehnten Sprechweise. Wenn in Hollywood, das von Äußerlichkeiten regiert wird, ein Schauspieler aus seiner Gesichtslähmung das Markenzeichen eines Sexsymbols machen kann, gibt es nichts, was Sie nicht auch zum Positiven wenden können.

Lassen Sie nicht zu, dass es, wenn die anderen über Sie sprechen, um »die mit dem dicken Hintern, die immer über den Gang schlurft und dauernd auf den Boden sieht« geht. Werden Sie zu »dieser heißen Frau aus dem Büro mit dem J-Lo-Hinterteil«. Und wenn wir schon bei Jennifer Lopez sind – sie ist ein weiteres Beispiel, wie jemand ein Körpermerkmal, das manche auch zu Kritik veranlassen könnte, zu einem Markenzeichen stilisiert hat, das sich die Vorliebe der Latinos für große Pos zunutze macht. Ehe Miss Lopez auf der Bildfläche erschien, quälten sich unzählige Frauen damit, zu einem kleineren Po zu kommen. Und nun stehen sie Schlange, um ihn mit Fett aufspritzen zu lassen. Das können Sie doch auch. Lernen Sie die schiefe Nase, das verhasste Muttermal oder die krummen Zähne lieben. Machen Sie Ihr Markenzeichen daraus, das, weshalb die Leute sich an Sie erinnern – in einem positiven Kontext.

Wir alle müssen uns Herausforderungen im Leben stellen. Manche sind unausweichlich (Krankheiten, Prüfungen, peinliche Familienmitglieder), andere nicht. Doch wir nehmen einige freiwillig auf uns, weil wir wissen, dass sie auf lange Sicht gut für uns sind – ein neuer Job oder ein neues Projekt, das uns fordert. Wir wissen, dass wir solche Verän-

Körperbild und Arbeitsplatz

derungen durchlaufen müssen, um uns weiterzuentwickeln. Diese sind an sich schon schwierig genug. Um alles noch komplizierter zu machen, treten wir in die Arbeitswelt oder »den Ernst des Lebens«, wie unsere Väter es gerne formulieren (»Du musst jetzt den Ernst des Lebens kennen lernen...«), mit einem ganzen Koffer voller Unsicherheiten, wer wir eigentlich sind und wie viel wir erreichen können. Dabei ist unser Aussehen eines der ersten Dinge, an denen wir Fehler erkennen, insbesondere wenn denen, die besser aussehen, alles einfach zuzufliegen scheint. So wird ein Teufelskreis von Minderwertigkeitsgefühlen und mangelndem Selbstvertrauen in Gang gesetzt, aufgrund dessen wir vielleicht versagen, was wiederum unsere Minderwertigkeitsgefühle verstärkt. Viele von uns glauben, dass unser Aussehen auf wundersame Art unmittelbar dazu in Relation steht, wie viel Geld wir verdienen oder wie viel Einfluss wir erlangen können.

Wie bereits erläutert, kommt man aus diesem negativen Gedankenkreis heraus, indem man sich dafür entscheidet, diese Schönheitskonkurrenz nicht mitzumachen. Sie sollten die Teilnahme an solchen Turnieren zurückziehen, das Anmeldeformular vernichten und das Startgeld zurückfordern, denn wenn wir am Arbeitsplatz schon in Konkurrenz treten, dann um uns mit den Kollegen in unseren Fähigkeiten zu messen, unabhängig vom Geschlecht. Auf lange Sicht können Sie nur Respekt und Selbstvertrauen erlangen, wenn Sie zum Gewinn dieser Goldmedaillen Ihre Persönlichkeit einsetzen. Wann immer wir einer neuen Herausforderung im Leben entgegentreten, müssen wir uns bewusst machen, dass das Wichtigste an uns ist, was wir können, nicht wie wir aussehen.

Herausforderungen im Leben besitzen zwar einerseits das Potenzial, unserem Selbstvertrauen den Todesstoß zu versetzen, können andererseits aber auch das beste Mittel darstellen, um unser Körperbild etwas aufzupäppeln. Sich einer neuen Arbeitssituation zu stellen und mit ihr zurechtzukommen macht es uns möglich, das Drehbuch umzuschreiben, die alten Etikettierungen abzuziehen und sie irgendwo zu entsorgen, wo sie niemand mehr findet. Es gibt uns die Chance, über »Segelohren« und »Rettungsringe« hinauszuwachsen. Neue Menschen kennen zu lernen kann Ihnen auch helfen, das negative Drehbuch zu hinterfragen – die Leute können Sie nämlich erst ab dem Zeitpunkt beurteilen, an dem Sie sich ihnen vorstellen. Wenn Sie ihnen nicht erzählen wollen, dass Sie fest davon überzeugt sind, die Größe Ihres Pos werde dafür ausschlaggebend sein, was Sie in den nächsten zehn Jahren verdienen, werden sie das nie erfahren. Zeigen Sie sich also von der besten Seite, und seien Sie die Person, die Sie gern sein möchten.

Hausaufgaben

In diesem Kapitel ging es darum, wie Ihr Körperbild Ihre Ziele bestimmen und Ihr Potenzial, diese zu erreichen, einschränken kann. Erfolgreiche Menschen gibt es in allen möglichen Kleidergrößen. Ihr Schlüssel zum Erfolg ist Ihr Glaube an sich selbst und Ihre Fähigkeiten. Vertreiben Sie destruktive Gedanken, und konzentrieren Sie sich darauf, diesen alles bestimmenden Glauben an sich selbst aufzubauen.

Körperbild und Arbeitsplatz

Aufgabe 1

Diese Übung soll deutlich machen, dass die äußere Erscheinung bei der Beurteilung von Leistungen einer Person irrelevant ist. Sie soll Ihnen helfen, negative Kernannahmen über die Relation zwischen Ihrem Aussehen und Ihren persönlichen Stärken und Fähigkeiten zu hinterfragen. Machen Sie eine Liste mit erfolgreichen Menschen, die Sie bewundern, schreiben Sie auf, was diese geleistet haben, und beurteilen Sie deren Leistungen dann in Relation zum Aussehen.

Beispiel:

Erfolgreiche Person, die ich bewundere	Warum ich diese Person bewundere	Aussehen, bewertet nach einer Skala von 1–10
Mutter Teresa	Selbstloser Einsatz	
Nelson Mandela	Idealist, Freiheitskämpfer, Vorbild	

Was für ein Gefühl ist es, Menschen, die man bewundert, nach ihrem Aussehen zu beurteilen? Ich wette, Sie kommen sich schon bei der Überlegung, wie attraktiv diese sind, dumm vor und sind der Meinung, das Aussehen spiele überhaupt keine Rolle dabei, wer sie als Person sind und was sie geleistet haben. Setzen Sie nun Ihren Namen auf die Liste der Menschen, die Sie bewundern, und notieren Sie daneben die Dinge, die Sie zum Vorbild für andere machen können. Erinnern Sie sich daran, wenn Sie das nächste Mal Ihre Leistungen wegen Ihres Aussehens herabsetzen.

Aufgabe 2

Erstellen Sie eine Liste beruflicher Ziele, und schreiben Sie daneben, wie wichtig Ihr Aussehen beim Erreichen dieser Ziele ist, sowohl direkt als auch indirekt. In den Fällen, in denen es wichtig ist, führen Sie den Gedanken konsequent zu Ende, und sehen Sie dann, inwieweit Sie glauben, dass es Ihnen beim Erreichen dieser Ziele im Weg steht. Gehen Sie nach dem Beispiel in Tabelle 1 vor.

Tabelle 1 (Beispiel)

Berufliche Ziele	Welche Bedeutung spielt dabei Ihr Aussehen?	Ist diese Annahme realistisch?	Ist Ihnen diese Annahme beim Erreichen Ihrer Ziele hinderlich?
Professionell Basketball spielen	Sehr wichtig – muss groß sein	Ja, denn die meisten Spieler sind sehr groß.	Nicht wirklich. Ich trainiere die Mannschaft meines Sohnes, also kann ich bei diesem Spiel trotzdem Spaß haben, auch wenn ich selbst ein paar Zentimeter zu klein bin, um als Profi mitzuspielen.

Körperbild und Arbeitsplatz

Berufliche Ziele	Welche Bedeutung spielt dabei Ihr Aussehen?	Ist diese Annahme realistisch?	Ist Ihnen diese Annahme beim Erreichen Ihrer Ziele hinderlich?
Eine Abteilungsleitung in meiner Firma übernehmen	Wichtig: Alle Leute in Führungspositionen sind attraktiv und kommen gut an.	Vielleicht nicht – unsere Geschäftsführerin sieht nicht gerade aus wie Angelina Jolie, und auch ein paar andere Führungskräfte sind nicht besonders attraktiv.	Ja. Indem ich alles, was ich zu bieten habe, aufgrund meines Aussehens herabsetze, vernachlässige ich alle anderen Eigenschaften, die mich zu einer guten Führungskraft machen würden, und verwehre es mir selbst, meine Ziele zu erreichen.

Tabelle 2

Berufliche Ziele	Welche Bedeutung spielt dabei Ihr Aussehen?	Ist diese Annahme realistisch?	Ist Ihnen diese Annahme beim Erreichen Ihrer Ziele hinderlich?

Hausaufgaben

Aufgabe 3

Diese Übung basiert auf Aufgabe 3 im Kapitel »Shopping für Ihren Körper« (siehe Seite 185 ff.). So wie Sie sich mit Hilfe geleiteter Fantasie vorstellten, eine Körperpartie, wegen der Sie sich befangen fühlen, zu zeigen, werden Sie nun auf ähnliche Weise versuchen, mehr Selbstvertrauen am Arbeitsplatz zu entwickeln. Stecken Sie als Erstes das Telefon aus, stellen Sie den Fernseher ab, legen Sie sich hin und entspannen Sie sich. (Nehmen Sie zur Einstimmung die Entspannungsübung von Seite 186 ff. zu Hilfe.) Schließen Sie die Augen und stellen Sie sich vor, wie Sie sich, in Ihrer Abteilung oder extern, um eine andere Stelle bewerben. Konzentrieren Sie sich darauf, was Sie um sich herum sehen und was Sie empfinden, machen Sie sich dabei immer wieder bewusst, wie sicher, angenehm und positiv Sie sich fühlen. Und lassen Sie jetzt Ihre schlimmsten Befürchtungen vorbeiziehen – Sie bekommen die Stelle nicht, oder jemand, der attraktiver ist als Sie, bekommt die Stelle. Achten Sie darauf, was genau Sie denken, und gehen Sie allen negativen Gedanken im Zusammenhang mit Ihrem Körperbild auf den Grund. Beobachten Sie sich, wie Sie die Situation gut im Griff haben, positiv gestimmt sind, weil Sie sich um den Job beworben haben, egal, was dabei herauskommt. Sehen Sie sich nun dabei zu, wie Sie glücklich umhergehen, betrachten Sie sich im Vorbeigehen in einem Ganzkörperspiegel, und nehmen Sie zur Kenntnis, wie Sie lächeln und sich gut fühlen. Sagen Sie sich, dass Sie sich mögen, wie Sie sind, dass für Ihren beruflichen Werdegang wichtig ist, wer Sie sind, und dies eine viel größere Rolle spielt als Ihr Aussehen. Wenn Sie fertig sind, öffnen Sie die Augen.

Vielleicht müssen Sie diese Übung über einen längeren Zeitraum zweimal pro Woche ausführen, bis Sie genügend Selbstvertrauen entwickeln, was Ihre berufliche Situation oder Ihre weiteren beruflichen Pläne betrifft.

Machen Schönheitschirurgie und Make-up einen anderen Menschen aus uns?

Ich legte den Hörer beiseite und schrie: »Verdammt, bin ich gut!«, sprang auf das Sofa und führte einen Freudentanz auf. Ich konnte es nicht glauben, eben hatte ich erfahren, dass ich in die engere Wahl für die freie Stelle in Felicitys Abteilung gekommen war! Sie zogen mich allen Ernstes für den Job in Betracht! Ich jubelte laut und tanzte den Macarena auf der Couch. Ich malte mir aus, in der Nähe von James zu arbeiten, ihn jeden Tag zu sehen, zu hören, zu riechen ... zu knutschen ... als meine schöne Träumerei plötzlich vom Summen der Sprechanlage unterbrochen wurde. Es war meine Mutter, die verlauten ließ, sie stehe unten vor der Tür und ich solle bitte schnell öffnen, weil ihr kalt sei. Ich hatte ganz vergessen, dass ich ihr versprochen hatte, dieses Wochenende Weihnachtseinkäufe mit ihr zu erledigen. Ich zog meinen rosa Bademantel über, strich mir das Haar glatt und versuchte, mit etwas Spucke auf dem Finger die Wimperntusche vom Tag davor abzuwischen, während ich zur Tür eilte.

Als ich öffnete, stand sie schon vor mir, tadellos gekleidet und geschminkt wie immer, betrat die Wohnung, gab mir einen Kuss, wies darauf hin, dass mein Haaransatz nachgefärbt werden sollte, und nahm auf dem Sofa Platz. Irgendetwas war anders an ihr, aber ich kam nicht darauf, was es war.

Schönheitschirurgie und Make-up

»Weißt du was, Mum, ich bin in der engeren Wahl für die Stelle, um die ich mich beworben habe! Kannst du das glauben?«, fragte ich stürmisch.

»Das ist wunderbar, mein Liebes, wir kaufen heute ein neues Kostüm für dich. Also, Schatz, wo wollen wir anfangen?« Dabei schien ihr Blick ins Leere zu gehen.

»Bist du irgendwie verärgert?«, fragte ich vorsichtig.

»Natürlich nicht, Schatz! Warum fragst du mich?«

»Es ist der Ausdruck in deinem Gesicht, du wirkst, na ja, irgendwie gequält.«

»Red keinen Unsinn, Sarah, das ist nur das Botox«, erklärte sie sachlich.

»Das was?«

»Botox, Liebes. Jetzt sieh mich nicht so schockiert an – alle, die etwas auf sich halten, tun das.« Ich glaube, an dieser Stelle versuchte sie, die Stirn zu runzeln, ich war mir aber nicht ganz sicher, denn die Gesichtslähmung, die sie sich absichtlich hatte zufügen lassen, verlieh ihr den Ausdruck von jemandem, der versucht, Winde zurückzuhalten. »Nun beeil dich und mach dich zurecht. Wir haben nicht den ganzen Tag Zeit.« Und damit hatte meine Mutter deutlich gemacht, dass das Thema Botox für sie nun erledigt sei und der Weihnachtseinkaufsmarathon begann.

Wir fuhren mit der U-Bahn in die Stadtmitte und machten uns mit der Präzision von Kriminalbeamten daran, jedes einzelne Stück an jedem einzelnen Kleiderständer in jedem einzelnen Laden, den wir betraten, zu durchforsten. Irgendwann war ich körperlich und mental so fertig, dass ich meiner Mutter, als sie vorschlug, uns in einer Parfümerie schminken zu lassen, ohne Widerstand folgte.

Schönheitschirurgie und Make-up

Doris, meine Schönheitsberaterin, behandelte das Thema Make-up äußerst gewissenhaft und stellte mir detaillierte Fragen zu meiner Schönheitspflege. Nachdem sie mich dafür gerügt hatte, dass ich mit Wimperntusche ins Bett gehe, und mir erklärt hatte, acht Gläser schwarzer Johannisbeersaft würden nicht die acht Gläser Wasser ersetzen, die ich täglich trinken müsse, damit meine Haut jünger aussehe, meinte sie, sie sei nun soweit, griff zu einer Palette mit Lidschatten, Puder und Lipgloss und fing an, mein Gesicht zu bearbeiten. Ich versuchte ihr zu sagen, dass es mir lieber wäre, sie ginge mit dem Rouge etwas sparsamer um, konnte aber nicht richtig sprechen, weil ich eine Grimasse schneiden musste, damit sie meine Wangenknochen besser erkennen konnte.

Aus dem Augenwinkel sah ich meine Mutter – sie schien in ein sehr ernstes Gespräch über die Gefahren von Reinigungsprodukten auf Seifenbasis vertieft und bemerkte dabei nicht, welche Menge lilafarbener Lidschatten gerade über ihrem Auge abgeladen wurde.

Während ich in Gedanken versunken auf meinem weißen Kunstleder-Drehstuhl saß, legte Doris mit dramatischer Geste den Rougepinsel zur Seite und erklärte selbstzufrieden ihr Werk für vollendet. Sie fragte mich, ob ich bereit sei, mich in neuem Glanz zu betrachten. »Ja«, antwortete ich freudlos.

Sie drehte den Stuhl, und schon starrte ich mir aus einem Spiegel entgegen. Was ich sah, war eine Mischung aus einem um Aufsehen heischenden Pornostar und einem Clown für Kindergeburtstage. Als Nächstes reichte mir Doris eine gelbe Karte, auf der sämtliche Produkte aufgelistet waren, die mir

Schönheitschirurgie und Make-up

helfen würden, meine Schönheitsprobleme zu kaschieren. Ich bedankte mich höflich bei ihr für die Mühe und kaufte eine Tube meines Lieblings-Lipgloss. Dann griff ich über die Theke nach einigen Papiertüchern und fing verstohlen an, die vielen Pigmentschichten aus meinem Gesicht zu wischen. Ich sah mir den orangefarbenen Puder auf dem Tuch an, dann die gelbe Liste, die mir mitteilte, was mit mir nicht in Ordnung sei. Nun hätte ich mich eigentlich völlig deprimiert fühlen müssen, doch stattdessen musste ich voller Glück lachen. Irgendwie schien diese gelbe Liste überhaupt nichts damit zu tun zu haben, wer ich war und was ich im Leben erreichen wollte. »Zu mir gehört so viel mehr als das, was dieser Puder ausgleichen und diese Liste korrigieren soll«, dachte ich für mich und erinnerte mich an die tolle Nachricht, die ich am Morgen erhalten hatte. Damit warf ich die gelbe Karte weg, legte das kirschfarbene Lipgloss auf und ging selbstbewusst zu meiner Mutter und ihrer sehr, sehr lila Verschönerung hinüber.

Wenn wir uns etwas Gutes damit tun, auf ein gepflegtes Äußeres zu achten, kann das eine gute Möglichkeit sein, uns selbst wertzuschätzen. Probleme entstehen nur, wenn wir uns von Kosmetik oder sogar kosmetischer Chirurgie etwas erwarten, das nur aus unserem Inneren heraus entstehen kann. Die meisten von uns sind schon auf Anzeigen der Kosmetikindustrie hereingefallen. Wir haben alle schon einmal eine Fernsehwerbung für eine neue Gesichtscreme gesehen und über die Wirkung gestaunt. Oder haben einen neuen Lippenstift bewundert, der angeblich flüssige Diamanten enthielt! Dann stürzen wir natürlich sofort in den nächsten Laden, um uns das neue Wunderprodukt zu holen. Allerdings stellen wir danach regelmäßig fest, dass unsere Haut kein bisschen anders aussieht, und die Lippen, als hätten wir eine Plastikdose voller Kinderglitzerknete darüber gegossen. Ab und zu finden wir einmal ein Produkt, bei dem wir glauben, nicht mehr ohne dieses leben zu können, aber im Großen und Ganzen gaukelt uns die Werbung nur etwas vor. Wir sehen weder jünger noch schlanker aus, und unsere Wimpern sind weder dichter noch länger geworden. Warum geben wir aber dann immer noch Geld für unrealistische Träume aus, die uns die Hersteller von Schönheitsprodukten verkaufen? Warum fällt es uns so schwer, zwischen Traum und Wirklichkeit zu unterscheiden, wenn wir eine Anzeige in einem Hochglanzmagazin sehen oder ein schönes Model über den Fernsehbildschirm tänzelt?

Manch einer würde behaupten, das Bedürfnis nach Make-up und Schönheitsprodukten entstamme demselben grundlegenden Verlangen, das uns zur plastischen Chirurgie treibt. Wir fühlen uns nicht jung oder attraktiv genug, also versuchen wir, das zu ändern. Wir kommen zu dem Entschluss, mit unserem Körper oder Gesicht so nicht weiterleben zu können, weil sie Lügen über uns erzählen. Der griechische Philosoph Hesiod schrieb: »Eine der ersten Warnungen, die man Männern über die Täuschungen der Frauen zukommen lassen muss, ist, wie sie sich durch Schminke maskieren.«

Aber ist es wirklich so? Versuchen wir zu täuschen oder versuchen wir, die Wahrheit über uns zu sagen, unabhängig davon, was unser Körper sagt? Die Falten in unserem Gesicht signalisieren, wir werden alt, obwohl wir uns jung fühlen. Der Speck an unserem Bauch sagt, wir sind faul, obwohl wir uns aktiv und voller Energie fühlen. Die schlaffen Brüste sagen, wir haben die besten Jahre hinter uns, obwohl wir immer noch Lust auf Sex haben. Wir glauben, unser Körper teilt anderen mit, wer wir sind und wofür wir stehen. Sagt er nicht das aus, was wir uns wünschen, versuchen wir unser Aussehen zu verändern. Das Traurige dabei ist, dass wir nie wirklich überlegen, dass die Annahmen, wie andere uns sehen, auf unseren eigenen Erwartungen basieren und nicht unbedingt in der Realität wurzeln, dass, was wir sagen und wie wir handeln, viel mehr über uns aussagt als die Falten in unserem Gesicht oder die Polster an unseren Oberschenkeln. Stattdessen glauben wir, uns selbst mehr zu mögen, wenn wir unser Aussehen verändern, und damit werden wir zum Opfer eines jeden Werbetreibenden.

Vor der Werbung, mit der wir täglich bombardiert werden, gibt es kein Entkommen, doch wir können daran drehen, wie sie auf uns wirkt. Machen Sie sich deutlich, wie unrealistisch die Versprechungen dieser Anzeigen sind. Warum sollten wir glauben, die Hautcreme wirke tatsächlich gegen Falten und Alterserscheinungen, wenn das Model, das dafür wirbt, gerade erst achtzehn geworden ist? Warum sollten wir den Herstellern der Anti-Cellulite-Creme glauben, wenn das straffe Model mit Kleidergröße 36, das uns von dem Produkt überzeugen soll, vermutlich nicht einmal weiß, was Cellulite überhaupt ist? Warum sollten wir den Produzenten eines Bruststraffungsgels vertrauen, wenn die Frau, die es im Fernsehen anpreist, sehr wahrscheinlich gerade vom Chirurgen kommt? Schönheitsprodukte können unser Selbstbewusstsein stärken, werden aber mit ziemlicher Sicherheit nicht erfüllen, was sie uns versprechen.

Schönheitschirurgie und Make-up

Die Schönheitsindustrie lebt von unserem Wunsch, schnelle Ergebnisse zu sehen. Wir wollen die gespaltenen Haarspitzen nicht abschneiden und warten, bis das Haar nachwächst. Wir wollen ein Wundermittel, das uns verspricht, sie zu reparieren. Wir wollen nicht stundenlang im Fitnessstudio unsere Muskeln straffen müssen, wir wollen eine Creme, die das für uns erledigt. Es ist auch gar nicht schlimm, eine schnelle Lösung anzustreben – immerhin ist das auch der Grund, warum wir Geschirrspüler, Mikrowellenherde und Autos benutzen –, doch wir müssen sicherstellen, dass unsere Schönheitskäufe auch gesund sind.

Hier finden Sie einige Tipps, wie Sie das Thema Kosmetik auf gedeihlichere Art abhandeln können.

1. Halten Sie Ihre Erwartungen, was Kosmetik zu leisten vermag, in einem realistischen Rahmen. Die meisten von uns geben sich der Hoffnung hin, eine Creme könne Cellulite für immer auslöschen und wir können so viel Junkfood essen, wie wir wollen. Doch keine Creme vermag allein, Fett zu reduzieren, Giftstoffe abzutransportieren und Haut und Muskeln zu straffen. Sorgen Sie also dafür, dass Ihre Erwartungen auf einer realistischen Basis stehen, egal, wie überzeugend sich die Verkaufsargumente auf der Verpackung anhören.
2. Fragen Sie sich selbst kritisch, was Sie von Kosmetik erwarten. Verbringen Sie jeden Morgen eine Stunde vor dem Spiegel mit Schminken, weil es Ihnen Spaß macht und es Ihnen gefällt, wie Sie dann aussehen? Oder tun Sie es, weil Sie alles dafür geben würden, wenn dieser Mann, den Sie immer in der Kaffeepause bei Starbucks sehen,

einmal mit Ihnen ausgehen würde? Ist Ersteres der Fall, super! Malen Sie weiter! Trifft aber Letzteres zu, sollten Sie vielleicht mehr Mühe auf Ihre Flirtkünste verwenden und größeres Vertrauen in das andere Geschlecht setzen als in Ihre Make-up-Fertigkeiten.

3. Haben Sie ruhig Gefallen daran, Kosmetikprodukte zu verwenden, doch sehen Sie es nicht als etwas, was Sie tun müssen. Haben Sie Spaß bei der Schönheitspflege – es ist toll, mit einer Schlammmaske in einem Schaumbad zu liegen und allen Stress vom Badewasser aufweichen zu lassen. Aber wenn Ihnen überhaupt nicht nach dem wöchentlichen Gesichtsdampfbad oder der Augenmaske zumute ist, lassen Sie es ausfallen, davon geht die Welt nicht unter. Machen Sie Kosmetik nicht zu einer lästigen Pflicht.

4. Probieren Sie ruhig etwas herum, aber erkennen Sie, was zu Ihnen passt. Haben Sie Spaß dabei, einen neuen Lidschatten oder ein neues Rouge zu testen, glauben Sie aber nicht, immer dem letzten Modeschrei folgen zu müssen. Und machen Sie sich nicht so sehr von bestimmten Produkten abhängig, dass Sie Angst haben, etwas Neues zu versuchen. Denken Sie daran – Make-up soll Ihnen ein gutes Gefühl verleihen, keine Minderwertigkeitskomplexe, weil Sie sich davon versklaven lassen.

5. Verstecken Sie sich nicht hinter Ihrem Make-up. Mit Schönheitsprodukten den eigenen Typ zu unterstreichen ist bestens, doch mit ihrer Hilfe zu verstecken, wer man wirklich ist, verstärkt nur die negative Kernannahme, dass ein Teil der eigenen Person nicht gut genug ist, sich sehen zu lassen, und versteckt werden muss.

Für manche Frauen ist Make-up eine Art Rüstung, mit der sie sich vor der Welt abschirmen. Sicher kennen auch Sie mindestens ein Frau, die ohne komplettes Make-up nicht aus dem Haus geht, nicht einmal, um den Hund Gassi zu führen oder den Müll hinauszubringen. Eine solche Abhängigkeit von Make-up kann ungesunde Züge annehmen. Die meisten Frauen fühlen sich sicherer und lockerer, wenn sie ein bisschen geschminkt sind. Es ist erstaunlich, welche Wunder ein Hauch Lipgloss oder eine Lage Wimperntusche bewirken können, wenn es darum geht, selbstsicher vor die Welt zu treten. Viele Frauen würden sich nicht angemessen vorbereitet fühlen, wenn sie mit unordentlicher Frisur oder verquollenen Augen in die Arbeit gingen. Daran ist auch überhaupt nichts auszusetzen. Die meisten von uns wollen sich etwas zurechtmachen, bevor sie den Tag beginnen.

Und die meisten von uns finden es auch aufregend, neue Produkte auszuprobieren oder die Einkaufstasche mit wunderschön aufgemachten, anregenden, femininen Düften voll zu packen. Das heißt nicht, dass wir Sklaven unserer Schönheitsprodukte sind: Es ist nur eine von vielen Arten, Freude an unserem Äußeren zu haben und uns selbst wertzuschätzen. Es kann allerdings zur Obsession werden, wenn wir unser Gesicht mit Make-up verdecken müssen, ehe wir mit den Kindern in den Park gehen, oder zu jeder Verabredung Stunden zu spät kommen, weil es so lange gedauert hat, bis wir die Augenbrauen im perfekten Winkel nachgezeichnet haben.

Wie Sex, Essen und Wein darf das Benutzen von Make-up und Schönheitsprodukten durchaus Spaß machen, allerdings kann es zum Problem werden, wenn es andere Bereiche des täglichen Lebens beeinträchtigt. Genau wie im Fall von kosmetischer Chirurgie müssen sich Frauen, die zu viel Make-up benutzen, die Frage stellen: »Für wen tue ich das wirklich?«

Im Lauf der Jahre hat sich bei Ihnen vielleicht die Meinung festgesetzt, andere werden Sie auslachen und die Erde wird sich nicht mehr weiterdrehen, wenn Sie ohne Rouge an der richtigen Stelle vor die Tür treten. Sie können diese Befürchtungen nur entkräften, indem Sie es darauf ankommen lassen, was wirklich dahinter steckt. Fangen Sie damit an, dass Sie etwas weniger Lipgloss benutzen, und achten Sie auf die Reaktionen der Leute. Keine verschreckten Kinder? Keine sichtbaren Anzeichen von Abscheu? Natürlich nicht. Sie werden sehen, dass Ihr Make-up nun wirklich kein unverzichtbarer Bestandteil Ihrer Person ist. Führen Sie Tagebuch über jeden Schritt, den Sie unternehmen. Und ganz allmählich werden Sie Make-up als das sehen, was es ist – Farbe, die Ihre Gesichtszüge unterstreichen kann, aber kein Wundermittel, das Ihre Unsicherheiten auslöschen und Sie gegen negative Reaktionen anderer immunisieren kann. Reden Sie sich nicht selbst ein, dass Sie diese Produkte brauchen, um einen potenziellen Angriff auf Ihr Aussehen zu überleben, setzen Sie lieber Ihre Persönlichkeit, innere Stärke und Selbstbewusstsein ein – diese Eigenschaften sind viel schlagkräftiger als jeder neue Lippenstift (und wenn er noch so glossig ist).

Schönheitsgeheimnisse

Gegen halb drei Uhr fühlte ich mich, als hätte ich einen Marathonlauf hinter mir ... zweimal über die volle Distanz, und das auf hohen Absätzen. Meine Mutter dagegen bekam ge-

rade ihre zweite Luft und sprintete die Rolltreppen hoch, als würden diese sich nicht ohnehin bewegen. Ich flehte sie an, sich mit mir irgendwo zu setzen und einen Kaffee zu trinken. Als ich mich bereits mit drei Geschäften Abstand hinter ihr herschleppte, gab sie schließlich nach. Während sie unseren koffeinfreien Dünn-wie-Wasser-Kaffee holen ging, bemerkte ich, dass eine rothaarige Frau, die in zu viel Burberry gehüllt war, auf mich zustürzte. »Sarah, Schätzchen, wie geht es denn?«, rief sie quer durch den Raum. Ich kniff die Augen zusammen, konnte aber immer noch nicht erkennen, um wen es sich handelte, bis sie schließlich nahe genug war, um mich an sich zu ziehen und schnell zwei Küsschen anzudeuten. Es war Martha, eine der Tennisfreundinnen meiner Mutter.

»Was machst du denn hier? Du siehst fantastisch aus... Hast du eine neue Haarfarbe? Bist du allein hier? Wie geht es deiner Mutter? Sie war unartig – hat unsere letzten drei Tennisverabredungen abgesagt. Tollen Kaffee haben die hier, findest du nicht auch?« Ich war mir nicht sicher, ob sie wirklich Antworten auf ihre Fragen erwartete, also lächelte ich nur und wies mit dem Kopf in Richtung meiner Mutter. »Ah, da ist sie ja! Florence, Schatz, hallo!« Meine Mutter entdeckte sie und hatte plötzlich einen etwas besorgten Ausdruck im Gesicht (glaube ich). Sie kam schnell mit dem Kaffee herüber. »Sieht sie nicht toll aus? Wenn ich es nicht besser wüsste, würde ich sagen, sie hat etwas machen lassen.«

»Nun, ehrlich gesagt...«, hob ich an, als sich meine Mutter vor mir aufbaute und kreischte: »Martha, Schatz, wie schön, dir hier einfach so über den Weg zu laufen.«

»Eben sagte ich zu Sarah, dass du besser denn je aussiehst,

meine Liebe. Hast du vielleicht ein kleines Geheimnis, das du uns mitteilen möchtest?«

»Ach, weißt du, das übliche halt – gesund essen und Sport – das wirkt Wunder«, erwiderte meine Mutter und kicherte nervös.

»Was auch immer du tust, mach weiter damit, es wirkt. Muss weiter, bin mit Jean aus dem Club zum Tee verabredet. Sie hat sich gerade die Stirn machen lassen. Nach dem Fiasko mit dem Lippenaufspritzen war sie dieses Mal wohl bei einem anderen Arzt.« Sie lachte schadenfroh, winkte uns zum Abschied, und weg war sie.

Meine Mutter wandte sich sofort mir zu und schrie mich im Flüsterton an: »Du hast doch nichts von dem Botox erzählt, oder?«

»Nein, aber warum regst du dich so auf? Du hast doch gesagt, alle, die etwas auf sich halten, tun es.«

»Ja schon, aber sie erzählen es keinem!«

»Warum nicht?«

»Was für eine dumme Frage, Sarah! Sie sprechen nicht darüber, weil es nicht so aussehen soll, dass man es mit allen Mitteln versucht... Das Schönsein soll mühelos wirken.« Mit diesen Worten holte sie einen Stift hervor, einen Notizblock und ihre Kalorientabelle und versuchte abzuwägen, wie viel sie von ihrem Karottenkuchen essen konnte, ohne ihr Kalorienlimit zu überschreiten.

Ich musste über die Ironie der ganzen Szenerie grinsen und war glücklich, dass ich einfach so und ohne schlechtes Gewissen in meinen fettarmen Kirschmuffin beißen konnte...

Schönheitsgeheimnisse

Der größte Mythos, dem Frauen erliegen, ist, Schönheit sollte nicht mit Mühe verbunden sein. »Sie ist schon schön auf die Welt gekommen«, sagen wir über eine andere Frau und verfluchen, dass wir Härchen auszupfen, Pickel abdecken und Pos trainieren müssen. Wir meinen, Schönheit zähle nur, wenn sie »von der Natur gegeben« sei, wenn wir morgens mit glänzendem Haar, perfekter Haut und blitzenden Zähnen aus dem Bett steigen. Um die Illusion natürlicher Schönheit zu erzeugen, um Make-up so aufzutragen, dass es aussieht, als würden wir keines benutzen, verbringen wir eine Ewigkeit vor dem Spiegel. Nur weil wir schön sein möchten, ohne dass jemand weiß, wie lange wir dafür brauchen. Ein Großteil dieser Geheimniskrämerei entspringt der Welt der Werbung, in der Täuschung zum Handwerk gehört. Weil wir glauben, das professionell geschminkte, professionell fotografierte und professionell retuschierte zwanzigjährige Model, das für Antifaltencreme wirbt, sei eine natürliche Erscheinung, nehmen wir es uns zum Vorbild. Und um noch eines obendrauf zu setzen, wollen wir dieses auf so natürliche Art erreichen, wie es uns präsentiert wird, weil es dann mehr wert ist. Vielleicht ist das der Grund, warum manche Frauen andere stigmatisieren, von denen sie wissen oder vermuten, dass sie eine Schönheitsoperation machen ließen – sie betrachten es als Mogelei. Und wenn Frauen beim »Mogeln« erwischt werden, macht sie das zur Zielscheibe des Spottes. Die britische Schauspielerin Leslie Ash wurde wegen ziemlich üppiger Lippenimplantate von der Boulevardpresse gnadenlos durch den Kakao gezogen. Die Zeitungen waren begeistert, eine Frau auf frischer Tat ertappt zu haben, die meinte, die Natur habe ihr nicht genug mitgegeben. Wie bereits an früherer Stelle besprochen, treten Frauen instinktiv in einen Wettstreit miteinander, insbesondere wenn es um das Aussehen geht. Und wenn wir dann hören, dass eine andere Frau etwas nachgeholfen hat, finden wir, dass sie mit nicht ganz fairen Mitteln kämpft.

Wir haben uns alle schon über ein zu strammes Facelifting lustig gemacht. Wenn wir wissen, dass eine andere Frau für ihre Vorzüge zahlen musste, fühlen wir uns besser: »Ihr Busen ist größer, fester und runder als meiner«, argumentieren wir, »aber meiner ist echt.« Kosmetik und kosmetische Verfahren sollten nicht als Geheimwaffe im Kampf gegen eine andere Frau betrachtet werden. Wenn bei der Entscheidung für eine Schönheitsbehandlung, egal, ob Gesichtsbehandlung bei der Kosmetikerin oder chirurgischer Eingriff, die Wünsche oder Vorstellungen anderer Personen außer Ihnen selbst mit in die Waagschale geworfen werden, ist das Ganze vermutlich keine gute Idee.

Unter dem Messer

Menschen waren schon immer bereit, sich schmerzhaften Prozeduren auszusetzen, um einem bestimmten Körperideal zu entsprechen. In China banden sich die Frauen früher die Zehen an die Fußsohlen und pflegten damit einen qualvollen Brauch, den ihnen die männlichen Herrscher aufzwangen. Irgendwann brachen die Zehenknochen und der Fuß hörte auf zu wachsen. Von diesem Grauen ist es freilich nicht sehr weit zu den blauen Flecken und Nähten, die heute Tausende von Frauen bei komplizierten kosmetischen Operationen auf sich nehmen. Nicht wenige schnallen sich 15 Zentimeter hohe Stelzen an die Füße und laufen am nächsten Tag mit Schmerzen und Pflastern durch die Gegend. Viele Frauen arbeiten mit Wachs oder Pinzette, um jegliche Behaarung von ihrem Körper zu entfernen. Doch was veranlasst uns dazu, noch einen Schritt weiter zu gehen und unsere Schönheit in die Hände eines Chirurgen zu legen? Können diese Operationen wirklich etwas bewirken? Und welche Fragen sollten wir uns stellen, ehe wir an uns herumschneiden lassen?

Wir halten plastische Chirurgie für eine Erscheinung des 20. Jahrhunderts. In Wirklichkeit war sie schon üblich, bevor Pamela Anderson uns mit ihren Brüsten verwirrte. Schon 1000 v. Chr. pilgerten die Menschen in die nächstgelegene Klinik, um sich die Nase richten zu lassen. Nun gut, fast. Erste Berichte von Maßnahmen der plastischen Chirurgie stammen aus Indien, wo Patienten, denen als Strafe für ein Vergehen die Nase abgetrennt worden war, diese wiederherstellen lassen konnten. Die kosmetische Chirurgie nach unserem heutigen Verständnis setzte in den 1950er Jahren ein. Die Gründe dafür sind leicht nachvollziehbar. Für all jene, die nicht dem Glaubenssatz anhängen, »sei damit zufrieden, was dir gegeben wurde«, scheint es wie eine Wunderkur (wenn auch eine relativ kostspielige, denn die billigsten Operationen fangen bei etwa 2500 Euro an). Niemand muss mehr lernen, seine krumme Nase oder ausladenden Oberschenkel zu akzeptieren – man kann sie einfach korrigieren.

Die Medizin hat sich schon vielerlei ungewöhnliche und wundervolle Methoden ausgedacht, wie man unser Äußeres ummodeln kann. Eine der größten Krankenversicherungen in Europa schätzt, dass allein in Großbritannien im Jahr 2002 mehr als 75 000 Schönheitsoperationen durchgeführt wurden. Nach den Statistiken der International Society of Aesthetic Plastic Surgery (IPAS) waren im Jahr 2000 die beliebtesten Eingriffe, in dieser Reihenfolge, Fettabsaugung und Liposkulptur, wozu das Absaugen oder Umverteilen von Fettgewebe gehört, Brustvergrößerungen und schließlich Botox-Injektionen zum Glätten der Haut und »Auffüllen« von Falten. Ursprünglich bei Patienten mit nervösen Zuckungen im Gesicht angewandt, erwies sich Botulinum-Toxin auch als geeignet für das Ausbügeln von Falten und löste damit ein kosmetisches Phänomen aus. In den USA ist es derzeit das medizinische Schönheitsverfahren mit den höchsten Zuwachsraten. Im Jahr 2001 ließen sich dort über eine Million Menschen die »Wunderspritze« verabreichen. Einem Bericht der BBC vom März 2002 zufolge erwartet man bis 2006 Umsätze von 1 Milliarde Dollar mit Botox. Es ist inzwischen so populär, dass von Frauen schon »Botox-Partys« veranstaltet werden, bei denen sich die Gäste gesammelt das Gesicht faltenfrei, glatt und straff machen lassen. Und wem eine Botox-Party noch harmlos erscheint, dem sei hier gesagt, dass im September 2003 eine bekannte Londoner Praxis für kosmetische Chirurgie eine Bonuskarte einführte. Treue Kunden werden nach jedem vierten Besuch mit einer kostenlosen nicht-chirurgischen Behandlung, wie zum Beispiel Botox-Injektionen, belohnt. Das löst die umstrittenen Geschenkmünzen für kosmetische Eingriffe ab, die von derselben Praxis angeboten wurden. Kann es einen massiveren Angriff gegen ein gesundes Körperbild geben? Stellen Sie sich vor, Sie packen an Ihrem Geburtstag die Geschenke aus und stellen fest, dass eine wohlmeinende Seele der Meinung ist, eine neue Nase sei das perfekte Geschenk für Sie. Wirklich reizend.

Man kann die Beliebtheit solcher Maßnahmen unmittelbar in Relation zu den in unserer Gesellschaft geltenden Werten setzen. Wie wir wissen, gelten Jugend und große Brüste bei gleichzeitig zierlicher, schmaler Figur als Ideal. Die meisten von uns realisieren aber, dass ewige Jugend und der Busen einer üppigen Operndiva am Körper eines kleinen Mädchens biologisch unmöglich sind. Doch die Chirurgie kann uns mit dem versorgen, was Mutter Natur niemals für uns vorgesehen hat. Die beliebtesten Eingriffe konzentrieren sich dabei auf erotisch wirksame Zonen des menschlichen Körpers. Eine Frau wird sich mit viel größerer Wahrscheinlichkeit die Lippen korrigieren lassen als Ellbogen oder Ohrläppchen.

Für viele Menschen ist kosmetische Chirurgie die Chance, für andere attraktiver zu werden. Aber funktioniert das? Oft hängen Erfolg oder Scheitern einer Schönheitsoperation unmittelbar davon ab, was ursprünglich der Auslöser dafür war. Schwingt sich ein Patient in dem Glauben, als neuer Mensch wieder aufzustehen und sofort der Liebe seines Lebens in die Arme zu laufen, auf den Operationstisch, wird er den Eingriff sehr wahrscheinlich als Enttäuschung betrachten. Denn realistisch betrachtet kann eine Operation niemals diesen Traum erfüllen. Ein flacher Busen wird nicht verhindern, dass Sie »den Richtigen« treffen, doch wenn Sie sich deshalb unsicher fühlen, kann das schon hinderlich sein. Während eine Brustoperation bei manchen das Selbstvertrauen zu stärken vermag, nimmt es vielen anderen keineswegs die Unsicherheit, unter der sie in Bezug auf ihren Körper leiden. Häufig ist es so, dass sich nach einem Eingriff, bei dem eine bestimmte Körperpartie korrigiert wurde, die Unsicherheit auf eine andere Partie verlagert. Aus diesem Grund brauchen die meisten von uns eine Operation an ihrer Unsicherheit und nicht an den Fettpolstern an der Brust oder am Po.

Erst die Zeit offenbart, wie erfolgreich ein Eingriff war. Ein glücklicher Patient gibt sich damit zufrieden und wendet sich wieder anderen Dingen zu, dabei freut er sich, dass es möglich war, einen kleinen Teil seines Körpers, der ihn unzufrieden machte, zu verändern. Doch viele Menschen legen sich auf der Suche nach Perfektion immer wieder unter das Messer, sie sind mit ihrem Körper nie zufrieden. Jemand mit einem negativen Körperbild fühlt sich von dem Ergebnis vielleicht im Stich gelassen und enttäuscht, weil es sein Selbstvertrauen nicht stärkt. Vielleicht sind jetzt die Oberschenkel schlanker, aber Unzufriedenheit und Befangenheit wegen des Körpers bleiben. Der oder die Betroffene sinniert: »Ja, meine Oberschenkel sehen jetzt besser aus, aber ich fühle mich immer noch hässlich, also muss es an meiner Nase liegen. Ich lasse mir die Nase richten.« Damit setzt ein Teufelskreis schönheitschirurgischer Eingriffe ein. Wenn Sie sich weigern, auf die wahren Gründe Ihrer Unsicherheit zu sehen, besteht eine hohe Wahrscheinlichkeit, dass Sie sich unter das Messer legen und verzweifelt versuchen, die Probleme extern zu lösen.

Wenn Therapeuten mit schwer entstellten Patienten arbeiten, versuchen sie, mit diesen einen Status zu erreichen, an dem sie akzeptieren, dass die Chirurgie ihr Möglichstes geleistet hat und sie nun selbst dafür zuständig sind, von innen her ihr Selbstvertrauen wiederherzustellen. In abgeschwächtem Maße kann dies auch bei Menschen, die sich aus kosmetischen Gründen operieren ließen, erforderlich sein. Wir müssen wissen, wo die Grenzen zu ziehen sind. Solange Menschen bereit sind, für Schönheitsoperationen Geld zu bezahlen, werden sich Chirurgen neue Möglichkeiten ausdenken, wie man einen Körper verändern kann. Die jüngste Mode in Amerika sind Schönheitsoperationen an den Füßen: Zehen werden zurechtgefeilt und Fett wird abgetragen, so dass die Patientinnen modische Riemchensandalen tragen können, und schon ist ein neuer, manche würden sagen unnötiger Trend im Entstehen. Es wird immer Leute geben, die Ihnen gegen ein (gar nicht so) kleines Entgelt den perfekten Körper versprechen.

Egal, wie geschickt der Chirurg auch ist, wahres Selbstwertgefühl und Selbstvertrauen kommen von innen. Daher ist es auch so wichtig zu erkennen, dass Sie an einem bestimmten Punkt anfangen müssen, an Ihrer inneren Einstellung zu arbeiten. Es ist leicht nachvollziehbar, warum Frauen das so lange vor sich herschieben. Schließlich ist es viel einfacher, eine nicht so perfekte Nase auseinander zu nehmen und wieder zusammenzusetzen, als ein negatives Körpergefühl zu verändern. Solange wir nicht wahrhaben wollen, dass die Entscheidung, uns einer Schönheitsoperation zu unterziehen, nicht nur aus unserem Urteil über unser Aussehen resultiert, sondern auch daher, wie wir über die Rolle, die unser Äußeres in unserem Leben spielt, denken und fühlen, sind wir nicht aufrichtig.

Schönheitschirurgie und Make-up

Verharmlosung von Operationen

Um Viertel nach fünf waren wir endlich bei den Männergeschenken angelangt. Während wir über Nasenhaarschneider und Solartaschenlampen für meinen Vater sinnierten, kam meine Mutter noch einmal auf Botox zu sprechen. »Also, Sarah, mein Schatz, wie ich schon sagte, dieser Arzt, der mein Gesicht gemacht hat, ist einfach genial – ich meine, die Ergebnisse sprechen für sich«, sagte sie selbstgefällig und hielt dabei einen Spiegel hoch, der, wenn man den Griff drückte, rief: »Du siehst klasse aus!« Sie lächelte bescheiden, als hätte ihr das computergenerierte Kompliment tatsächlich geschmeichelt, und fuhr fort: »Hör mal, Liebes, der Arzt, der das gemacht hat, war hervorragend, und ich habe mit ihm auch über dich gesprochen und deine, nun ja, Probleme, eine Diät durchzuhalten. Er meinte, er arbeite mit einer ganz neuen Art von Fettabsaugung, die etwas für dich sein könnte.«

Ich ignorierte die Bemerkung und versuchte, das Thema zu wechseln. »Wie wäre es denn mit einem Wok? Dad liebt chinesisches Essen, komm, wir kaufen ihm einen Wok.«

»Nein, Schatz, der veranstaltet nur Chaos in der Küche, und außerdem bekommt er von chinesischem Essen immer Blähungen, suchen wir lieber etwas, was nichts mit Essen zu tun hat. Also, wie ich schon sagte, dieser reizende Arzt bietet auch Geschenkgutscheine an, und da wir noch immer kein Weihnachtsgeschenk für dich haben, dachte ich, nun, also ... es ist zwar nicht ganz billig, aber wenn du ein besonders gutes Kind bist, vielleicht ist das Christkind dann ja dieses Jahr besonders großzügig ...«

Verharmlosung von Operationen

Ich traute meinen Ohren kaum. Meine Mutter wollte mir doch tatsächlich eine Schönheitsoperation unter den Christbaum legen. Mir fehlten einfach die Worte. Ganz plötzlich spürte ich, dass wieder einmal in den Mittelpunkt meiner Aufmerksamkeit rückte, wie ich aussehe, oder richtiger ausgedrückt, wie ich nicht aussehe. Meiner Mutter war nicht im Geringsten bewusst, welche Wirkung ihre perverse Geschenkidee auf mich ausübte, und stöberte munter zwischen Holzschnitz-Sets und Briefmarkenalben umher. Ich hielt den sprechenden Spiegel hoch, in den sie vorher gesehen hatte. Als ich das Gesicht betrachtete, das mir aus dem Spiegel entgegenblickte, wurde mir klar, dass Schönheitsoperationen genau wie Make-up, Kleider und Diäten nichts weiter sind als Krücken. Etwas, worauf man sich stützen kann, um sich sicherer zu fühlen. In vielerlei Hinsicht sind diese Dinge hilfreich, bewirken sie doch, dass man sich wegen seines Äußeren ein kleines bisschen besser fühlt. Doch nichts von alldem besitzt aus sich heraus die Kraft, mein Gefühl mir selbst gegenüber positiv oder negativ zu beeinflussen. Vielmehr wirken all diese Dinge wie Sicherheitsvorrichtungen, sie verleihen Menschen das Gefühl, in der Welt der Schönheit mehr Kontrolle auszuüben – einer Welt, die so unvorhersehbar und wirr ist, dass jeder Trend, so sehr er sich auch durchsetzen mag, nach wenigen Monaten passé ist. Zum ersten Mal seit langem hatte ich das Gefühl, das Wesentliche verstanden zu haben ... es ging gar nicht darum, was ich glaubte, sondern darum, wozu ich mich zu glauben entschied. Gut, Sarah, dachte ich, du entscheidest dich zu glauben, dass du auch ohne den orangen Puder und die lächerlichen Geschenkgutscheine ganz in Ordnung bist. Ob du Schokolade isst oder koffeinfreien Kaffee trinkst, einen weiten Kittel oder einen Bikini trägst, die eine Konstante, das eine, was wirklich sicher vorhanden ist, das ist dein wahres Ich.

Und in diesem Augenblick hatte ich das Gefühl, mein Leben noch niemals vorher so gut im Griff gehabt zu haben. »Du siehst klasse aus!«, rief mir der sprechende Spiegel auf Knopfdruck zu. Ich kicherte, gab meiner Mutter einen Kuss und sagte zu ihr, ich müsse mich beeilen, stürzte aus dem Geschäft und rannte nach Hause. Ich wusste, jetzt war ich bereit, James einzuladen.

Wir leben in einer Gesellschaft, die nach schnellen Ergebnissen ruft. Gehen wir in ein Fastfood-Restaurant, wollen wir unseren Burger sofort. Wollen wir abnehmen, ist uns zwar klar, dass wir Sport machen müssten und dreimal täglich vernünftig essen, doch wir machen eine Crashdiät, damit man schon morgen, wenn wir in die Arbeit gehen, etwas sieht. Plastische Chirurgie ist die Fortsetzung dessen. Wir können uns während der Mittagspause eine Botox-Spritze geben lassen und Collagen implantiert bekommen, während die Kinder in der Schule sind. Und noch besser: Wir können uns mit Silikon voll pumpen lassen und uns zwei Wochen später mit dem Busen präsentieren, den wir uns schon immer erträumt haben. Es gibt inzwischen Leute, die im Urlaub zu einer Schönheitsoperation ans Mittelmeer jetten.

Dieser Trend entspricht nicht nur der Philosophie der »Schnellreparatur«, sondern trägt auch dazu bei, größeren chirurgischen Eingriffen den medizinischen Charakter zu nehmen. Jahr für Jahr drängen Tausende von Touristen nach Südafrika, wo sie dank des günstigen Wechselkurses er-

Verharmlosung von Operationen

schwinglich kosmetische Chirurgie in Anspruch nehmen können. Sonnengebräunte Haut und ein paar Kastagnetten sind heutzutage als Urlaubsmitbringsel out. Richtige Touristen kommen mit schlankeren Hüften, geraderen Nasen und größeren Brüsten nach Hause. Chirurgen in Kapstadt bieten Komplettpakete an, die neben der Operation selbst auch anschließende Erholungsmöglichkeiten beinhalten. Eine Schnellsuche im Internet listet eine ganze Reihe von Unternehmen, die Sonne, Meer und Skalpell anbieten – nach dem Motto »OP und Safari«. Die Kombination von Urlaub und chirurgischem Eingriff lässt das Ganze wie einen Aufenthalt auf einer Gesundheitsfarm erscheinen – mit einer kleinen Zusatzleistung. Und tatsächlich betrachten viele Frauen einen Besuch beim Schönheitschirurgen nicht anders als einen Termin bei der Kosmetikerin. Die Leute lassen sich die Nase verändern, wie sie die Bikinizone per Wachs enthaaren lassen – nur dass es nicht so wehtut.

Allerdings sind damit aber enorme Risiken verbunden. So wird auf der Suche nach dem perfekten Aussehen völlig außer Acht gelassen, welche Gefahren mit einer Narkose verbunden sein können. Operationen können schief gehen. Implantate platzen und laufen aus, Falten kommen wieder, und geliftete Stellen sacken ab. Im Jahr 2003 wies die amerikanische Gesundheitsbehörde darauf hin, dass vier von zehn Personen, die sich von Botox immerwährende Jugend versprechen, unter Nebenwirkungen wie hängenden Augenlidern oder Übelkeit bis hin zu Infektionen der Atemwege leiden. Wenn Sie ins Ausland reisen, um sich unter das Messer zu legen, steigen damit die Risiken zusätzlich. So fehlt es zum Beispiel an der Nachsorge, und es besteht ein erhöhtes

Thromboserisiko auf dem Rückflug. Außerdem ist es etwas schwieriger, die Praxis des Chirurgen zu stürmen und bei Nichterfolg eine Kostenerstattung zu fordern, wenn er am anderen Ende der Welt sitzt.

Botox-Partys, Urlaube mit Schönheitsoperation und Geschenkgutscheine nehmen schwerwiegenden chirurgischen Eingriffen den medizinischen Charakter und gaukeln uns Sicherheit vor, wo keine ist. Es ist wichtig, dass die gesundheitlichen Risiken der plastischen Chirurgie nicht durch Bonuskarten, Frühstücksrunden oder Urlaub im Ausland heruntergespielt werden. Schönheitschirurgie wird allzu oft als Schnellreparatur betrachtet – nichts könnte von der Wahrheit weiter entfernt sein.

Operation an der Identität?

Nach einer Erhebung der International Association of Plastic Surgeons, einem internationalen Zusammenschluss von plastischen Chirurgen, sind 87 Prozent ihrer Patienten Frauen. Entweder neigen Männer nicht so sehr dazu, ihren Körper zu »verändern«, weil sie sich über ihr Aussehen nicht so viele Gedanken machen, oder sie empfinden plastische Chirurgie als typisch weibliche Art, gegen die Unzufriedenheit mit dem eigenen Körper anzugehen.

Einige wissenschaftliche Studien kommen zu dem Ergebnis, dass plastische Chirurgie als eine Art Katalysator für ein besseres Verhältnis zum eigenen Körper wirken kann, doch lässt sich auch nachweisen, dass sich das Körperbild als Ganzes nicht verbessert hat.

Operation an der Identität?

Legen wir uns unter das Messer, um schön zu sein oder nur besser auszusehen? Und wer beeinflusst unsere Entscheidung am stärksten? Wir selbst, unser Partner, Freunde, der Chirurg? Für eine vor kurzem veröffentlichte Studie wurden Frauen in den Niederlanden befragt, die sich einer Operation unterzogen hatten. Dort ist plastische Chirurgie für Frauen, die nachweisen können, dass ihr Körper »nicht im Bereich des Normalen« liegt, kostenfrei. Daher spielen finanzielle Erwägungen keine so große Rolle. Die Forscher stellten fest, dass die befragten Frauen nicht einfach nur Sklavinnen des Schönheitsmythos waren. Für sie bedeutete ein Eingriff vielmehr die letzte Möglichkeit in ihrem Kampf, sich normal oder angenommen zu fühlen. Außerdem hatten diese Frauen das Gefühl, die Operation würde ihnen helfen, mehr Kontrolle über ihren Körper zu erlangen – sie sahen den Eingriff nicht als Maßnahme, um dem Partner besser zu gefallen oder einer anderen Art von Druck nachzugeben. Daher bewerten die Autoren der Studie Schönheitschirurgie als Möglichkeit, die Identität abzuwandeln, so dass die Frauen das Gefühl haben, in ihren Körper zu »passen« und sich darin wohl zu fühlen. Wenn sich Menschen einer Geschlechtsumwandlung unterziehen, kann die Gesellschaft interessanterweise Verständnis und Mitgefühl für die Qualen aufbringen, die damit verbunden sind, im »falschen Körper geboren zu sein«. Frauen hingegen, die sich für plastische Chirurgie entscheiden, werden oft als eitle Wesen abgestempelt, die sich von den Körpervorgaben der Gesellschaft unter Druck setzen lassen. Die Autoren der Studie meinen, dass die plastische Chirurgie bei diesen Frauen denselben Zweck erfülle, nämlich die Identität mit dem Körper

Schönheitschirurgie und Make-up

in Einklang zu bringen, so dass sie sich in ihm wohl fühlen können.

Dies ist nur eine Erklärung von vielen, warum Hunderte Frauen jedes Jahr Chirurgen an ihren Körpern herumschneiden und -basteln lassen. Vor unserem Auge haben wir vielleicht ein bestimmtes Idealbild unseres Körpers, und die kosmetische Chirurgie kann unser Äußeres so verändern, dass es dem Bild entspricht. Besteht die Absicht also darin, uns diesem persönlichen Ideal anzunähern, kann man kosmetische Chirurgie eher als Mittel zur Ausübung von Kontrolle betrachten denn als Unterwerfung. Diese Sichtweise wird natürlich von anderen Forschern vehement angegriffen, die den Standpunkt vertreten, wir müssen uns fragen, woher diese Schönheitsideale stammen.

Angeblich ist ein solches Idealbild das Ergebnis der von der Gesellschaft vorgegebenen Normen, wie man auszusehen hat, um akzeptiert zu werden – eine Reaktion auf fehlerhafte Kernannahmen. Andere meinen, plastische Chirurgie sei nur eine Maßnahme, um Schönheitsidealen zu entsprechen, die ursprünglich von Männern geprägt wurden, und selbst wenn Frauen glauben, ihre Entscheidung eigenständig getroffen zu haben, so haben dies in Wirklichkeit doch Freunde und Partner übernommen, unterstützt von Medizinern. Frauenzeitschriften quellen über von Fotos perfekter Models neben Werbeanzeigen für kosmetische Chirurgie. Die Medien stellen plastische Chirurgie nicht nur als akzeptabel, sondern als erstrebenswert dar. Vielleicht beugen sich Frauen einfach unreflektiert diesem Druck und bestätigen damit vorherrschende männliche Ideologien.

Es gibt keine einfache Antwort darauf, ob die Entscheidung, sich einem chirurgischen Eingriff zur Verbesserung des äußeren Erscheinungsbildes zu unterziehen, gut oder schlecht ist, und eine moralische Frage daraus zu machen, halte ich offen gesagt für falsch – Frauen müssen schon in allen anderen Lebensbereichen mit genügend Schuldgefühlen und Druck zurechtkommen. Doch wenn wir über eine chirurgische Veränderung nachdenken, können und sollten wir die Fakten berücksichtigen, die damit zu tun haben, wie unser Körperbild die Entscheidung beeinflusst. Wir müssen unbedingt mit einbeziehen, dass nicht unser Körper im aktuellen Zustand, sondern unser Körperbild sich grundlegend darauf auswirkt, wie wir selbst uns sehen. Jedem Versuch, unser Aussehen zu verbessern, sollte die sorgfältige Überlegung vorausgehen, warum wir sehen, was wir sehen, wenn wir einen Blick in den Spiegel werfen, und wie wir mit Wahrnehmungen umgehen, die bei uns ein ungutes Gefühl hervorrufen. Unsere Kernannahmen werden permanent mit der Botschaft bombardiert, wir sollten alles daransetzen, das perfekte Aussehen zu erlangen. Doch wir können diese stereotypen Vorstellungen, die uns vorgeben, wer wir sein sollten, nur in Frage stellen, wenn wir uns die Gründe, die hinter unserem Handeln stehen, genau ansehen und uns eingestehen, dass jenes ideale »Ich«, das wir vor Augen haben, in den meisten Fällen ursprünglich nicht unsere eigene Idee war.

Für all jene, die ihr Innerstes schon erforscht haben und eine kosmetische Operation ernsthaft in Erwägung ziehen, folgen hier einige wichtige Fragen, die sie für sich beantworten sollten, bevor sie eine endgültige Entscheidung treffen.

Schönheitschirurgie und Make-up

1. Warum will ich diese Operation?

Die Antwort auf diese Frage sollte entweder die Alarmsirene auslösen oder die Operation voll und ganz rechtfertigen. Lautet die Antwort zum Beispiel: »Also, große Pos sind eben in dieser Saison echt angesagt«, sollten Sie vielleicht doch noch einmal darüber nachdenken. Hier müssen Sie ganz ehrlich zu sich selbst sein. Während Sie Freunden erzählen, Sie brauchen die Fettabsaugung, damit Sie sich »gesünder fühlen«, wollen Sie vielleicht insgeheim Ihren Ehemann vom Fremdgehen abhalten oder mit Ihrer kleinen Schwester mithalten.

2. Was erwarte ich von dieser Operation?

Glauben Sie, durch die Operation bekommen Sie den perfekten Job oder Freund, werden Sie sehr wahrscheinlich eine Enttäuschung erleben. Betrachten Sie die Operation realistisch. Vielleicht stärkt sie Ihr Selbstvertrauen, doch sie wird Ihnen nicht alles bescheren, was Sie zu vermissen glauben, solange Ihr Körperbild nicht so gesund ist, dass Sie die Ergebnisse des Eingriffs realistisch sehen können. Selbst wenn die plastische Chirurgie Ihnen die straffsten Oberschenkel beschert, die man sich nur vorstellen kann, ändert das nicht viel, wenn Ihre Kernannahmen irrational sind. Diese müssen zuträglich sein, damit Ihnen klar wird, dass nicht Ihre Oberschenkel, egal, wie straff sie auch sein mögen, dafür ausschlaggebend sind, ob andere Sie mögen oder akzeptieren. Darüber entscheiden Ihre Persönlichkeit, Ihr Selbstwertgefühl und Ihr Vertrauen in sich selbst.

3. Wessen Leben wird diese Operation verändern?

Was bedeutet die Operation für die Menschen in Ihrem Umfeld? Und wie zuträglich ist der Einfluss, den diese auf Ihre Entscheidung ausüben? Es gibt einige Gründe, die für eine Schönheitsoperation sprechen können. Dass Ihr Ehemann auf einen großen Busen steht, ist jedoch keiner. In diesem Fall geht es nur um den Wunsch nach Bestätigung. Glauben Sie, Ihre Familie akzeptiert Sie mehr und Sie werden sich alle näher stehen, wenn Sie genau wie die anderen eine süße kleine Stupsnase hätten statt der, mit welcher Sie geboren wurden? Vielleicht wollen Sie so sein wie die dürren Mädchen in der Firma. Vielleicht sind Sie ein Mann, der glaubt, nach einem Facelifting besser zu den jüngeren Mannschaftsgefährten zu passen, die sich Mittwochabend zum Fußball treffen. Warum glauben Sie, diese Leute können Sie nicht akzeptieren? Warum *nehmen Sie an* oder *stellen sich vor*, diese würden Sie nicht akzeptieren? Vielleicht weil Sie sich selbst nicht akzeptieren. Wie bei allem, was mit dem Körperbild zu tun hat, liegt der Schlüssel zur Wahrheit darin, sein Aussehen erst einmal zu akzeptieren und sich dann ein realistisches Bild davon zu verschaffen, welchen Einfluss es auf die Erfolge oder Misserfolge im Leben tatsächlich hat. Lassen Sie eine Schönheitsoperation für irgendjemand anderen außer sich selbst durchführen, erreichen Sie damit sehr wahrscheinlich nicht, was Sie sich wünschen. Sie werden diesen Menschen nicht für sich einnehmen, indem Sie sich Fett aus dem Po absaugen und ins Gesicht spritzen lassen. Wie fair sind die Erwartungen dieses Menschen an Sie? Wenn Sie sie als unsinnig beurteilen, fragen Sie sich, ob Sie weiter darauf hören und sich davon beeinflussen lassen sollten.

4. Wie wird sich meine Beziehung dadurch verändern?

Manchmal hat Ihr Wunsch nach einer Operation viel tiefer liegende Ursachen als das Verlangen nach einer geraderen Nase oder einem größeren Busen. Manchmal erwarten wir uns davon umwälzende Veränderungen für unsere Beziehungen. So will ein Mann vielleicht unbedingt eine Penisvergrößerung, weil er meint, in seiner Beziehung nicht genügend bieten zu können, und die Schuld für jeden Streit mit seiner Freundin darauf zurückführt. Oder eine Frau meint, ihr Ehemann wäre ihr gegenüber aufmerksamer, wenn sie einen größeren Busen hätte. So legen wir uns unter das Messer, um unsere Beziehungen zum Besseren zu wenden. Das kann zu zwei verschiedenen Ergebnissen führen. Ihre Beziehung könnte besser werden, weil Sie mehr Selbstvertrauen besitzen und mit sich glücklicher sind. Doch lassen Sie eine Schönheitsoperation durchführen, um eine kränkelnde Beziehung zu retten, könnte die Reaktion auf Ihre neuen Brüste enttäuschend ausfallen. Das Ausbleiben von Freudensprüngen, Heiratsanträgen und ungeteilter Aufmerksamkeit kann Sie ordentlich ernüchtern, wenn diese die vorrangigen Gründe für die Operation waren. Wenn Sie sich den Penis vergrößern lassen und dann feststellen, dass Ihre Freundin enthusiastisch darauf reagiert, was sich nun in Ihrer Hose tut, und eine Spur zu begeistert ist, könnten Sie sich fragen, wie schlimm es eigentlich vorher war oder warum sie eigentlich mit Ihnen zusammen ist. Wenn unser Wunsch nach einer kosmetischen Operation aus unserer Beziehung heraus entsteht, müssen wir auf unvorhersehbare und häufig enttäuschende Folgen vorbereitet sein.

5. Welches Ideal strebe ich an?

Auch hier heißt es realistisch sein. Ist unser Ziel, die erste lebende Barbiepuppe zu sein, bedarf es womöglich mehr als nur einer kleinen Korrektur. Und Sie müssen sich fragen, warum Sie dieses Ideal anstreben. Meinen Sie, Ihr Bauch müsse flacher sein, weil andere Sie danach beurteilen? Und wer entscheidet darüber? Sie oder der Druck, den Sie von außen verspüren. Schon seit jeher fühlen sich Menschen durch die Wertvorstellungen der Gesellschaft unter Druck gesetzt. Frauen zwängten sich deshalb in zu enge Korsette, und Männer bringen deshalb Stunden um Stunden damit zu, im Fitnessstudio Gewichte zu stemmen. Am einfachsten gelingt es, die gesellschaftlichen Ideale einer Zeit zu verstehen, wenn man sich ihre Idole ansieht. Twiggy, Marilyn Monroe, Kate Moss und Jennifer Lopez – sie alle sind und waren zu ihrer Zeit der Maßstab für ein Körperideal. Und sie haben sehr unterschiedliche Körper. Wenn Sie also versuchen, wie die Zwillingsschwester von J-Lo auszusehen, erscheinen Sie wahrscheinlich ziemlich altmodisch, sobald ein neuer Körper in den Brennpunkt der öffentlichen Aufmerksamkeit rückt. Und nicht viele Menschen können sich einen Termin beim Schönheitschirurgen leisten, sobald ein neues Covergirl die *Vogue* ziert. Das Ideal, das Sie für sich anstreben sollten, ist ein Körper, in dem Sie sich so wohl wie möglich fühlen, aber nicht, wie der gerade am meisten verehrte Star auszusehen.

Die Zeit bleibt für keinen von uns stehen...

Wundercremes für das Gesicht, stark deckendes Make-up und plastische Chirurgie – das ist die Antwort auf Minderwertigkeitsgefühle in Verbindung mit unserem Körper und insbesondere dem Alterungsprozess. Mit dem Älterwerden und der Erkenntnis, dass unser Körper nicht immun gegen Falten, Schlaffheit und Energieverlust ist, stellt sich vielleicht auch das Gefühl ein, die Kontrolle über ihn zu verlieren. In der Pubertät bedeuten Veränderungen an unserem Körper, dass wir stärker werden, leistungsfähiger und für das andere Geschlecht interessanter. In späteren Jahren baut der Körper ab, und wir müssen akzeptieren, dass wir daran nichts ändern können.

Besonders für Frauen kann sich das Älterwerden schwierig gestalten. Zu bemerken, dass Männer uns nicht mehr die gewohnte Aufmerksamkeit entgegenbringen, kann eine bittere Pille sein. Um damit umgehen zu können, müssen wir uns klar machen, dass der Alterungsprozess und Erscheinungen wie die Menopause nichts daran ändern, wie wir auf andere wirken. Frauen sind nicht sexy, weil sie regelmäßig menstruieren. Was uns attraktiv macht, ist unser Selbstbewusstsein, der Glaube an uns selbst und positive Charakterzüge wie Sinn für Humor. Solche Qualitäten bleiben uns viel länger erhalten als ein praller Busen oder eine glänzend schwarze Haarmähne. Daher ist es wichtig, dass wir uns, wenn unsere Tage als sexy Girl gezählt sind, auf andere Werte konzentrieren – dann werden wir uns auch weiterhin wohl in unserer Haut fühlen. Neue Hobbys wie Yoga oder Schwimmen können dazu beitragen, dass wir ein neues

Körpergefühl entwickeln. Künstlerische Aktivitäten, Fotografieren oder irgendeine andere Passion können uns helfen, uns als Frau zu definieren statt als Sexobjekt, und wir werden es schätzen, dass wir zwar wegen unseres Körpers nun keine anerkennenden Pfiffe mehr von den Arbeitern an der Baustelle ernten, dafür aber andere Dinge erreichen, die uns viel zufriedener machen. Das wiederum erinnert uns daran, unseren Körper zu respektieren, statt ihm wegen gänzlich natürlicher Veränderungen Vorwürfe zu machen.

Wichtig ist, über Unsicherheiten, die mit dem Älterwerden zu tun haben, mit dem Partner zu sprechen. Viel von unserem Körperbild hat damit zu tun, wie wir von anderen gesehen zu werden glauben. Weil wir uns wegen grauer Haare oder faltiger Haut nicht mehr so attraktiv fühlen, meinen wir, unserem Partner geht es genauso, selbst wenn er noch nie ein Wort darüber verloren hat. Doch es gibt tausend Dinge, die unser Partner an uns attraktiv findet, und unwichtige körperliche Details, wie zum Beispiel glatte Augenlider, stehen sehr wahrscheinlich ziemlich weit unten auf dieser Liste. Vermutlich ist ihm das, was uns so stört, noch nicht einmal aufgefallen. Wenn Sie offen miteinander kommunizieren, kann Ihr Partner Ihnen mitteilen, welchen Unsinn Sie reden, wenn Sie ihm von Ihren Sorgen über Ihren Körper erzählen. Oft brauchen wir nur ein wenig Bestärkung von jenen, die uns am meisten bedeuten.

Wäre Schönheit der Weg zum Glück, wären alle gut aussehenden Menschen andauernd unheimlich glücklich, und allen unattraktiven Menschen würde es ständig schlecht gehen. Ärzte würden anstelle von Antidepressiva Operationen und Make-up verschreiben. Aber natürlich ist es nicht so.

Schönheitschirurgie und Make-up

Gut aussehende Menschen leiden genauso unter Körperbild- und Essstörungen wie nicht so attraktive Menschen, und einige der erfolgreichsten, selbstbewusstesten und glücklichsten Menschen auf der Welt sind beileibe keine Schönheiten im klassischen Sinn. Schönheit schützt uns nicht davor, unglücklich zu sein, wohl aber ein starkes Selbstwertgefühl, ein positives Körperbild und das Vertrauen, mit allem fertig zu werden, was das Leben uns vorsetzt. Schönheitsprodukte, Make-up und Operationen können sicher viel dazu beitragen, dass wir uns besser fühlen, wenn wir sie aus den richtigen Beweggründen einsetzen – nämlich für niemanden sonst außer für uns selbst. Das bedeutet, realistische Erwartungen an Gesichtscremes, Rouge oder Fettabsaugungen zu stellen. Und es bedeutet zu akzeptieren, dass ein Körper, der gerade dem letzten Schrei entspricht, letzten Endes nicht unsere größten Probleme zu lösen vermag. Viele Menschen realisieren das zu spät und erkennen erst, nachdem sie ein Vermögen für Wunder der Kosmetik ausgegeben oder sich sogar unters Messer gelegt haben, dass sich zwar ihr Aussehen verändert hat, aber alles andere mehr oder weniger gleich geblieben ist.

Alle wollen schnelle Ergebnisse sehen, und die plastische Chirurgie kommt dem entgegen. Doch bevor Sie sich für die wöchentliche Gesichtsbehandlung anmelden oder eine Operation, für die Sie Ihr Haus beleihen müssen, sollten Sie sich darüber im Klaren sein, welche Änderungen Sie sich erhoffen, wenn Sie danach wieder aufstehen. Wir tun uns leicht, alle unsere Unsicherheiten auf eine bestimmte Körperpartie abzuladen und ihr die Schuld für alles zu geben, worüber wir in unserem Leben unglücklich sind. Doch keine Gesichtscreme und kein Chirurg der Welt kann ein negatives Körperbild verändern – diese Veränderung ist aber häufig die einzige Schönheitsbehandlung, die wir bräuchten. Und sie ist auch noch um vieles billiger.

Hausaufgaben

Vielen Menschen erscheinen Make-up und plastische Chirurgie als einfacher Weg, Probleme mit dem Körperbild in den Griff zu bekommen – doch wie wir in diesem Kapitel festgestellt haben, zieht eine Veränderung Ihres Körpers nicht automatisch eine Veränderung Ihres Körperbildes nach sich. Im besten Fall bewirkt eine Veränderung Ihres Aussehens, dass Sie sich selbst anders sehen, das wäre der Beginn Ihrer Reise zur Zufriedenheit mit Ihrem Körper. Im schlimmsten Fall verlagert sie Ihre Unzufriedenheit mit einer Körperpartie auf eine andere. Wie die meisten Dinge, die mit dem Körperbild zu tun haben, sind Kosmetik und plastische Chirurgie weder gut noch schlecht. Sie erhalten ihren Stellenwert durch das, was wir von ihnen erwarten. In den folgenden Übungen werden wir einige Erwartungen erforschen, die wir an unseren Körper stellen, und lernen, ihn auf eine Art wertzuschätzen, die nichts damit zu tun hat, was wir im Spiegel sehen.

Aufgabe 1
Diese Übung mag ich besonders gerne: Wir betreiben Wiedergutmachung an unserem Körper, wir sind besonders nett zu ihm. Im Ernst, Sie waren so lange wütend auf ihn und

Schönheitschirurgie und Make-up

haben an ihm herumkritisiert, dass es nun höchste Zeit ist, Frieden mit ihm zu schließen. Nehmen Sie ein ausgiebiges Schaumbad, gönnen Sie sich eine Profi-Massage oder eine Maniküre. Vielleicht tut es Ihnen auch gut, aktiv zu sein: Schwimmen, Tanzen, Reiten. Konzentrieren Sie sich während dieser Beschäftigungen darauf, wie sich Ihr Körper anfühlt, und achten Sie ganz bewusst auf die positiven Gefühle, die damit einhergehen, sich selbst etwas Gutes zu tun. Wenn Sie Ihre »Wohlfühl«-Übung ausgeführt haben, stellen Sie sich vor den Spiegel und erzählen Sie sich, was Sie an Ihrem Körper mögen. Auch wenn Ihnen das etwas komisch vorkommt, versuchen Sie es, denn es funktioniert wirklich. Konzentrieren Sie sich darauf, sich selbst wertzuschätzen, denken Sie daran, wie gut es Ihnen bei Ihrer »Wohlfühl«-Beschäftigung ging, und machen Sie sich bewusst, dass Ihr Körper Ihnen ein gutes Gefühl geben kann.

Aufgabe 2

Inzwischen sollten Sie schon zu Experten in Entspannung und positivem Denken geworden sein. Diese Übung baut das noch weiter aus. Legen Sie sich hin und machen Sie die Tiefenentspannungsübung (siehe Seite 186 ff.), aber beschreiben Sie dieses Mal etwas, das Sie gerne ansehen und anfassen. Geben Sie jedem Teil Ihres Körpers, vom Kopf bis zu den Zehenspitzen, seine Streicheleinheiten.

Aufgabe 3

Diese Übung ist einfach, aber wirkungsvoll, und Sie sollten sie immer machen, wenn Sie in den Spiegel sehen, egal, ob Sie morgens Ihr Haar kämmen oder in einem Geschäft ein neues

Kleid anprobieren. Suchen Sie sich bewusst etwas heraus, was Sie an Ihrem Äußeren mögen. Wir verbringen, wenn wir in den Spiegel sehen, so viel Zeit damit, uns auf die Dinge zu konzentrieren, die wir nicht mögen, dass wir ganz vergessen, uns Wertschätzung entgegenzubringen. Wenn wir gezielt auch etwas Positives an uns herausstellen, entkräften wir dadurch die negativen Annahmen, die uns einreden, wir seien die Summe unserer Makel. Wir fangen an, unseren Körper in positiverem, gesundem Licht zu sehen, was uns darin bestärkt, dass wir die Person im Spiegel mögen.

Ihr Spiegel

Huch! Ich kann es nicht glauben! Ich werde tatsächlich James einladen. Nachdem ich ihn monatelang angehimmelt habe, werde ich es endlich tun. Und es wird ein tolles Bild abgeben, wenn ich an seinem Arm auf Beas Hochzeit auftauche. Also gut... was ziehe ich an? Auf alle Fälle den megasexy schwarzen Spitzenslip. Immer wenn ich den anhabe und an einem Mann vorbeikomme, denke ich: »Du willst mich, auch wenn du es noch nicht weißt.« Mein Busen gefällt mir am besten an mir, also werde ich ein Top tragen, das mein Dekolleté ins rechte Licht rückt, nicht zu viel und nicht zu wenig – irgendeines von denen, die Tante Cecilia mir in letzter Zeit geschenkt hat. Ach ja, da ist es ja, das lila Top, das ich Weihnachten von ihr bekommen habe. Gut, dazu die schwarze Hose, die ich letzte Woche mit Antonio gekauft habe, und neue schwarze Stiefeletten mit Mörderabsätzen. Richtig, heute besondere Aufmerksamkeit auf das Make-up verwenden. Werde die Mascara von gestern Abend abwaschen, bevor ich eine neue Schicht auftrage. Super, etwas Kirschlipgloss und fertig. Letzter Blick in den großen Spiegel. Ich fange bei den Stiefeletten an, nicht schlecht – ganz schön sexy. Hose sieht gut aus – mein Hintern ist nach wie vor nicht mein liebster Körperteil, aber wenn ich nicht dau-

ernd darauf achte, werden es die anderen auch nicht tun. Top sieht klasse aus, muss schon sagen, finde meinen Busen toll – knackig, aber mehr so nach Art der frischen Sennerin und nicht wie die Mieze auf Seite 3. Make-up ist gut, Haar braucht noch etwas Serum, nicht ganz so aufgeplustert... und gut so. Ich bin fertig...

Als ich nach Mantel und Tasche greife und die Wohnung verlassen will, habe ich das Gefühl, etwas vergessen zu haben... irgendetwas fehlt. Ich mache noch einmal kehrt und gehe in die Wohnung zurück, knipse das Licht an und sehe in den Spiegel. Mein Blick ruht auf dem Körper, der mir entgegenblickt. Ich habe das Gefühl, er hat sich eine Entschuldigung verdient. Ich komme mir komisch vor, fange aber trotzdem an zu sprechen: »Hör mal, ich weiß, wir haben es oft nicht leicht miteinander, du und ich, aber du sollst wissen, dass ich, auch wenn ich manchmal etwas an dir auszusetzen habe, dir Schimpfnamen gebe und Teile von dir sogar hasse, es im Grunde nicht so meine. Ich mag dich – ich mag mich – und ich schätze es, welches Gefühl du mir gibst und was ich mit dir alles tun kann. Komm, wir wollen die Waffen ruhen lassen – ich weiß ja, dass du einen etwas merkwürdigen Humor hast und mich genau dann mit einem Pickel überraschst, wenn ich ihn am wenigsten brauchen kann, aber ich höre nun auf, dauernd über dich herzuziehen und dir für alles in meinem Leben die Schuld zu geben. Wollen wir etwas netter zueinander sein und uns vielleicht sogar annehmen und mögen? »Super, du siehst klasse aus, Süße.« Ich zwinkere mir zu. »Viel Glück!« Damit verlasse ich nun endgültig die Wohnung und fühle mich so wohl in meiner Haut wie schon lange nicht mehr.

Ihr Spiegel

So! Nun sind wir also beim letzten Kapitel angelangt. Nehmen Sie sich kurz die Zeit, sich zu beglückwünschen. Die nötige Entschlusskraft zu finden, sich kritisch mit Denkmustern und Annahmen auseinander zu setzen, die so lange Zeit fester Bestandteil Ihres Lebens gewesen sind, ist nicht einfach. Dazu braucht es Mut. Und den Glauben an sich selbst und daran, dass Dinge sich ändern können. Nachdem Sie Ihre Reise bis hierher geführt hat, fangen Sie nun an, sich und natürlich Ihr Körperbild positiver zu sehen. Sie haben erkannt, dass im Leben nicht zählt, was Sie sehen, sondern wie Sie es sehen, und dass Sie erst anfangen können, Ihren Körper wertzuschätzen, wenn Sie die Person wertschätzen, die in ihm steckt.

Vom Erkennen und Hinterfragen negativer Annahmen über das Erlernen von Techniken zur Tiefenentspannung und geleiteter Fantasie bis zum Entwurf der schlimmstmöglichen Szenarien haben Sie einiges erledigt. Sie haben einen Prozess in Gang gesetzt, in dessen Verlauf Sie gelernt haben, Ihre Weltsicht kritisch zu beurteilen und sie durch eine zuträglichere zu ersetzen. Die Zeit und Mühe, die Sie investiert haben, wird Sie dazu befähigen, mit künftigen Herausforderungen fertig zu werden. Keine Frage, es wird Tage geben, an denen Sie sich mit Ihrem Äußeren wohler fühlen, und solche, an denen Sie sich nicht so wohl fühlen, und das ist völlig in Ordnung, solange Sie nicht vergessen, dass nicht wirklich wichtig ist, was in Ihrem Spiegel passiert, sondern was in Ihrem Kopf vor sich geht.

Sie wissen, ein positiveres Körperbild setzt eine Veränderung der ganzen Lebenseinstellung voraus, und um auf der Basis des bereits Erreichten weiterzuarbeiten, ist es wichtig,

Ihr Spiegel

mit den Übungen fortzufahren und Ihre Gedanken kritisch zu beleuchten, so dass Sie nicht mehr in alte, unzuträgliche negative Denkweisen verfallen. Da Sie nun in sich selbst investieren und Ihr Körperbild verbessern, müssen Sie die gute Arbeit fortsetzen. Wenn Sie nicht weiter üben, vergessen Sie alles Wichtige, was Sie über sich und Ihr Körperbild erfahren haben. Ausschlaggebend ist, die Fertigkeiten zu pflegen und mit den Übungen weiterzumachen, und diese, so oft es nur geht, im Alltag anzuwenden. Je mehr Sie dies versuchen, umso mehr wird es selbstverständlicher Bestandteil Ihres täglichen Lebens werden. Natürlich wird es Ihnen an manchen Tagen leichter erscheinen und an manchen schwerer, doch gerade an den schweren Tagen müssen Sie sich bewusst machen, dass es ganz normal ist, manchmal in nicht so guter Verfassung zu sein, wir alle haben solche Tage. Doch mit dem, was Sie gelernt haben, werden Sie mit jedem dieser Tage fertig werden. Also auf in den Kampf, bewaffnet mit dem Wissen, dass Sie mehr sind als das Bild im Spiegel.

Nun, da Sie gelernt haben, die negativen Annahmen über Ihr Aussehen zu erkennen und kritisch zu hinterfragen, haben Sie etwas ganz Wunderbares erreicht. Sie haben die Kontrolle über Ihren Körper erlangt, anstatt sich von Ihren unzuträglichen Auffassungen vorgeben zu lassen, wie Sie sich selbst und Ihre Welt zu sehen haben. Durch die Ausbildung eines positiveren Körperbildes haben Sie die mentalen Einschränkungen aufgehoben, die Sie gebremst haben, und sich selbst die Freiheit eingeräumt, das Leben nach Ihren eigenen Regeln anzugehen. Alles ist nun möglich. Sie können vieles erreichen, wovon Sie bisher immer nur geträumt haben, weil nichts Sie mehr aufhalten kann. Sie selbst haben nun die Zügel in der Hand. Nicht die »Müsste« oder »Sollte«, die Ihr Leben so lange Zeit steuerten, geben ab jetzt die Richtung vor, sondern Sie selbst, Ihr wahres Ich.

Das Leben anhand von Äußerlichkeiten lenken zu wollen bringt keinen Erfolg, weil es dabei nur darum geht, wie Sie aussehen, nicht aber, wer Sie sind, wofür Sie stehen oder woran Sie glauben. Sehen Sie die Dinge aus dem richtigen Blickwinkel: Haben Sie ruhig Spaß an angesagten Klamotten und schimmerndem Lipgloss, wenn Ihnen das ein gutes Gefühl verleiht, aber lernen Sie auch, sich ohne diese Hilfsmittel in Ihrer Haut wohl zu fühlen. Und wenn Sie nächstes Mal vor dem Spiegel stehen, fragen Sie nicht: »Spieglein, Spieglein an der Wand, wer ist die Schönste im ganzen Land?«, sondern sagen Sie sich selbst, dass kein Spiegel und kein Spiegelbild irgendeiner Person oder Sache eine Aussage über Sie trifft – Sie sind schön aufgrund Ihrer Persönlichkeit, und niemand besitzt die Macht, Ihnen etwas anderes zu sagen.

Hier sind einige Punkte, an die Sie denken sollten, wenn Sie Ihr Leben mit einem positiveren Körperbild beginnen.

1. Erst denken, dann fühlen

Das ist vermutlich eine der wichtigsten Botschaften, die dieses Buch enthält. Nichts in diesem Leben ist belastend oder Angst auslösend oder schlecht oder gut. Es kommt immer darauf an, wie wir eine Erfahrung sehen oder interpretieren. Wir sind einer Situation ausgesetzt, wir beurteilen sie, wir interpretieren sie und dann erfolgt eine emotionale Reaktion darauf. Wenn Sie in den Spiegel sehen, konzentrieren Sie sich auf das, was Sie nicht mögen, und sinnieren darüber nach, wie die verhasste römische Nase oder das krause Haar Ihr Leben ruiniert. Das beunruhigt Sie, und Sie verlieren Ihr Selbstvertrauen, was wiederum jede Begegnung im weiteren Verlauf des Tages beeinträchtigt. Alternativ können Sie aber auch zu dem Schluss kommen, dass diese Eigenschaften gar nicht so schlimm sind, dass sie Sie aus der Masse hervorheben, dass zu Ihrer Person so viel mehr gehört als Ihre Nase oder Ihr Haar oder irgendeine andere Körperpartie. Und dann konzentrieren Sie sich auf das, was Sie an sich mögen. Damit bekommen Sie ein besseres Gefühl mit sich selbst. Sie sehen die Person, die Sie sind, und was Sie vom Aussehen abgesehen alles zu bieten haben. Diese Art zu denken wirkt sich positiv darauf aus, wie Sie anderen begegnen, und auf Ihr ganzes Leben. Das kann man sich einfach merken, und wenn es erst einmal zur Gewohnheit geworden ist, finden Sie es auch nicht mehr schwer. Bald werden Sie feststellen, dass Sie Ihre negativen Denkweisen korrigieren, ohne sich dessen bewusst zu sein, und das ist ein großer Schritt zu einem positiveren Körperbild.

2. Spiegel zeigen mehr, als Sie erkennen

Stellen Sie sich vor, es gäbe keine Spiegel. Wir müssten unser Aussehen danach beurteilen, wie wir uns fühlen. Wir müssten uns auf andere Leute verlassen, wenn sie sagen, wir sehen toll aus. Und das Wichtigste, wir hätten wahrscheinlich eine Stunde täglich mehr zur Verfügung. Spiegel geben uns die Möglichkeit, uns selbst zu beurteilen, und liefern uns – je nach Stimmungslage, Erfahrungen und dem Einfluss der Umgebung – begeisternde oder vernichtende Berichte. Wenn wir in den Spiegel sehen, sehen wir eine Reflexion unseres

Äußeren und all unserer Hoffnungen, Ängste und Unsicherheiten. Was wir nicht sehen, ist ein akkurates Abbild dessen, wie wir aussehen. Wir sehen Gefühle und Erinnerungen. Wir schauen in einen Spiegel und haben das dicke Mädchen vor Augen, das in der Schule immer gehänselt wurde. Wir könnten aber auch die sexy Überfrau sehen, die der tolle Typ, neben dem sie jeden Morgen im Bus sitzt, gefragt hat, ob sie mit ihm ausgehen würde.

Manchmal fühlen wir uns aufgrund unseres Aussehens großartig, ein andermal schlecht, und manchmal kommt es uns einfach nicht wichtig vor. Es liegt an Ihnen, was Sie sehen, wenn Sie sich selbst im Spiegel betrachten. Sie entscheiden, ob Sie sich auf das Negative oder das Positive konzentrieren, ob Sie sich mit den Augen eines Peinigers oder eines Freundes sehen. Sie müssen sich nur der Methoden bedienen, die Sie hier gelernt haben, um die Person zu sehen, die Sie sind.

3. Kernannahmen bestimmen Ihren Blickwinkel, und der ist entscheidend

Kernannahmen bilden sich schon früh im Leben und wirken als getönte Brillen, die unsere Art, die Dinge zu sehen, färben. Wenn wir uns unserer Kernannahmen bewusst sind als der Farbe unserer Brillengläser, bekommen wir ein deutlicheres Bild davon, wie wir die Dinge sehen. Sie wissen, einer der größten Schritte hin zu einem positiveren Körperbild ist die Erforschung der Kernannahmen, von denen es bestimmt wird. Sie dienen als Basis für alle negativen und irrationalen Denkweisen, die negative Gefühle, die Sie Ihrem Körper gegenüber hegen, verstärken. Auf ein positiveres

Körperbild hinzuarbeiten heißt, Ihre Kernannahmen erkennen und verstehen und dieses Wissen nutzen, um sich zu verdeutlichen, wie Sie Ihren Körper sehen und mit ihm interagieren. Sie erinnern sich, Sie haben gelernt, wie man die Dinge aus einem besseren Blickwinkel betrachtet und die negativen Denkweisen, die aus unzuträglichen Kernannahmen resultieren, in Frage stellt. Die Dinge aus dem richtigen Blickwinkel zu betrachten hilft uns zu erkennen, wie irrational viele unserer körperbezogenen Ängste sind.

Bei der kognitiven Therapie geht es darum, Ängste zu erproben und in die richtige Relation zu setzen. Es scheint widersprüchlich, dass so viele Menschen einen sicheren Arbeitsplatz haben, für ein glückliches Familienleben sorgen und ihre Existenz dank einiger praktischer, wohlüberlegter Entscheidungen gut im Griff haben, doch wenn es um ihren eigenen Körper geht, nicht dazu imstande sind, die Dinge realistisch zu betrachten. Ein erfolgreicher Geschäftsführer kann von Ängsten geplagt sein, weil seine Haare grau werden. Eine strahlende, glückliche und beliebte Schülerin denkt an nichts anderes mehr als an die Lücke zwischen ihren Vorderzähnen. Erkennen Sie, dass Sie die Bedeutung eines »Makels« vermutlich überbewerten, dass die Farbe Ihrer Haare oder die Lücke zwischen Ihren Zähnen nicht die Ursache Ihrer Probleme im Leben ist. Wir schieben die Schuld auf unser Äußeres, weil es das Offensichtlichste an uns ist. Wenn wir in den Spiegel sehen, sehen wir nicht Intelligenz, Warmherzigkeit oder Freundlichkeit, sondern den großen roten Pickel. Und es ist einfacher, unserem Äußeren die Schuld für unser Scheitern zu geben, weil es uns einfacher veränderbar scheint als alles andere. Das Körperbild ist keine physische Komponente, daher funktioniert es vermutlich auch nicht, ein negatives Körperbild mit Maßnahmen zu heilen, die auf die Physis einwirken.

4. Die Welt dreht sich nicht um Ihren Po (oder irgendeine andere Stelle an Ihrem Körper)

Nur zu leicht nehmen wir an, Fremde empfinden unser Aussehen genauso wie wir selbst. Doch in den meisten Fällen nehmen sie keinerlei Notiz von den Kleinigkeiten, die uns den kalten Schweiß auf die Stirn treiben. Es ist völliger Unsinn zu glauben, in einer Gruppe von Menschen denkt jeder nur, was Sie für dicke Oberschenkel haben. Nein, die denken darüber nach, was es heute zum Abendessen gibt, was ihnen in der Arbeit gerade Stress bereitet oder was sie selbst für dicke Oberschenkel haben. Wer ein gesundes Körperbild hat, denkt realistisch über die Dinge nach, und Realität ist, dass niemand so viel Aufmerksamkeit auf Ihre nicht ganz perfekten Körperpartien verwendet wie Sie selbst. Pfeifende Männer auf der Straße und Aufreißer in Kneipen kommen und gehen, doch wenn Sie selbst ein positives Gefühl mit Ihrem Körper haben, wird Ihnen das völlig egal sein.

5. Lernen Sie, sich selbst zu nehmen, wie Sie sind

Versuchen Sie zu akzeptieren, dass wir nie sehr viel Macht über unseren Körper besitzen. Je schneller wir das als gegeben hinnehmen, umso einfacher ist es für uns. Denn sonst würden wir uns auf einen Weg des Selbsthasses und der dauernden Unzufriedenheit begeben, auf dem wir etwas herausgreifen, das uns an uns selbst nicht gefällt, und diese Kritik dann verallgemeinern zu einer unspezifischen Beschreibung, wer wir sind. Wir lehnen einen ungeliebten Körperteil völlig ab und erweitern diese Kritik auf uns als Person, bis wir auch ablehnen, wer wir sind. Wir können uns nicht mehr realistisch betrachten, aber eine realistische Sichtweise ist die Grundvoraussetzung für ein gesundes Körperbild. Es mag einfacher sein, die Schuld für ein Problem oder Versagen auf eine Körpereigenschaft zu schieben, die wir nicht beeinflussen können, doch es ist viel befriedigender und stärkt das Selbstvertrauen, wenn wir herausfinden, wo wir etwas falsch gemacht haben, und dies ändern. Auch hilft es uns zu sehen, dass unser Aussehen dabei vermutlich überhaupt keine Rolle gespielt hat. Auch hier geht es wieder darum, den richtigen Blickwinkel zu finden.

6. Lernen Sie, sich zu fragen, was im schlimmsten Fall passieren könnte
Wenn Sie sich einreden, Sie werden niemals eine dauerhafte Beziehung mit einem ganz besonderen Menschen haben, eine bestimmte Stelle bekommen oder eine neue Freundschaft schließen, kann es nicht mehr viel schlimmer kommen. Aber es könnte auch besser kommen. Denken Sie Ihre Ängste weiter, bis Sie beim schlimmstmöglichen Fall ankommen. Was wäre das Unangenehmste, das passieren könnte, wenn Sie auf diesen Wahnsinnsmann zugehen und ihn zum Essen einladen? Die Welt wird nicht aufhören, sich zu drehen, Sie werden nicht aufhören zu atmen, und der Erdboden wird sich nicht auftun und Sie verschlucken, auch wenn das in diesem speziellen Augenblick vielleicht sogar verlockend klingt. Das Schlimmste, was passieren könnte, ist, dass er »nein« sagt. Und das ist nur ein kleines Wort. Es kann Sie

gar nicht so sehr verletzen. Und es kann durchaus sein, dass er Sie aufgrund Ihres Aussehens abweist. Aber einmal ehrlich, wenn das tatsächlich so wäre, würden Sie dann wirklich mit ihm essen gehen wollen? Wie tief kann eine Beziehung werden, wenn ein Partner Menschen nur aufgrund ihres Äußeren beurteilt? In etwa so tief wie eine Pfütze, die einen Tag lang steht. (Für alle Nicht-Pfützen-Experten sei angemerkt, das ist nicht besonders tief.) Aber wahrscheinlicher ist, dass er aus einem anderen Grund ablehnt, der überhaupt nichts mit Ihren großen Füßen oder Ihrem pickeligen Kinn zu tun hat. Einmal mit der Schulter gezuckt und nach vorne geblickt. Und er könnte auch »ja« sagen. Er könnte Ihre Einladung einfach annehmen. Er könnte bemerkt haben, wie warmherzig, nett und humorvoll Sie sind und Ihre großen Füße noch überhaupt nicht bemerkt haben. Und dann? Vielleicht ist das Essen ein Reinfall, die Unterhaltung mühsam, und Sie sehen ihn nie mehr wieder. Dann haben Sie immerhin an Selbstvertrauen gewonnen. Sie wissen, wie es sich anfühlt, ein Risiko einzugehen und als Sieger hervorzugehen. Sie wissen, dass Sie Ihre Persönlichkeit zu Ihrer attraktivsten Eigenschaft machen können, und damit ist es beim nächsten Mal schon viel einfacher.

7. Ihr Körperbild wird sich mit Ihnen entwickeln und wachsen

Jeder von uns durchläuft eine Reihe von Entwicklungsprozessen, die das Körperbild beeinflussen, angefangen von der frühen Kindheit, wenn wir zum ersten Mal bemerken, dass unser Körper negativ oder positiv beurteilt werden kann, über die Pubertät, in der sich unser Körper in rasender Geschwindigkeit, die wir nicht beeinflussen können, verändert, bis hin zum Erwachsensein und dem Alter, in dem unsere Identität fest damit verwoben ist, wie wir aussehen. Unser Körperbild entwickelt sich mit uns, macht es uns möglich, unsere Welt und unseren Platz darin zu erfassen. Es weist uns aber immer auf die Realität hin, dass, egal, in welcher Lebensphase wir uns gerade befinden, der Einfluss, den wir auf unser Aussehen ausüben können, ziemlich limitiert ist. Wir können aber steuern, wie wir unser Äußeres akzeptieren und damit umgehen. Nichts von dem, was unser Körper tut, sei es, dass er zehn Kilo zunimmt oder eine Menge Pickel auf der Stirn erblühen lässt, ist wirklich beängstigend, es sei denn, wir lassen dies zu. Das Geheimnis zur Ausbildung eines gesunden Körperbildes liegt darin, unsere negativen und irrationalen Denkweisen zu hinterfragen und uns selbst nicht nur in Form von Körperteilen zu betrachten, sondern als Individuen – und zwar von der Pubertät bis ins hohe Alter.

8. Sie können die Vergangenheit nicht ändern, aber die Zukunft beeinflussen

Die meisten von uns können auf Erlebnisse zurückblicken, die sie am liebsten aus ihrem Gedächtnis streichen würden. Aber egal, ob man uns auf dem Spielplatz gehänselt hat oder wir in der Pubertät dauernd mit einer hübscheren kleinen Schwester verglichen wurden, diese Erfahrungen sind Teil unserer persönlichen Geschichte. Das Wichtige dabei ist, wie wir sie auf uns wirken lassen, denn das ist ausschlaggebend dafür, wer wir sind und wie wir uns in der Gegenwart verhalten. Wir sind nicht Sklaven unserer Vergangenheit, weil wir, egal, wie traumatisch sie für uns war, alle das Potenzial zu gesunden und zu wachsen in uns tragen. Erfahrungen der Vergangenheit zu betrachten kann uns Erklärungen liefern, warum wir ein negatives Körperbild mit uns herumtragen, aber es hilft uns nicht, dieses Problem zu lösen. Sich zu sehr auf die Vergangenheit zu konzentrieren verstärkt die Vorstellung, hilflos zu sein und sich nicht von der Stelle bewegen zu können. Positive Veränderung kann nur eintreten, wenn Sie selbst die Verantwortung für die Entscheidungen übernehmen, die Sie heute treffen. Ihre Entscheidungen, Ihr Verhalten und Ihre Erfahrungen von heute sind ausschlaggebend für Ihre Geschichte von morgen.

9. Machen Sie Ihre Probleme nicht mehr an Ihrem Körper fest

Da er der augenfälligste Teil Ihrer Identität ist, muss er oft als Erklärung für Minderwertigkeitsgefühle oder Verzweiflungszustände herhalten. Sie können die Schuld für unzählige Rückschläge auf eine große Nase, kleine Statur oder unreine Haut schieben. Damit machen Sie es sich sehr leicht zu rechtfertigen, warum sich die Dinge nicht so entwickeln, wie Sie es sich vorstellen. Aber das geht an der Wirklichkeit völlig vorbei. Wenn Sie glauben, gut auszusehen sei die einzige Möglichkeit, glücklich zu werden, untergraben Sie damit permanent Ihr Potenzial zu wachsen und etwas über sich selbst zu erfahren. Sie fühlen sich unweigerlich unglücklich, und zwar nicht nur in Bezug auf Ihren Körper, sondern auf Ihr Leben als Ganzes.

10. Suchen Sie Bestätigung nicht mehr von außen, sondern lernen Sie, sich selbst Bestätigung zu geben

Anders als so manche Fernsehserie Ihnen vorgaukeln möchte, sind die meisten Menschen nicht im Stande, Gedanken zu lesen. Wenn Sie sich wegen Ihres Aussehens unsicher fühlen und von anderen Bestätigung brauchen, können diese das in der Regel nicht wissen. Sie können lernen, a) von Ihrem Partner oder von Freunden eine ehrliche Meinung einzuholen und Komplimente anzunehmen (anstatt sie mit den Worten »das sagst du jetzt nur, um mich zu beruhigen« abzutun) oder b) sich selbst Bestätigung zu geben. Damit sind Sie nicht mehr so sehr auf die Bestätigung anderer angewiesen, und Ihre Gedanken werden, wenn Sie mit anderen zusammentreffen, nicht mehr dauernd darum kreisen, wie Sie aussehen (und wenn Sie ein Kompliment erhalten, ist es eine nette Überraschung und kein oberflächlicher Zuspruch).

11. Wie Sie sind, bestimmt Ihr Schicksal, nicht wie Sie aussehen

Unablässig wird uns eingeimpft, hübsche Menschen verdienen nur das Beste im Leben und bekommen es folglich auch. Wenn Sie das so hinnehmen, verurteilen Sie sich selbst zu einem Leben im Mittelmaß und versagen sich die Chance, aus Ihren Fehlern zu lernen: Sie führen Rückschläge in Ihrem Leben darauf zurück, wie Sie aussehen. Erfolgreiche Menschen gibt es (genau wie erfolglose) in allen Formen und Größen: Wenn Sie Ihre Ziele und Erwartungen über Ihr Aussehen definieren, stellen Sie sich unnötige Hindernisse in den Weg. Treffen Sie Entscheidungen über Ihre Zukunft nicht ausgehend davon, wie Sie aussehen, sondern wo Ihre Passionen liegen. Haben Sie keine Angst, Ihren Träumen oder Ambitionen zu folgen, denn diese sagen mehr über Sie aus, als Ihre Größe, Ihr Gewicht oder irgendein anderes Körpermerkmal es jemals könnten.

12. Dieses Thema betrifft nicht nur Frauen

Viele Jahre lang konnten sich die Männer entspannt zurücklehnen. Sie mussten sich keine allzu großen Sorgen wegen ihres respektablen Bauchs oder schütter werdenden Haares machen, weil sie von anderen Respekt oder Bewunderung erhielten aufgrund des Geldes, das sie verdienten, oder der Leistungen, die sie erbrachten. Männer werden eher danach beurteilt, wie attraktiv ihre Partnerin ist, als danach, wie attraktiv sie selbst sind. Männer erfahren Respekt von Geschlechtsgenossen mit Sätzen wie: »Der muss ganz schön Geld haben! Schau dir mal die Freundin an!« Tatsache ist, dass für die meisten Männer der Begriff »Körperbild« ein Fremdwort war. Doch inzwischen steht es für etwas, womit sie sich genauso herumschlagen müssen wie Frauen. *Chippendales*, *Dreamboys*, unzählige spärlich bekleidete Boygroups, die vor Sex nur so strotzen, und mehr Gleichberechtigung haben dazu beigetragen, dass auch der männliche Körper als Objekt beurteilt wird. Fitness-Illustrierte für Männer haben das Bewusstsein geweckt, dass auch Männer Peelings machen, Pflegeprodukte benutzen und allgemein mehr auf ihr Äußeres achten sollten. Während sich in Diätgruppen Frauen sammeln, die nach dem idealen Körper lechzen (oder sich danach zu Tode hungern), treten sich in Fitnessstudios Männer auf die Füße, die aus exakt denselben Gründen in Schweiß baden. Natürlich waren auch

Männer schon immer bis zu einem gewissen Grad mit ihrem Körper unzufrieden, doch die neue Allgegenwart perfekt definierter männlicher Körper als populäres und erstrebenswertes Bild hat sie nun mit einer klaren Vorstellung versehen, welches Aussehen sie sich genau wünschen sollten. Wir haben Barbie, die Männer haben Action Man. Also dürfen sich Männer bezüglich ihres Aussehens ebenso verunsichert fühlen wie Frauen, wenn auch aus anderen Gründen. Das ist wichtig zu bedenken, denn während Sie sich Sorgen machen, Ihr neuer Freund finde Ihren wabbeligen Bauch abstoßend, vergessen Sie vielleicht völlig, dass er vermutlich auch einige Ängste mit sich herumträgt, was seinen Körper betrifft. Manchmal hilft es uns, unsere eigenen Unsicherheiten wieder auf das richtige Maß zu reduzieren, wenn wir von den Ängsten anderer hören.

13. Beginnen Sie neue Beziehungen als ein Mensch, der sich selbst mag

Nichts tötet das Potenzial für eine gute Beziehung schneller ab als körperliche Unsicherheiten. Sie wirken wie ein Anti-Sex-Serum, wenn wir uns nicht verdeutlichen, wie unsinnig die meisten von ihnen sind. Von den Funken, die beim ersten Flirt fliegen, bis zum 70. Hochzeitstag kann sich unsere Haltung uns selbst gegenüber immens darauf auswirken, in welche Richtung sich unsere Beziehungen entwickeln. Sind wir mit unserem Aussehen unglücklich, erwidern wir das Lächeln des gut aussehenden Mannes in der Kneipe nicht, weil wir Angst vor Zurückweisung haben und davor, dass wir uns, nachdem wir ein Risiko eingegangen sind, noch unattraktiver fühlen könnten als zuvor. Wenn wir meinen,

Ihr Spiegel

unsere krumme Nase falle als Erstes an uns auf, und wir deshalb versuchen, sie zu verbergen, wird sie dadurch vermutlich tatsächlich zu dem, was als Erstes an uns auffällt. Verhalten wir uns aber so, als sei sie überhaupt nicht wichtig, ist sie es wahrscheinlich auch nicht – insbesondere wenn wir den Leuten hundert andere Dinge anbieten, die sie an uns zur Kenntnis nehmen können.

Gehen Sie also auf den Mann in der Kneipe zu, und überreichen Sie ihm sozusagen Ihren Lebenslauf. Ganz oben steht Ihr Name, also stellen Sie sich erst einmal vor. Und sorgen Sie dann dafür, dass in der nächsten Zeile nicht »krumme Nase« steht. Führen Sie stattdessen Ihre Vorzüge an. Im Lebenslauf fangen Sie auch mit den besten Dingen an, also machen Sie es im Leben genauso. Sie wollen, dass er Ihre hervorragenden Charaktereigenschaften als Erstes sieht, also geben Sie diese zu erkennen. Machen Sie einen Scherz, machen Sie ihm ein Kompliment, zeigen Sie, dass Sie zuhören können. Tun Sie alles, was Ihre körperbezogenen Ängste platzen lässt wie eine Seifenblase. Die allermeisten Leute bemerken Ihre Körperprobleme nur, wenn Sie ihnen nichts anderes anbieten. Denken Sie an die interessantesten Menschen, die Sie kennen. Es ist nicht ihr Aussehen, das sie zu etwas Besonderem macht, oder? Vielleicht ist es der Physiklehrer, der Sie angespornt hat, für Ihre Träume zu kämpfen. Die Vorgesetzte, die immer erreicht, was sie will, weil sie so selbstbewusst auftritt. Ihre Mutter, die sich in einem gemeinnützigen Projekt selbstlos für andere einsetzt. Wenn Sie jemanden zum ersten Mal sehen und sympathisch finden, bleibt ein starker Eindruck wegen der Art, wie Sie Kontakt zueinander fanden, und nicht wegen der Länge der Wimpern der anderen Person oder der geraden Nase. Und auch Sie werden echten Respekt und Bewunderung dafür erfahren, wer Sie sind, und nicht dafür, wie Sie aussehen.

14. Ihre Konkurrenz sind ganz allein Sie selbst
Bei der Frage »Spieglein, Spieglein an der Wand, wer ist die Schönste im ganzen Land?« gibt es ein Problem: Wir treten in einen Wettstreit, den wir nie und nimmer gewinnen können. Frauen wähnen sich immer in diesem »großen Wettbewerb« und werden gar nicht gefragt, ob sie dabei überhaupt mitmachen wollen. Sobald der Storch das kleine rosa Bündel hat fallen lassen, sind Sie dafür angemeldet. Ihre Konkurrenz? Jede andere Frau in Ihrem Leben. Durchschnittliche Laufzeit des Wettbewerbs? Das ganze Leben. Der Siegerpreis? Der Traummann. Frauen wird vom Babyalter an eingeredet, oberstes Ziel in ihrem Leben sei der Sieg in diesem großen Wettbewerb. Siegen bedeutet aber, jede andere Frau zu übertrumpfen, um den perfekten Mann zu bekommen. Denn vom ersten Tag an konkurrieren Frauen auf der Grundlage ihres Aussehens. Deshalb machen wir bissige Bemerkungen über Figur, Frisur oder Make-up anderer Frauen. Deshalb fühlen wir uns sicherer in einem Raum voller Frauen, die wir für weniger attraktiv halten, und befangener, wenn wir uns für die am wenigsten attraktive Frau halten. Eine solche Art des Wettbewerbs verstärkt unsere negativen Emotionen gegenüber anderen Frauen und zwingt uns zu einem unmäßigen Aufwand mit unserem Aussehen.

Tatsache ist aber, dass nur die Frauen selbst ihren Umgang miteinander beeinflussen können. Wir regen uns auf, wenn wir das Gefühl haben, nur nach unserem Äußeren beurteilt zu werden, doch meistens ist das die erste Art von Vergleich, die wir selbst anstellen, wenn wir mit anderen Frauen in Konkurrenz treten. Wir werden schon so lange nach unserer Attraktivität beurteilt, dass dies die einzige Währung ist, mit der wir rechnen. Doch wir können das ändern. Wir sollten anfangen, anhand von Eigenschaften zu messen, die nichts mit dem Aussehen zu tun haben. In bestimmten Lebensbereichen wird es immer ein Element des Wettbewerbs geben, doch wenn wir schon in Konkurrenz treten müssen, dann besser mit uns selbst, um unser Potenzial so gut wie nur möglich auszuschöpfen, anstatt zu versuchen, mit den Rekorden anderer gleichzuziehen.

15. Sie müssen den Medien nicht alles glauben

Die Medien leben davon, den Schönheitsmythos zu verkaufen. Aussehen und Glamour erhalten einen unglaublichen Stellenwert, und den geballten Botschaften über Schönheit, die von allen Seiten auf einen einstürmen, kann man sich kaum entziehen. Aber es liegt an Ihnen, wie sehr Sie sich danach richten und was Sie aus diesen Botschaften machen. Sie können glauben, das 18-jährige Model, das für Antifalten-Creme wirbt, sei im wirklichen Leben eine 52-jährige Großmutter und daher ein realistisches Vorbild, dem Sie nacheifern sollten, oder Sie können das Ganze als Marketing-Trick sehen. Sie können glauben, alle Menschen auf der Welt tragen, wie im Fernsehen dargestellt, Kleidergröße 38 oder darunter, Sie können sich aber auch einfach umsehen und feststellen, dass das wahre Leben wenig mit der Fernsehwelt zu tun hat. Werbekampagnen werden Ihnen weiterhin mit künstlich aufgeladenen Produkten Glück, Liebe und Selbstvertrauen verkaufen wollen, aber es gibt Dinge, die man nicht mit Geld kaufen kann. Blenden Sie die Botschaften aus, die Ihnen vermitteln, Sie seien nicht gut genug, und investieren Sie in sich selbst, in Ihre Identität, Ihr Selbstvertrauen, Ihr wahres Ich.

16. Kümmern Sie sich um Ihr Inneres genauso wie um Ihr Äußeres

Auch wenn ein gutes Körperbild von innen heraus entsteht, gehört dazu, dass Sie sich auf jede Art, die zu Ihrem Wohlbefinden beiträgt, Gutes tun. Und ganz gewiss bedeutet es nicht, all die Dinge abzustellen, die Sie unternehmen, um sich attraktiv zu fühlen. Sie müssen von nun an nicht Ihre Haarbürste verstecken, das Fitnessstudio boykottieren und alles Make-up in den Müll werfen. Sie werden nicht das Gefühl haben, besser auszusehen, wenn Sie die sündhaft teuren Designerschuhe verbrennen oder sich weigern, die Haare zu waschen. Der wesentliche Punkt ist zu erkennen, welchen Stellenwert Ihr Aussehen in einem größeren Zusammenhang einnimmt. Stellen Sie sich selbst als große Theaterproduktion vor. Sie können alle möglichen Hilfsmittel einsetzen, um bestimmte Dinge besser herauszustellen. Sie können mit cleveren Tricks arbeiten, um einzelne Elemente zu verdecken oder besonders zu inszenieren. Aber niemand außer Ihnen hat Einfluss auf das Textbuch. Noch nie hat ein Theaterkritiker geschrieben: »Tolles Stück. Der Text war bodenlos, das Bühnenbild dafür fantastisch und die Kostüme einfach schön!« Der Kern der ganzen Produktion ist Ihre Persönlichkeit. Nimmt man sie heraus, bleibt ein leeres Theater. Die wichtigsten Teile von Ihnen stecken nicht in Ihrem Wonderbra oder unter Ihrer Mascara. Was Sie wirklich ausmacht, sind Ihre Vorlieben, Abneigungen, Emotionen, Überzeugungen, Ihr Humor, Ihre erotische Ausstrahlung und Ihr Selbstvertrauen. Und das ist es auch, was andere an Ihnen schätzen.

17. Haben Sie Freude an Ihrem Körper

Uns die Funktionen unseres Körpers in Erinnerung zu rufen, ist eine Voraussetzung für ein positiveres Körperbild, und zwar nicht nur im Schlafzimmer, sondern jede Minute unseres Lebens. Achten wir bei unserem Körper nur auf das Aussehen, werden wir nie zufrieden sein. Sehen Sie sich die anderen Frauen im Büro an, auf der Straße, in der Familie: Sie sind alle keine bleistiftdünnen Berühmtheiten. Aber nicht diese Frauen nehmen wir uns zum Vorbild, sondern internationale Supermodels und A-Klasse-Schauspielerinnen. Wir sehen im Spiegel, dass wir ihnen nicht ähnlich sind, also fühlen wir uns hässlich. Wir setzen uns völlig überhöhte Vorgaben für Attraktivität. Und wenn Attraktivität das einzige Ziel ist, das wir unserem Körper anbieten, kann er nur versagen.

Wir müssen wertschätzen, was unser Körper für uns tun kann. Nutzen Sie Ihren, so gut es geht. Sehen Sie sich Ihre Beine an, und sagen Sie sich: »Mit meinen langen Beinen fühle ich mich zwar etwas schlaksig, aber dafür bin ich eine gute Läuferin.« Machen Sie Yoga, Aerobic, gehen Sie etwas schnelleren Schrittes zum Bus, tun Sie etwas, was Ihnen zeigt, Ihr Körper kann etwas für Sie leisten, anstatt dauernd Kritik an seinem Aussehen zu üben. Es ist toll, wenn man sich sexy fühlt, es ist klasse, wenn man findet, man sieht toll aus, aber machen Sie das nicht zu Ihrem obersten Ziel. Ihr Körper kann viel mehr erfüllen. Wir müssen anfangen, dies zu erkennen und unseren Körper in vielerlei Hinsicht zu schätzen.

Die Regeln

Wir sollten nun mit unserem Aussehen Frieden schließen. Stellen Sie sich Ihr Verhältnis zu Ihrem Körper als Teamwork vor. Wenn Sie mit Ihrem Körper arbeiten, das akzeptieren, was Sie nicht mögen, und das wertschätzen, was Sie mögen, wird es Ihnen insgesamt viel besser gehen. Wenn wir dauernd gegen unseren Körper kämpfen, geht es uns dabei nur schlechter. Ein neues Regelwerk für den Körper muss verfasst werden:

Erste Regel: Machen Sie Ihren Körper nicht für jedes Problem in Ihrem Leben verantwortlich

Unseren Körper für alles verantwortlich zu machen ist der einfachste Ausweg, denn damit müssen wir unseren Problemen nicht auf den Grund gehen. Doch Probleme arbeiten sich immer wieder an die Oberfläche. Wenn wir lernen wollen, unseren Körper zu akzeptieren, müssen wir zunächst auch erkennen, warum wir uns seinetwegen so elend fühlen. Oft hassen wir nicht einmal unseren Po oder unsere Haut, sondern die Erinnerungen und Erlebnisse, die wir damit verbinden. Wir hassen unsere Haut, weil sie uns daran erinnert, wie wir auf dem Schulhof schikaniert wurden, oder unseren Po, weil unser erster Freund ihn zu dick fand. An solchen

Dingen halten wir fest, und sie vernebeln unser Urteilsvermögen. Wenn Sie diese Erinnerungen aus Ihrem Gedächtnis streichen, befreien Sie sich selbst. Fragen Sie andere, was sie an Ihrem Körper schön finden – und hören Sie zu. Sie sind nicht mehr das Kind von damals, und niemand kann Ihre Erinnerungen lesen. Seien Sie nicht die einzige Person, die Ihren Körper nicht realistisch sehen kann. Falls es doch so ist, entgeht Ihnen sehr wahrscheinlich ein großartiger Anblick.

Zweite Regel: Machen Sie das Aussehen nicht zum Einzigen, was zählt
Wir müssen erkennen, dass unser Aussehen nur dann zu einem wesentlichen Faktor in unserem Leben wird, wenn wir es zulassen. Gewiss, das Aussehen kann vielleicht einige Türen öffnen, aber dasselbe gelingt auch einer gewinnenden Persönlichkeit. Schönheit vergeht, Körperideale verändern sich, doch die Fähigkeit, Menschen von sich zu überzeugen, zum Lachen zu bringen und für sich zu erwärmen, wird Ihnen immer erhalten bleiben. Das sind einige der wichtigsten Dinge im Leben, und sie haben nichts mit Äußerlichkeiten zu tun. Stufen Sie Ihr Aussehen einige Etagen weiter unten auf Ihrer Prioritätenliste ein. Wir alle waren schon einmal restlos begeistert von einem Menschen, der nicht wie ein Supermodel aussieht, dafür aber eine faszinierende Persönlichkeit darstellt, und dasselbe kann auch Ihnen gelingen.

Dritte Regel: Seien Sie realistisch in Bezug auf Ihr Aussehen
Denken Sie an diese Body-Shop-Kampagne – drei Milliarden Frauen auf der Welt sehen nicht aus wie ein Supermo-

del, nur ganze acht entsprechen diesem Ideal. Körpermaße wie die einer Barbie sind nicht realistisch, also hadern Sie nicht mit sich, auch wenn Ihre Maße davon abweichen. Nehmen Sie sich nicht unwirklich schöne Supermodels als Vorbild für Ihren Körper. Wenn Sie einmal richtig darüber nachdenken, ist es völlig unlogisch, eine Person als Schönheitsideal für sich auszuwählen, die vermutlich auf jedem Foto, das jemals von ihr geschossen wurde, retuschiert ist. Machen Sie nicht Schönheit zu Ihrem Ziel, sondern Gesundheit und Glück. Nehmen Sie sich vor, so gesund und glücklich zu werden, wie es für Sie im Rahmen des Möglichen liegt. Dann wird nicht nur Ihr Aussehen gewinnen, Sie werden auch mehr Selbstbewusstsein erlangen und an sich glauben. Manchmal führt der Weg zum Erfolg nicht über eine Veränderung der Methoden, seine Ziele zu erreichen, sondern über eine Veränderung der Ziele.

Sehen Sie Ihren Körper von nun an nicht mehr als Feind. Sehen Sie ihn als Freund, als Komplizen. Ab und zu wird er Sie in Rage bringen. Bisweilen wird er schuld sein, dass es Ihnen schlecht geht. Doch wie bei jeder anderen Beziehung bekommen Sie das zurück, was Sie geben. Wenn Sie lernen, Ihren Körper zu mögen, ist das der beste Schritt, den Sie unternehmen können, um Ihr Selbstvertrauen im Allgemeinen zu stärken. Seltsamerweise erlangen Sie, sobald dieser Schritt getan ist, die Fähigkeit zu erkennen, wie unwichtig Ihr Aussehen im größeren Kontext ist. Die wirkliche Welt kümmert sich nicht um Hüften, Oberschenkel, Pos und Glatzen, und auch Sie werden es nicht mehr tun, wenn Sie erst einmal ein gesundes Verhältnis zu Ihrem eigenen Körper gefunden haben.

Die Regeln

Als ich das Büro betrat, hörte ich mein Herz laut klopfen. Ich setzte mich an meinen Schreibtisch und fing an, Papier umzuschichten. Ruhe bewahren, dachte ich, während ich überlegte, wie ich es anstellen sollte. Ich bemerkte, dass James mich vom anderen Ende des Raumes her ansah. Er erwischte mich dabei, wie ich ihn anstarrte, und bevor ich mich unter meinen Schreibtisch verkriechen konnte, lächelte er und ging in meine Richtung. Nun war ich so nervös, dass sich mein Herz anfühlte, als würde es gleich explodieren, und ich befürchtete, mir würde das Frühstück hochkommen, das ich vor Aufregung kaum hinuntergebracht hatte.

»Hallo, Sarah«, sagte er in seiner gewohnt sanften, sexy Stimme. »Ich habe gehört, du bist in der engeren Wahl. Toll! Wann ist das Vorstellungsgespräch?«

»Oh, in zwei Wochen... Da wir schon davon sprechen, in, ähm, dreieinhalb Wochen, nicht in zwei Wochen, aber da wir schon von Wochen sprechen, wollte ich sagen... meine Kusine heiratet!«

»Oh, ähm... das ist schön«, erwiderte er und strich sich nervös durchs Haar.

»Ja, und ich, ähm, nun, ich habe überlegt, ob du Hochzeiten magst – also nicht, um Sträuße aufzufangen oder irgend so etwas, nein, ob du gerne auf Hochzeiten gehst... nicht ständig, aber, na ja, du weißt schon... gelegentlich... so ab und zu am Wochenende.«

»Ja, ich, hm, ich gehe schon mal ganz gern auf eine Hochzeit.«

»Super, weil ich, ... ich muss einen Begleiter mitbringen, du kennst das doch mit den Einladungen, ›Sarah und Begleiter‹, so in der Art ›denk bloß nicht dran, allein zu kommen,

du kommst hier nur mit Begleiter rein!‹ Na ja, und da dachte ich, wenn du Zeit hast, in... so in dreieinhalb Wochen, dann hättest du vielleicht Lust, der Begleiter zu sein, von dem Bea in ihrer Einladung spricht?« An diesem Punkt trat Schweigen ein, James stand da und sah mich verwundert an. Ich spürte, wie mir die Farbe aus dem Gesicht wich. Ich hatte mich zum Narren gemacht, und er war ganz offensichtlich schockiert, dass ich ihn gefragt hatte. Während ich überlegte, wie ich aus dieser peinlichen Situation wieder herauskommen sollte – vielleicht durch ein Harakiri mit meinem Plastikfüller – merkte ich, dass er etwas sagte, verstand aber nicht, was. »Wie?«, fragte ich nach.

»Das würde ich unheimlich gerne, Sarah«, antwortete er und grinste mich breit an.

»Ehrlich?«, versicherte ich mich noch einmal, leider mit viel größerer Überraschung und Erleichterung in der Stimme, als ich beabsichtigt hatte.

»Aber ja! Ich versuche schon seit Monaten, den Mut aufzubringen, dich einzuladen.«

»Ist das wahr?« Wieder zu viel Erstaunen und Freude in meiner Stimme.

»Ja. Ich wollte dich beim Frühlingsball mit meinen Tanzkünsten beeindrucken, was offensichtlich nicht gewirkt hat, dann kam ich mit den abstrusen Fragen wegen des Strazzo-Etats zu dir, nur damit ich mit dir reden konnte, aber du bist mir immer ausgewichen, und dann ein paar Wochen später, als wir uns in dem Laden getroffen haben... damals war ich mir sicher, du hast es gemerkt, ich meine, wer kauft schon im November Shorts? Das war nur eine faule Ausrede, um mit dir ins Gespräch zu kommen.«

»Aber wenn du... Also... ich versteh's nicht – warum hast du mich nicht einfach gefragt, ob wir was zusammen machen?«

»Na ja, du weißt ja, ich bin etwas, also ich bin etwas unsicher wegen meines Aussehens.«

»Wegen deines Aussehens? Bist du verrückt? Du siehst doch toll aus!«, kreischte ich und zog damit auch noch die Aufmerksamkeit der wenigen im Büro auf uns, die bisher noch nicht mitgekriegt hatten, was da vor sich ging.

»Aber meine Haare – an dem Tag in dem Laden kam ich gerade aus der Haarklinik, weil, also, ich habe hier an den Seiten Haarausfall, und ich hasse das, und ich dachte, du findest das auch schrecklich.«

Das durfte doch nicht wahr sein. Die ganze Zeit über hatte ich mir wegen meines Pos Gedanken gemacht und er sich wegen seiner Haare. Er hatte dieselben verqueren Ansichten wie ich ... er war mein Seelenverwandter. Ich nahm ihn an der Hand und führte ihn in das warme Licht des Kopierraums, wo wir über seine Haare kicherten und über meinen Hintern und uns vornahmen, auf Beas Hochzeit die Nacht durchzutanzen, weil wir so glücklich waren, dass wir endlich zusammengekommen waren, und weil wir es toll fanden, wie der andre uns sah...

Hausaufgaben

In diesem abschließenden Kapitel zogen wir Bilanz darüber, was wir erreicht haben, und gingen noch einmal auf alle Anregungen ein, die sich aus dem Lesen des Buches und den einzelnen Aufgaben ergeben haben. Es ist wichtig für Sie, das bereits Erreichte zu würdigen und weiter darauf aufzubauen. Nutzen Sie dieses Kapitel, um noch einmal auf bestimmte Bereiche einzugehen, die negative Gefühle in Ihnen auslösen – vielleicht hilft es Ihnen auch, einige Informationen aus diesem Kapitel auf Karteikarten zu schreiben und sich mit deren Hilfe im Voraus auf schwierige Situationen einzustellen. Als wesentlichen Punkt sollten Sie aus diesem Kapitel und dem ganzen Buch mitnehmen, dass es wichtig ist, weiterhin die negativen Denkweisen über Ihren Körper zu erkennen und kritisch zu hinterfragen. Wenn Sie bemerken, dass Sie vor einer neuen Erfahrung oder einem bestimmten Ereignis wegen Ihres Äußeren befangen sind, wenden Sie die Übungen zur Tiefenentspannung und geleiteten Fantasie an (siehe Seite 186 ff. und 189 f.), die Sie gelernt haben. Und ganz wichtig: Achten Sie stets darauf, sich selbst und Ihr Aussehen wertzuschätzen und nicht abzuwerten. Ihr Körperbild zu mögen heißt gleichzeitig, Ihr wahres Ich zu mögen.

Aufgabe 1
Holen Sie die Aufgabenblätter hervor, die Sie in den früheren Kapiteln ausgefüllt haben. Machen Sie Anmerkungen dort, wo Sie glauben, Fortschritte gemacht zu haben, und nehmen Sie sich die Zeit, sich selbst für die Anstrengungen zu loben, die Sie unternommen haben, um ein positiveres Körperbild zu entwickeln. Sehen Sie sich aber auch die Bereiche an, an denen Sie noch weiterarbeiten müssen, und konzentrieren Sie sich auf bestimmte Probleme, indem Sie noch einmal in den jeweiligen Kapiteln nachlesen und die Übungen wiederholen, bis Sie das Gefühl haben, nun beherrschen Sie alles.

Aufgabe 2

Wir alle haben unseren Fels in der Brandung – wunderbare Freunde oder Angehörige, auf die wir zählen können, wenn etwas daneben geht. Sie sind gut beraten, deren Hilfe in Anspruch zu nehmen, wenn Sie sich bemühen, ein neues Körperbild zu entwickeln oder beizubehalten. Zeigen Sie diesen Menschen, wie sie Ihnen helfen können, oder erzählen Sie ihnen von Ängsten, bei deren Bewältigung Sie Hilfe brauchen. Und ganz wichtig: Wenn Sie versuchen, sich selbst mit den Augen eines anderen Menschen zu betrachten, dem Sie viel bedeuten, ist das eine der besten Möglichkeiten, ein realistisches Bild davon zu erhalten, wie Sie tatsächlich aussehen.

Aufgabe 3

Wenn Sie ein positiveres Körperbild beibehalten wollen, nutzt es nichts, dieses Buch zuzuklappen und alles Getane wieder zu vergessen. Bewahren Sie sich Ihre Errungenschaften, indem Sie diese in Ihr Alltagsleben mitnehmen. Holen Sie Ihr Tagebuch hervor, und schreiben Sie auf, was Sie täglich für Ihren Körper tun können. Das kann etwas ganz Einfaches sein, wie das besondere Augenmerk auf etwas richten, das Ihnen an sich gefällt, wenn Sie in den Spiegel sehen, oder etwas Aufwändigeres wie eine Sportart, die Sie regelmäßig am Wochenende ausüben. Bauen Sie Aktivitäten in Ihr Leben ein, die Ihnen gut tun.

Schlussbemerkung

Eines meiner Lieblingswerke der Literatur ist die »Odyssee« von Homer. Sie berührt mich so sehr, weil sie auf wunderbare Weise beschreibt, dass es im Leben in erster Linie um den Weg geht und nicht wirklich um ein Ziel. Ich glaube, so sehe ich auch die Sache mit dem Körperbild. Ein gutes Körperbild ist etwas, woran man jeden Tag arbeiten muss, man muss negative Gedanken sofort anpacken, wenn sie sich bemerkbar machen, und sich bewusst machen, was man an sich mag. Selbst wenn das Ziel »perfektes Körperbild« hieße, wäre das, was wirklich zählt, der Einsatz, den wir dafür aufbringen, und was wir auf dem Weg dorthin über uns lernen.

Wir alle befinden uns im Leben auf dem Weg dahin, uns selbst annehmen zu können, und das Annehmen unseres Körpers ist ein wichtiger Schritt dabei. Unterwegs treffen wir auf unsere ureigenen Fragen und Plagegeister, aber wir werden zu gesünderen Menschen, wenn wir diese Hindernisse nicht umgehen, sondern uns ihnen stellen, das Selbstvertrauen und die Fähigkeit mitbringen, zu lernen und zu wachsen, egal, was das Leben uns in den Weg stellt. Genau das habe ich in diesem Buch versucht – Ihnen etwas Munition mitzugeben, einige Hilfsmittel, mit denen Sie Ihre Plagegeister zur Strecke bringen können, ob sie nun in Form von

Schlussbemerkung

bösen Bemerkungen daherkommen, als Botschaften der Medien oder als schmerzhafte Erinnerungen aus der Kindheit. Sie sehen nun, dass solche Gespenster nur in unserem Kopf existieren und es die Befangenheit mit unserem Äußeren ist, die uns so beutelt und unsere Erwartungen an das Leben limitiert. Sobald wir in der Lage sind, unseren Kopf von diesen einschränkenden Denkmustern zu befreien, wird unser Leben nachziehen, das ist sicher. Ich hoffe, Sie werden weiter viel dafür einsetzen, sich selbst anzunehmen, und hoffe, das gesündere Körperbild, das Sie sich nun erarbeitet haben (und noch weiter entwickeln werden), kann Ihnen helfen, mit Freude Ihren Weg zu gehen, wo immer auch Ihr Traumziel liegen mag...

Quellen

Body Shop-Kampagne 1997, www.thebodyshopinternational.com

Cash, Thomas F.: *The Body Image Workbook – an 8-step programme for learning to like your looks*. New Harbinger Publications, 1997

Cash, Thomas F. und Prizinsky, Thomas (Hrsg.): *Body Image. A handbook of theory, research and clinical practice*. Guilford Press, 2002

Chapman, James: *Botox jabs go wrong for four in ten patients*. Daily Mail, 26. Juni 2003

Desmond, Sinhead: *Match the pout to the trout*. Sun, 7. Januar 2003

Evans, Mary und Lee, Ellie (Hrsg.): *Real bodies. A sociological introduction*. Palgrave Macmillan, 2002

Forgas, Joseph P.: *Sozialpsychologie. Eine Einführung in die Psychologie der sozialen Interaktion*. Psychologie Verlags Union, 1987

Game, Ann und Pringle, Rosemary: *Gender at Work*. Allen & Unwin, 1983

Grogan, Sarah: *Body Image. Understanding body dissatisfaction in men, women and children*. Routledge, 1999

Hesse-Biber, Sharlene: *Am I Thin Enough Yet?*. Oxford University Press, 1996

Holmes, Ellen Rhoads: *Other Cultures, Elder Years.* Sage Publications, 1995

Leibel, R. L., Rosenbaum, M. und Hirsch, J.: *Changes in energy expenditure resulting from altered body weight.* New England Journal of Medicine, 332(10), 1995

Nasser, Mervat: *Culture and Weight Consciousness.* Routledge, 1997

Nettleton, Sarah (Hrsg.): *The Body in Everyday Life*, Routledge, 1998

Nicholson, Paula: *Gender, Power and Organisation. A psychological perspective.* Routledge, 1996

Polivy, Janet und Herman, Peter: *Breaking the Diet Habit.* Basic Books, 1983

Schmidt, Louis A. und Schulkin, Jay (Hrsg.): *Extreme Fear. Shyness and social phobias.* Oxford University Press, 1999

Sclafani, A.: *Animal models of obesity.* International Journal of Obesity 8, 1984

Stalonas, P. m., Perri, m. g. und Kerzner, a. b.: *Do behavioural treatments of obesity last?* Addictive Behaviour 9, 1984

Underhill, Paco: *Warum kaufen wir? Die Psychologie des Konsums.* Econ Verlag, 1999

Vogel, Shawna: *The Skinny on Fat. Our obsession with weight control.* W.H. Freeman, 1999

Waterhouse, Debra: *Frauen brauchen Schokolade.* Goldmann Verlag, 1995

Woolf, Naomi: *The Beauty Myth. How images of beauty are used against women.* Vintage, 1991

Voros, Sharon: *Weight Discrimination Runs Rampant in Hiring.* Wall Street Journal

Danksagung

Mein Dank geht an meine Redakteurinnen Emma, Helen und Rowena für ihre Unterstützung, die hilfreichen Anregungen und die stets konstruktiven Hinweise, die oft auch aus gutem Grund viel kritischer hätten ausfallen können.

An Jaine, eine der schönsten Frauen, die ich kenne (auch wenn sie behauptet, sie sehe das anders), dass sie mich gedrängt hat, dieses Buch zu schreiben, immer neben mir im Ring stand und vor allem anderen eine großartige Freundin ist, aber auch eine hervorragende Agentin.

An Amy für ihren unerschütterlichen Humor und ihr großes Talent als Autorin, und an Sabine und Carl für ihre unermüdliche Arbeit und dafür, dass sie mit den Recherchen immer noch weitergemacht haben, als sie die Nase eigentlich schon gestrichen voll hatten!

An Trudy und Andreas, meine wunderbaren Eltern. Ohne euch hätte ich das alles nicht geschafft. Danke, dass ihr alles habt liegen und stehen lassen und dass ihr immer für mich da gewesen seid, wenn ich euch gebraucht habe. Danke, dass ihr mir so leichten Herzens so viel gegeben habt. Und danke auch, dass ihr in mir den Grundstein für ein so tolles Körperbild gelegt habt. Ihr seid alles für mich.

An meine großartige kleine Jessica für ihr Lächeln und Lachen und die vielen Rufe nach »Mummy«, während ich geschrieben habe. Danke, dass du mich gezwungen hast, Pausen einzulegen, wenn ich es gar nicht vorhatte, und mir gezeigt hast, wie wahre Schönheit aussieht.

Und zu guter Letzt an meinen Partner in allen Lebenslagen, meinen Mann Teddy. Danke für das gemeinsame Grübeln über die Bedeutung von Kommas und Absätzen, für die Botschaften auf der Tastatur, die mich über den Tag gerettet haben, und dass du mich als die Frau siehst, die ich immer sein wollte. Nie fühle ich mich schöner, als wenn du mich ansiehst, du tust meinem Körperbild einfach gut…

Register

A

Action Man 51f., 328
Anabolika 51f.
Anderson, Pamela 289
Angst 19, 148, 177, 184f., 186, 188, 195, 203, 210f., 213, 217
- logisch betrachten 227
- reduzieren 230, 259, 320
- über Ängste lachen 223f., 329
- von Ängsten erzählen 226, 341
- vor Zurückweisung 328
Aniston, Jennifer 143
Ash, Leslie 287
Ausweichen 86
Autonomie 29f.

B

Barbie 48, 52, 55, 66, 328, 336
Berger, John 45
Bestätigung suchen 87, 199
Body-Shop-Kampagne 178
Botox 290, 294, 296ff.
Brad-Pitt-Syndrom 51

C

Cellulite 17, 226
Crawford, Cindy 266

D

Defensive 85f.
Denk-Fühl-Muster 39
Denkmuster, -weisen 28, 82, 213, 242
- hinterfragen 190, 213ff., 230, 250ff., 273, 315ff., 340, 342f.
- negative Denkmuster, Gedanken 36, 60ff., 70f., 105ff., 124, 162f., 166, 189, 219
- negative Denkspirale 39, 84
- um Schönheit 246
- und Angst 230ff.

- und Minderwertigkeitsgefühle 268
Depersonalisierung 28
»der erste Eindruck ist entscheidend« 194 f.
Diät 111 ff.
- Diät-Märchen 143 ff.
- ein Geschäft 114, 143
- und Schuldgefühle 122 ff., 139
- und Selbstwertgefühl 115
- vier Schritte 117 ff.

E
Entspannungsübung
s. *progressive Muskelentspannung*
erlernte Hilflosigkeit 201
erster Eindruck 194 f., 203
Essen 111 ff.
- und Schuldgefühle 125, 134 f.
- von Emotionen freihalten 122, 124 ff., 128 ff. (Tipps), 145, 147 ff.
Essstörungen 57, 76, 114, 135, 308

F
Feministinnen 45
Fettabsaugung 16 f.

G
ganzheitlich
s. *Körperbild, Selbstwertgefühl, Identität*
Gedanken s. *Denkmuster*
geleitete Phantasie 273, 315, 340
Glück 30, 85
s. a. *Serotonin*

H
Haloeffekt 195
Herr-Dienerin-Verhältnis 248
Herzigova, Eva 46
Hesiod 279
Homer 342
Hydrochonin 23

I/J
Ideal s. *Körperideal*
Identität 56, 299, 325
Identitätsfindung 18
Jacobson, Edmund 185

K
Kernannahmen 69 ff., 77 f., 81, 83 f., 87 f., 90 f., 97, 124 f., 135 f., 170, 172, 239
- Basis für neue Informationen 196
- bewusst machen, hinter-

fragen 105 ff., 114, 201, 252, 270 ff., 315 ff.
- Definition 69
- negative Kernannahmen 75, 99, 104, 147, 156, 165, 300 f.
- sind anfällig für Meinungen anderer 220
- sind hartnäckig 210, 264
- und Minderwertigkeitsgefühl 74 f., 83, 241

Kidd, Jodie 171
Kindheit 68, 71, 74 f., 78, 85, 96, 323
Kleiderkaufen 153 ff.
- Klischees 181
- und Emotionen 180
- und Selbstwertgefühl 182

Klischees 181, 228
kognitive Therapie 320
Konkurrenz 45, 204, 246 ff., 268, 288, 330
Körper als Objekt 327
Körperideale 46 f., 50, 52, 56, 80, 85, 88, 107, 138, 141 f., 179, 221, 327
- sind vergänglich 47, 335
- Studie 209
- von den Medien propagiert 50, 178, 305

Körperbild 9, 12 f., 17 ff., 40 f., 46, 52, 56, 59, 68 ff., 74 f., 78 ff., 86 ff., 106, 114, 135 f., 146, 172, 174 f., 177, 182 f.
- abhängig von kultureller Identität 24
- als mentale Repräsentation 21 f.
- Definition 21
- Denkfehler 36 ff.
- ganzheitlich betrachten 48, 54
- gesundes Körperbild 59, 155 f., 165, 202, 238, 290, 332 f.
- ist erworben 24
- negatives Körperbild 10, 18, 27 f., 35, 98, 158, 163, 196, 237, 250, 292
- Schlüsselfaktor in Beziehungen 194
- stärken 106 ff., 203, 269, 315 ff. (Tipps 317 ff.), 340 ff.
- und Altern 306 ff.
- und Denkmuster 28, 36, 255, 273
- und Glück 54
- und Operationen 298 ff.
- und Selbstwertgefühl 25 f., 292 f.
- Weg nicht Ziel 342

Körperbild-Störungen 51, 53
Kosmetik (Tipps) 281 f.

L
Lebensgefühl 27
Libido 100
Lopez, Jennifer 305

M
Medien 50, 53, 56, 331
Menopause 59, 98 ff., 103, 306
Midlife-Crisis 97
– des Mannes 99 f., 103
Minderwertigkeitsgefühle 51, 74 f., 83, 86, 268, 306, 325
Minogue, Kylie 46, 118
Monroe, Marilyn 47, 305
Moss, Kate 179, 305
Muskeldysmorphie 51

N
Neurosen 57
Normen 45 f., 48, 51, 96, 142, 300

O
Objekt
  s. *Selbst-Objektivierung*
Odyssee s. *Homer*

P
Phenylethylamin 127
progressive Muskelentspannung 185 ff. (Anleitung), 273, 310, 315, 340
Pubertät 58, 75 ff., 90, 93, 104, 306, 323 f.

R
Risiken eingehen 257 ff., 323
  Tipps 258 f.
Rivalität s. *Konkurrenz*

S
Scham 10, 49, 74
Schiffer, Claudia 179
Schneewittchen u. ihre Stiefmutter 59, 245
Schokolade 126 ff.
Schönheit 11, 46, 55, 85, 239
– ein flüchtiges Gut 98, 335
– kulturabhängig 22 f.
– Lügen, Mythen 44 f., 87, 331
– »objektive« Schönheit 45
– Obsession mit 18, 283
– und Erfolg 250, 308, 336
– und Glück 85, 307 f., 336
– Schönheitsideal 46, 291, 300, 336
– Schönheitsindustrie 281

- Schönheitskonkurrenz 249 ff., 268
Schuldgefühle 122, 125, 128, 134
Schuldzuweisung 201, 255 ff., 308, 322, 325
Schwarzenegger, Arnold 118
Selbstbild 34, 79, 84, 91, 93, 99, 117
Selbsthass 82
Selbst-Objektivierung 57
Selbstschutzmechanismen 201
Selbstwahrnehmung 60, 72
- Bezugspunkte 88 f.
Selbstwertgefühl 10, 12, 18 f., 25 ff., 39, 43 f., 79, 86, 103, 106, 132, 162, 174, 182, 200
- ganzheitlich behandeln 26
- stärken 203, 214, 250 f., 264 f.
- und Glück 30, 308
- und Lebensgefühl 27
- und Diäten 115
- und Kernannahmen 241 ff.
Serotonin 129
Sex 222 ff.
sich selbst erfüllende Prophezeiungen 200
sich verstecken 86
Stallone, Sylvester 266

Stereotype 76, 216, 301
Stress 49, 186

T

Theorie der sozialen Ähnlichkeit 208
Theorie des sozialen Vergleichs 203
Tiefenentspannung
  s. *progressive Muskelentspannung*
Tilt 98
Twiggy 305

V

Vergleichen 43 f., 203
Verhaltensmuster 85 ff.
Vitiligo 9 ff.

W

Wahrnehmung 34 f.
  s. a. *Kernannahmen*
Wechseljahre s. *Menopause*
Werbeindustrie 48
Werbung 53 f., 105, 146, 176, 178, 280, 287
Wohlfühl-Übung 309 f.

Z

zwanghafte korrigierende Rituale 87